韩忠玉 ◎ 著

韩忠玉
信心教育大讲堂

海峡出版发行集团 | 福建教育出版社

图书在版编目（CIP）数据

韩忠玉信心教育大讲堂/韩忠玉著. —福州：福建教育出版社，2018.1（2022.1 重印）
ISBN 978-7-5334-7965-7

Ⅰ.①韩… Ⅱ.①韩… Ⅲ.①中学教育－文集 Ⅳ.①G63-53

中国版本图书馆 CIP 数据核字（2017）第 313174 号

Hanzhongyu Xinxin Jiaoyu Dajiangtang

韩忠玉信心教育大讲堂

韩忠玉 著

出版发行	福建教育出版社
	（福州市梦山路 27 号　邮编：350025　网址：www.fep.com.cn
	编辑部电话：0591-83727542
	发行部电话：0591-83721876　87115073　010-62027445）
出 版 人	江金辉
印　　刷	北京一鑫印务有限责任公司
	（北京市顺义区北务镇政府西 200 米　邮编：101300）
开　　本	710 毫米×1000 毫米　1/16
印　　张	23
字　　数	340 千字
版　　次	2018 年 1 月第 1 版　2022 年 1 月第 3 次印刷
书　　号	ISBN 978-7-5334-7965-7
定　　价	49.00 元

如发现本书印装质量问题，请向本社出版科（电话：0591-83726019）调换。

序一

为教育而生

徐友礼

初识韩忠玉是在2001年,当时他任安丘四中校长。如今著名教育家李希贵,当年由高密市教育局局长调任潍坊市教育局局长后,考察的第一所农村高中便是韩忠玉任校长的学校。我作为潍坊市教育局办公室主任陪同李希贵局长考查而有幸结识了韩忠玉校长。

记得那天局长、校长相谈甚欢。特别是校长介绍自己学校虽然在农村,招收的都是城里高中录取后的"二三流"生源,但是凭着"每一位学生都能成功"的坚定信念,他们学校创造了普通高考和育人的"奇迹",以至于不少城里的家长把孩子送到这所偏远的农村学校来就读,原因很简单:即使考不上大学,这所学校培养的孩子对未来依然有信心!

不善长篇大论的局长,多次用"了不起"夸赞校长的探索和做法。中午饭也别有风味,学校食堂,一盆白菜炖豆腐,一盆菠菜炖粉条,和学生老师们一样的饭菜。校长、局长边吃边谈,吃得津津有味,谈的依然是学生如何成才!

当时我就想,看似不苟言笑的韩校长,没想到说起自己的办学、说起自己学校爱生如子的老师、说起一个又一个变化了的学生,滔滔不绝,眉飞色舞,脸上洋溢着幸福!

再到后来,韩忠玉参加了公开招考,由校长变成了潍坊市教育科学院的副院长。因为已经相识多年，加上又在同一座楼办公，工作接触增多，相互的了解也就更多。到了教科院以后，他负责全市的普通高中教学研究指导工作，带着高中科的教研员们跑县城、去农村，依然是兢兢业业。那几年，潍坊的素质教育、潍坊的高考，依然是有声有色，依然是名列全省第一！

但是，有一天他到了我办公室，说是交流一下思想。我当时分管全市的基础教育工作，从管理到教学，我们交谈了很多，也向他请教了很多。我发现，最令他神采飞扬的还是说到当年在学校当老师、当校长的那些鲜活事例，一说到学生两眼就放光。我当时就问他：是不是校长的岗位更适合他。他直言不讳地说：是！那次长谈，我更加坚定了一个信念：一位好校长、一位教育家是离不开学生的！

2008年，韩忠玉回到了学校，担任潍坊四中的校长。时任坊子区区委书记的丁志伟是一位充满教育情怀的书记。为了请到外市一位知名小学校长到坊子支持教育，亲自听课，倾心长谈，终于感动了高峰校长（现任北京市海淀区玉泉路小学校长）。几年时间，高校长东营潍坊两地奔波，在坊子办起了一所与众不同、家长向往的潍坊北海双语学校。尝到了名校长办学校的甜头，丁书记又把目光盯上了韩忠玉。

韩忠玉经常说，自己是抱着一颗感恩的心到四中当校长的。自从2008年被丁志伟书记"挖"到坊子区以后，坊子区便成了他的第二故乡。近十个春秋殚精竭虑，他对潍坊四中的倾情奉献赢得了历任坊子区委、区政府领导的真诚支持和一致肯定，马清民、贾有余、刘升勤、扈洪波、张龙江几任领导一直对潍坊四中、对韩忠玉"厚爱"有加，信心教育特色办学给潍坊四中带来的巨大变化与快速发展也赢得了坊子区委区政府对学校建设的全力支持。区委书记刘升勤虽然是女同志，但是办教育的魄力巾帼不让须眉，投资7亿多元的新四中已拔地而起。现任区委书记扈洪波、区长张龙江等党政领导，对潍坊四中的关心重视更是有增无减。为知己者死，知识分子多有这种情结。在我看来，韩忠玉之所以放弃了潍坊市教科院副院长的职位，在很大程度上还是那挥之不去的学生情！

从校长到院长，再从院长到校长，韩忠玉积淀的不仅是对教育更加深刻的理解，还有跟学生朝夕相处产生的炙热情感！重当校长，爆发出的力度与速度，便是学校日新月异的变化！

多年来，我白天到过这所学校，晚上也专程去过这所学校，听到了老师们对校长的钦佩与称赞，分享了学生们的成功与喜悦。金杯银杯不如老百姓的口碑。潍坊四中作为全区唯一一所高中，承担着全区人的期待与评说，从一些家长千方百计到区外上高中，到区外一些家长千方百计到四中来择校，一出一进看似简单，懂教育的人却深知来之不易。

韩忠玉校长的"信心教育法"，是潍坊市教育局正式向全市推广的第一个以教师名字命名的教学法；韩忠玉校长还入选了第一届"齐鲁名校长"工程，也是潍坊市第一届、第二届特级校长。一位好校长就是一所好学校。这是潍坊市从2002年推行校长职级制、走教育家办学之路的坚定信念。

我常想，为什么都是在工作，有的人有滋有味，幸福一生；有的人朝秦暮楚，碌碌无为？做老师、当校长，需要是尽职尽责、倾心倾力。以此衡量，韩忠玉当之无愧！

他，为教育而生！

信心教育大讲堂，韩忠玉校长用三十多年心血和汗水培育的丰硕之果，在潍坊这片教育改革的沃土上一定会开出更加灿烂的花朵，滋兰树蕙，桃李芬芳！

我虽当过老师，但没当过校长，信心教育是科学，唯恐说之不当，误导读者。仅以此，权当引子。

2016年12月

（作者为潍坊市教育局局长）

序二

信心的力量

徐传国

结识韩忠玉先生是我的幸运，能为《韩忠玉信心教育大讲堂》写序是我的荣幸。

2003年，我第一次参观安丘四中时，韩忠玉先生用近两个小时的时间作了关于信心教育的介绍，我立马对"韩忠玉信心教育法"有了兴趣。后来，我所带级部的教育教学，运用"韩忠玉信心教育法"，收效很大。再后来，我们成了挚友。我们是同龄人，他在微信中时常喊我"老弟"，但是，在教育方面，我把笑容可掬、治学严谨的他当成了我的前辈和导师。

我去过很多出名的学校，拜见过诸多校长，学习过不少理论，借鉴过很多经验。有些学校在热闹一阵子之后不见了踪影，而"植根于安丘四中、成熟于潍坊市教科院、发展于潍坊四中"的"韩忠玉信心教育法"却坚持了下来，其原因就在于：大部分学校把重点放在课堂行为的程序上，课堂行为的单一化限制了师生的个性发展，而韩忠玉校长却放在信心培养的程度上，信心培养的综合性发挥了师生的潜能。诸多学校之所以将韩忠玉校长的"信心教育法"作为标杆，这是根本的原因。

"韩忠玉信心教育法"，让我想起读过的一句甲骨文："如果一个人病了，他能好吗？能好。"当我第一次读到这句话时，发现这真是古人所撰写的一篇精彩而短小的关于"信心"的论文。"能好吗"既是问题的提出，又表明对

"病"转"好"的渴望，而"能好"看似一种肯定的猜测，其实，传达的正是"把病治好"的信心。正是"能好"所传递出来的信心，推动了医学研究的不断发展。如果把这句话迁移到教育教学上：学生们能学好吗？能学好。当师生们认可了"能学好"，还有什么做不到？还有什么学不好的呢？想来很多学校针对"能学好吗"，跨过"能学好"，直接奔向了"怎么学"，也就缺失了"信心"的认同。这样的学，没有根本动力可言，就很难经得起时间和困难的考验。而韩忠玉先生始终不渝地进行"能好"的信心教育，解决了动力源的问题，做得好，学得好就不在话下了。正如成功学的创始人拿破仑·希尔说的："自信，是人类运用和驾驭宇宙无穷大智的唯一管道，是所有'奇迹'的根基，是所有科学法则无法分析的玄妙神迹的发源地。"这正是信心教育的必要性所在。

  韩忠玉先生把"信心教育法"比喻成"苦根苦藤上结出的一个甜瓜"，这是他对信心教育的独到见解。别人看到"苦根苦藤"会绕道而行，去寻找短平快且省劲的做法，无根无藤也就无瓜了。而韩忠玉校长知难而上，细心耕耘，有苦根有苦藤也就有了甜瓜。这让我们明白了一个道理：教育是既复杂又简单的事。复杂在"图省事不行"，简单到"符合规律即可"。韩忠玉校长在学生的信心教育上不图省事，在让学生自主发展上找到并遵循了规律。这不仅让他得到了甜瓜，还能在"青石板上创高产"。我去过安丘四中六次，潍坊四中五次，并且曾经带着老师们在潍坊四中一呆就是四天，对这一点感受颇深。

  自从接到韩先生让我写序的电话，我整整一个月都在思考写什么、怎么写，生怕这篇序影响了书与读者的交流。《韩忠玉信心教育大讲堂》不是单一的经验之谈，也不是纯粹的理论文章。书中既有经验总结又有理论论述。经验是从多次实践中得到的知识或技能，是个性的，所以只可借鉴不可照搬。理论是联系实际推衍出来的概念或原理，是共性的，是值得学习且不可忽略的。我把《韩忠玉信心教育大讲堂》的书稿认真读了一遍，这些说给学校、校长、老师，尤其是学生的话，字里行间渗透着信心教育。读罢这些从亲历中提取的文字，我深深地感到：如若每一个学校的校长都这样做、做到这样，那么这个学校会真的"没有不会教的老师""没有教不好的学生"。

记得我第一次到"韩忠玉信心教育展室"时,韩先生让我在留言簿上写上句话,我不假思索地写到:

　　"有了信心,一切困难都会为你让路;有了信心,一切成功都会为你开门。"

　　如果读者见过此序,我愿意他们带着这句话去细细品味本书里的每一个词句,因为里面有信心的力量。

　　是为序。

2016年12月21日

冬至于升恒书屋

（作者为中国外语学习研究会理事、国家教育科学研究院优秀教师）

序三

不妨诗外用功夫

任学宝

大诗人陆游写给儿子的"汝果欲学诗,功夫在诗外",传诵近千年,深得人心。的确,要想学诗且学出应有的高度,单在读诗、写诗和钻研诗词韵律上用功是远远不够的,必须把用功的重点拓展到生活、学问、技能等多种空间,深入到诗词的"后台"层面。这不仅道出了写诗作文的真谛,也点出了其他领域如何突破发展瓶颈的关键。

教学之道如此,教育管理之道,亦然。

创新管理模式、改进课堂教学以提升育人能力,是每一个热爱教育者的必须。然而据笔者所知,满怀教育改革豪情的教育工作者,或研读各种前沿性教育专著,或参加高端论坛,热情可嘉,积极意义也是有的,但具体到实际效果,恐难如人意。有的学过也就忘了,有的试过一段时间后也就放弃了,还有的风风火火一段时间,然后依旧偃旗息鼓。

何以如此?盖因真正优秀的教改成果,都是踏踏实实的做好每一步工作所开出的花朵,公之于众的是创始者心血浓缩之花,而不会是花朵绽放前那真实的过程!正因为这种支撑成果的基本元素的缺失,即使对先进的模式反复观摩,对成果的嫁接、改良和移植,也可能出现因水土不服导致半途而废,甚至影响了教育教学工作常规化发展的现象。

学名校治校方略,学名师育人经验,直接探研他们的经验成果和成熟模式是必要的，但更必要的是，对他们日常工作的观察、了解和借鉴。他们之所以能成为名校，成为名校长，之所以创造出值得推广的教学方法，其实真东西恰恰在日常工作里，在与老师、与学生的关键性互动中。只要留心，他们的这些看似平淡无奇的东西，实则独具匠心。

好成果，就是这样一步步"走"出来的！

遗憾的是，在浩如烟海的教育教学著述中，竟然看不到类似的作品。原因很明显：这些重要元素，看起来都是平平常常的东西，一点也不高大上，不像前沿理论那样吸引眼球！因此，这些独具匠心的过程性元素，就不会被写进著作中、不会呈现在观摩课里了。

历史，是一位高度负责的圣人，他会在适当的时机弥补长期的缺憾。2016年初冬，著名教育专家、信心教育法创始人韩忠玉先生邮来《韩忠玉信心教育大讲堂》书稿，并嘱我写序。习惯性地先翻阅了目录和各部分的要点，发现是作者从2008年至今与师生的对话原稿，还有少部分媒体的访谈记录。第一个念头就是：这些文字，出版后能引发阅读兴趣吗？但随着阅读的深入，发现既有质朴的心声，也有波澜壮阔的意象，越来越明晰地看到了这部书稿的巨大价值。在新媒体推文的标题、提要和纲目越来越唬人的今天，作者能把压在箱底的心血公之于众，实在是难能可贵的功德之举。

作者谋求的并不是点赞的噱头，而是真心实意地想帮助需要帮助的人！本书承载了信心教育法问世推广后十几年来的实践、升华历程，也承载了作者历经农村高中校长、市教科院领导、区高中校长、教育局局长等不同角色转换一直痴心不改的信心教育情怀。她为渴求专业成长的老师而诞生，她为千百万需要信心滋养的家长和孩子而诞生。

谨以此文献给韩忠玉信心教育法，亦献给在信心教育中前行的同仁与师生。

（作者为浙江省教研室主任）

目 录

教师卷

第一讲：爱以载道　热爱学生与严格管理 …………………… 3
第二讲：爱生得法　再谈热爱学生与严格管理 ……………… 5
第三讲：信念，让我们多一股创造的激情 …………………… 12
第四讲：赏识，会把每个学生调教成奇才 …………………… 18
第五讲：素养，让教育生涯更加阳光悦人 …………………… 32
第六讲：优秀，和春天一起奏响生命和弦 …………………… 46
第七讲：魅力，源自适应时代发展的要求 …………………… 52
第八讲：师德，落脚在对学生的无限热爱 …………………… 63
第九讲：激情，带来教育教学管理的生机 …………………… 73
第十讲：使命，给弘扬龙马精神插上翅膀 …………………… 86
第十一讲：硕果，造就教育人生的天伦之乐 ………………… 95
第十二讲：口碑，成于踏踏实实件件平常事 ………………… 100
第十三讲：爱心，是好老师最基本的条件 …………………… 108
第十四讲：品牌，人人都充满正能量的标签 ………………… 119
第十五讲：意志，成就永远不会倦怠的教师 ………………… 128
第十六讲：求真，避开教育教学中的假象 …………………… 132
第十七讲：赏识，发现天才学生的先决条件 ………………… 136

学生卷

第一讲：信心，创造震惊世界的人间奇迹 …………………… 143

1

第二讲：雄心，克服任何困难的最大动力 ……………… 150

第三讲：责任，形成高贵品质的最大动力 ……………… 155

第四讲：信念，通向人生成功的心灵灯塔 ……………… 163

第五讲：本领，实现人生梦想的铺路基石 ……………… 170

第六讲：从"心"开始，做命运的主宰 ………………… 179

第七讲：高效，通向成功之路的必备状态 ……………… 186

第八讲：嘱托，行囊中不可或缺的礼物 ………………… 193

第九讲：素养，日积月累的点点优秀品质 ……………… 199

第十讲：青春，最大的收获是自我的负责 ……………… 206

第十一讲：担当，社会人所需要的远大胸怀 …………… 214

第十二讲：成功，起于积极的心理自我暗示 …………… 219

第十三讲：自控力，是成功的前提 ……………………… 230

第十四讲：自律，摆脱危害的最佳防御措施 …………… 235

第十五讲：状态，达到既定目标的关键因素 …………… 240

校长卷

第一讲：理念，实施信心教育的重要保证 ……………… 247

第二讲：思想，决定校长对学校的领导力 ……………… 251

第三讲：思考，解决教育问题的最佳途径 ……………… 255

第四讲：称职，担任校长的底线要求 …………………… 270

第五讲：实践，提高校长办好学校的底气 ……………… 272

第六讲：校长成长须与学校发展鱼水交融 ……………… 275

第七讲：点燃禀赋各异学生的自信 ……………………… 277

第八讲：高考应考箴言 …………………………………… 283

第九讲：高考最后冲刺期的九条建议 …………………… 288

学校卷

第一讲：文化，学校科学和谐发展的保障 …………… 295

第二讲：特色，带动学校师生的全面发展 …………… 308

第三讲：德性，成为实施教育的精髓所在 …………… 315

第四讲：信心，推进学校发展的不竭动力 …………… 326

第五讲：制度之力成就品质教育 …………………… 336

第六讲：法则促进品质的升华 ……………………… 343

后记 …………………………………………………… 351

教师卷

第一讲：
爱以载道　热爱学生与严格管理

（2008年2月全体教师大会上的讲话）

> 信心教育，是由对学生饱满诚挚的爱心所承载的育人范式。

"热爱学生，严格管理，严谨治学"是我校的治学理念，是我们在新形势下打造学校更加靓丽品牌的切入点，是优化学校管理的手段和方法，更是素质教育形势下学校立足和发展的根本。

作为教师，热爱每一个学生是最基本的职业要求、最重要的职业道德，更是我们的天职。爱是相互的，只有老师对学生付出爱，学生才会亲其师、信其道，才会更加尊敬老师，更加努力学习，这也更加有利于学校的管理，有利于学生的发展。

学生的需要就是对我们每一位教职员工无声的命令，不管是从事学校的何种工作，要牢固树立热爱学生、服务学生的意识，一个不爱自己学生的教职工绝不可能是一个合格的教职工。教师热爱学生，首先是对学生要有责任心，做到对学生生活上关心、思想上知心、学习上上心，心里始终装着学生，把学生当做自己的孩子来对待，做到敬业、乐业，精心施教，治学严谨；还要有高的教学水平和好的教学质量，做学生敬佩的老师。只要做到所有的老师都热爱每一个学生，所有的学生都尊敬每一位老师，达到师生之间互敬、互爱的境界，那么我们的学校就一定会是一个和谐的学校、一个充满了欢乐和智慧的学校、一个具有无限发展潜力的学校、一个让所有学生向往的学校。

爱自己的孩子是人，爱别人的孩子是神。我们要用爱心感化学生，用真情打动学生，使学生更加勤奋好学、尊师爱校，把我们的学校办成学生舒心、家长放心、社会和人民群众满意的学校。

严是爱，松是害，对学生严格管理是我们对学生最深厚的爱。因此，我们对学生既要严格要求、严格管理，还要严而有格、严中有爱、严中有情、严中有疏、严中有导，做到严是形式，爱是根本。只有如此，才会"严师出高徒"。

"热爱学生，严格管理，严谨治学"是我们治学的行动纲领，我们认真领会、深刻把握其实质和内涵，真正做到：

（1）全面关心学生。希望我们的老师关心每一个学生，平等对待每一个学生，要把自己对教育事业的忠诚和热爱倾注到每一个学生身上，不以感情亲疏、个人好恶和学生品德的优劣为热爱学生的依据，使每个学生都能实现他自身条件下最优化的发展；要关心学生的所有方面，促进学生的全面发展。

（2）尊重和信任学生。老师尊重学生是学生热爱教育的前提，信任学生是培养学生自信和使学生向好的方面发展的重要保证之一。要尊重学生的人格，相信每一个学生都是可教育的。

（3）严格要求学生。严格要求和尊重信任是相辅相成的。马卡连柯说过："我总是尽可能地相信一个人，也总是尽可能地严格要求一个人。"在某种意义上讲，严格要求本身就是一种尊重和信任。

（4）理解和宽容学生。理解和宽容本身就是一种积极的教育方式。教师在教育学生时，要进行换位思考，理解学生在特定情境下的行为，给他反思和纠正不良行为的机会，不要一棍子打死。有时候宽容比说教更能打动学生的心，教育效果自然会更好。

（5）解放和放飞学生。给学生时间、空间和权利，让每一位学生能够在教师的引导和指导下，做自己的主人，创造性地学习，自发地学习，积极地生活。

我们将进一步落实好"静、专、思、主"和"会学、不放松学、主动学"的高效学习状态的要求，落实好学生"两个状态"的提升，精心施教，为学生的全面发展负责，为学生的一生幸福奠基，为铸造我校更加靓丽的品牌贡献我们的全部智慧和力量！

第二讲：
爱生得法 再谈热爱学生与严格管理

（2008年5月30日全体教职工会上的讲话）

> 在爱的艺术中形成严谨治学的团队性格

　　在上午召开的学校办公会上，我们又进一步重申了"热爱学生、严格管理、严谨治学"这一治学理念。它与我们的办学目标和育人目标、学生的"两个提升"、三级督导的管理是一脉相承的，共同构成了我校立体的办学思路。这一治学理念的贯彻落实，直接决定着我校学生的发展和将来的前途，决定着我校在社会上的声誉、立足和发展，决定着我们办学的成败，也决定着我们全体教职工的幸福指数。

　　这一治学理念，是符合教育规律的，它必定会在全体教职工中达成共识得到拥护，也必将深得学生和家长的赞成。以后的关键，就是我们如何来贯彻和落实这一理念。我认为要把这一治学理念切实落到实处，我们全体教职工就必须首先用治学理念武装自己的头脑，进而在深刻领会其内涵的前提下，将这一理念与自己的本职工作紧密联系起来，把它物化为自己工作行动的指南。不管从事何种工作，都自觉地以高度的责任心去践行这一理念，并且尽最大努力干好自己的本职工作。在不同的工作岗位上，对于贯彻落实这一治学理念的具体体现是不尽相同的。

一、作为任课教师应尽量做到

1. 爱岗敬业，乐于奉献。

学生的需要就是对我们老师无声的命令。因此，老师们要进一步发扬我们四中人崇高的敬业精神，学而不厌，诲人不倦，从认真备好上好每一节课，批改好每一份试卷、每一道作业题做起，于细微处见精神，于平凡处见功夫。转变教育观念，相信没有教不好的学生，把学生当作天才来欣赏，当作未来的伟人来看待，形成教师乐教、学生乐学、教学相长、崇尚科学的文化氛围。

"得天下英才而教育之。"我们的学生有无穷的潜力，我们的学生都非常优秀，我们将为培养具有"自强精神、科学态度、人文情怀、绅士风度、淑女风范、国际视野、世界胸怀、领袖气质"的学生而自豪。

2. 知识渊博，厚积薄发。

我们正处在科学化、信息化的时代，教师不能只满足于将自己的一招半式、一鳞半爪显示给学生，我们不但要具备扎实的专业知识，还要与时俱进，不断执著地追求学问、探求真理，不断获取新知识来促进知识的不断更新。只有这样，才能在教学过程中做到举一反三、游刃有余，用真理的光辉照耀学生的心田；才能成为一个在崎岖小路上攀登、最终达到光辉顶点的人。

3. 授课艺术精湛，教学效果良好。

教育是一门艺术，更是一门科学，有它自身的客观规律。只有准确地了解、把握、遵循教育规律，运用科学的教育方法，才能取得良好的教育效果。在教学实践中，把探索教学方法当作自己不懈的追求，课堂教学要求："五清晰"——教学目标清晰、知识框架清晰、教学思路清晰、训练要点清晰、课堂语言清晰。作业、测试要求："四精"——精选、精编、精讲、精练。不要要求学生以教定学，而要要求自己以学定教；不要命令学生为教而学，而要牢记自己为学而教。只教学生学会了，是低层次的教学水平；要教学生会学了，才是高档次的教学艺术。教师的优质授课，语言中有哲理，诱发中有启迪，训练中有方法，示范中有品格。我们的教育要主动适应社会发展和人才发展的需求，要着眼于为学生终身学习奠定坚实基础，为学生可持续发展创造良好条件。

4. **精益求精，潜心教研。**

我们潍坊四中的老师非常优秀，平均年龄仅有 29.7 岁，这在整个潍坊也是最好的师资构成。我们不搞那些不合实际的假、大、空的教研，要把教研定位于课堂，教学与教研相结合，从教学反思入手，每上完一堂课后，及时地写下教学反思，以帮助我们从每天的教学行为中发现自身的教学问题（得与失），并提出解决问题的方案，达到在实践中反思，在反思中不断提升自我。也就是在教学这门艺术上，不仅要知其然，还要知其所以然，最终深悟出教育的真谛。再加上对教育工作的执著与创新，对孩子们的爱心与责任，使自己成为深受学生爱戴、家长欢迎的名师。

5. **关心热爱、赞扬欣赏学生。**

苏霍姆林斯基说过："如果教师不关心学生，心中没有学生，师生之间隔着一堵墙，即使老师讲得有声有色又有什么用呢？"教育需要真情，它不会一蹴而就。我们不仅要爱"白天鹅"，更要爱"丑小鸭"，往往我们看不上的不起眼的学生，若干年后比我们偏爱的学生更有出息！作为老师不要以学习的优劣作为衡量学生的唯一标准，要对着所有学生心灵的高山呼唤："我热爱你，我尊重你，我理解你，我关怀你……"学生便在心灵的深处回应："我热爱你，我尊重你，我理解你，我关怀你……"要坚信，只要教师在关心热爱和欣赏学生的前提下精心施教，就一定会使学生获得自身条件下的巨大成功。坚信教师的爱和欣赏是开启学生智慧大门的金钥匙，它会唤醒学生沉睡的潜能细胞，使学生获得自信，走向成功。

6. **尊重信任、严格要求学生。**

尊重学生就是要尊重他们的人格，尊重他们的意见、建议和要求，尊重他们的个性差异，尊重他们的隐私；信任学生就是要相信学生通过教师的精心施教都能学好，相信他们有积极的进取心和强烈的学习愿望；严格要求要在关心热爱和尊重信任学生的前提下严格规范其学习习惯、学习行为和学习态度，并使学生的精神需求得到充分的尊重、维护和满足。从而使学生自然达到会学、不放松学、主动学的高效学习状态。如果对学生一味地严格，不给以关怀、体谅，学生见了老师就像老鼠见了猫一样，将对学生的身心产生一种不良影响。

经验表明：当学生被信任和鼓励他们能够做好重要的事情时，学生能够学得好；当学生热爱、信任教师时，学生能够学得好。

二、班主任应做到如下几点

1. **加强自身修养，建立自己在学生中的威信。**

俗话说：要正人，先正己。班主任老师要管理好一个班级，首先要在学生中建立起一定的威信，让学生喜欢你、崇拜你，只有这样才能建立起融洽的师生关系，才能使班主任的管理收到事半功倍的良好效果。

2. **不断增强自己的领导能力、组织管理能力和协调能力。**

班主任是学生最直接的管理者，学生的思想、学习、生活等各个方面都离不开班主任的关心、照顾、组织和管理。因此作为班主任老师应在班级管理中不断总结经验，积极听取学生的意见和建议，并虚心向有经验的班主任学习，尽快使自己具备班主任应有的各种能力，以适应班级管理的需要。

3. **理解、关爱、尊重每一位学生。**

"偏爱"后进生，"博爱"中等生，"严爱"优等生，让爱的阳光洒满每一位学生的心田。这样做本身就有一种神奇的教育力量。我们班主任老师就在班级管理中去实践这一神奇的力量吧！

4. **用自己的人格魅力去影响和感染学生。**

俗话说，身教重于言教，你对学生的多次说教也许还顶不上你的一个不经意的动作。班主任最容易成为学生模仿和崇拜的对象，因此班主任老师的言行举止、做事风格、处事态度都将在潜移默化中影响和感染着学生。一个良好班集体的背后，一定会有一个具有崇高人格魅力的班主任。

5. 学会换位思考，实现与学生心灵交融。

要做好班主任工作，最基本的一点就是要学会与学生交流，即老师要走进学生的心灵，同时也可以让学生走进老师的心灵，实现师生心灵交融。做过班主任的老师都知道，要做到这一点并不是很容易。老师如果习惯于以一种居高临下的姿态，以道德的化身去教育学生，这样师生就很难交流，师生矛盾也就不可避免。要解决这一问题，老师就要站在学生的角度去思考问题，在自己心里想一想：我这样做效果好吗？对他们的学习和发展有利吗？我这样做学生们会接受吗？他们喜欢我这样做吗？多做一些学生喜欢的事，和学生做好朋友，多点表扬，这样师生交流才会畅通，师生的心灵才会交融，班主任工作才会有激情，班级管理工作才会成功。

6. 对待学生人人平等，对待事情公开公正。

班主任老师在学生心目中就像公正无私的大法官，如果在处理某些事情上稍有不慎，哪怕显露出一丁点儿偏爱或不公正，在学生心目中的地位就会一落千丈，失去在学生中应有的威信。因此，班主任老师在班级管理中无论做什么事情，都要时刻牢记有无数双学生的眼睛在盯着自己。

三、"三级督导"的老师应做到

1. 明确责任，自觉工作。

三级督导是我校实行科学管理，人文化、精细化管理的一种具体管理方式，是学校维持良好的教育教学秩序，形成积极、健康的校风和学风的保证。它既给每一个督导者提供了参与学校管理的机会，也是考查一个人工作能力、工作水平、工作态度和责任心大小的窗口。督导老师是"三级督导"的具体执行者，这项工作落实的好坏直接关系到学校管理的成败，每个督导老师都肩负着学校管理的重要责任，因此每个督导老师都应该无须督促，尽职尽责地、积极主动地去完成学校交给的这项光荣而艰巨的任务。

2. 严格督查，及时疏导。

每一个督导者应认真学习学校关于"构建三级督导，实现科学管理、人文化、精细化管理"的实施方案，掌握督导的内容和流程。严格执行"实施方案"的要求，深入细致地查出各种违规行为，做好记录，为学校评估班级管理提供可靠的依据，以利于班主任和有关老师及时准确地督促帮助学生。同时，督导人员还要及时做好疏导工作。人性如水性，疏导有方，便阳光雨露，恩泽四方；如若放任自流，自然狂怒奔泻，恣意泛滥，故而需要适当地约束与引导。对于违规违纪学生，既要让其承担应有的责任，又要及时疏导，以情感人。

3. 纠正错误，督促落实。

督导人员对违规违纪行为进行检查和记录，只是管理的一种手段，而不是目的。其目的是通过检查发现错误，及时督促落实从而纠正错误，使违规学生受到约束，得到教育，懂得明辨是非，并逐渐由学校制约变为自我约束，督促他们形成良好的行为习惯。

4. 公正无私，热情服务。

要做好督导工作不但要认真细致，还要公正无私。因为我校教学班较多，三级督导的结果又是评价班级的重要依据，检查记录稍有偏差，就可能引起一些不必要的误会，导致"三级督导"失去应有的作用，因此督导人员必须做到公正无私。

督导人员在督导的这一天，不仅要做好违规行为的检查和记录，还要全面做好学生的服务工作，如学生生病、受伤、感情受挫等等，督导老师都要及时地、热情地伸出援助之手，尽自己的最大努力去帮助学生，减少学生的痛苦。让学生感到督导老师不是只盯住他们的错误不放，更重要的是在他们需要帮助的时候，及时献出自己的爱心，给予无私的关心和帮助。这样才能使督导工作成为我校学生心目中一道亮丽的风景，才能使督导工作卓有成效。

所有督导人员都应该认识到：责任高于一切，收获源于付出。

四、非教学工作人员应该做到

1. **热爱学生、服务学生。**

学校的非教学工作人员的核心任务就是全心全意为学生服务，给学生解除学习上的后顾之忧，为学生创造良好的学习环境、舒适的生活环境、温馨的精神环境。通过我们细心周到的服务给学生以积极向上的力量，使他们有一种家的感觉，觉得我们工作人员和任课教师一样可敬可亲。要做到这一点，就必须从心底里喜欢和热爱学生，把为学生服务作为自己最大的乐趣，这样就会带着热情和动力投入工作，服务工作就会做得更好。

非教学人员，一定不要忽视自己在学校工作中的重要作用。要牢记，当你在和学生打交道的时候，你的一言一行、一举一动都代表着学校的形象。你的一句关切的话语，一个温馨的微笑，一个善意的眼神，一个不经意的表扬，一个载着信任的拍拍肩膀的动作等等，都可能给学生以精神上的力量，使他们产生感激之情，感恩之心。使学生更加喜欢、热爱和信任我们的学校，你也会从中得到一份精神上的享受。

2. **专业知识精湛，技能熟练。**

做任何工作都有其各自的学问，要想做好做精，就必须加强本专业知识的学习和训练。专业知识是否丰富、操作是否熟练、对工作的理解是否到位等都将直接影响工作效率和服务质量。因此要不断加强自身学习和业务钻研，对本质工作达到精益求精。只有这样才具备了热爱学生、服务学生的资本，才能高质量地做好本职工作。三百六十行，行行出状元，非教学人员一样可以创出奇迹，创出品牌。

3. **具备全校一盘棋的大局意识。**

学校是一盘棋，每个教职工都是这盘棋中的一颗重要的棋子。只要我们以大局为重，不管从事何种工作，都以热爱学生、服务学生为宗旨，以服务好教学一线为工作核心，不懈怠，不落伍，不拖学校后腿。大家齐心协力、乐于奉献，就能把服务学生这篇文章做好。四处一室一中心的工作人员，虽然工作的岗位不同、内容各异，但我们的目的是一样的，都是为了学生的成长，为了学校的发展，为了四中人的幸福。

以上是我对工作在不同岗位上的教职工落实治学理念的几点建议和看法，仅起抛砖引玉的作用。望广大教职工进行深入的思考和讨论，仁者见仁，智者见智，发挥每个人的智慧和才能，把我们的治学理念体会到位、思考到位、落实到位，使其深深扎根到每一位教职工的潜意识之中，进而物化为每个人的行动。

"学校要管人，管人要管心，管心要知心，知心要关心，关心要真心。""热爱学生，严格管理，严谨治学"这一治学理念的提出和落实，为每一个教职工搭建了一个展现自我、张扬个性、公平竞争、充实而快乐的工作平台。我坚信，我们四中人有能力、有智慧、有决心把我们学校办成师生求知的学园，生活的乐园，成长的家园。让社会上人人信任四中，崇敬四中，向往四中。作为一个四中人，我们都将会感到无比的骄傲和自豪！

第三讲：
信念，让我们多一股创造的激情

（2008年8月在教职工大会上的讲话）

> 创造能力是辉煌的核心动力；信念是驱动创造力的能源。信念是自己认为可以确信的看法；对某人或某事信任、有信心或信赖的一种思想状态。

1. **教育是需要有理想的。**

教育只有借助于理想，才能使人类对教育至高无上的追求变为现实。教育的理想是为了理想的教育，理想的教育需要有理想的教师，理想的教师需要有坚定的信念。坚定的信念能让嫩绿的小草顶开头上的巨石，能让柔弱的蚕蛾挣脱茧的束缚。一个没有信念的教师，在教育工作中只能像风中芦苇墙上草，没有强大的根基和自己的方向。我们四中教师的信念就是：为学生一生的幸福而教育！我们教孩子三年，要为孩子想三十年！

我们知道，世界上任何一个有组织体系的集体，它的生命力都是有限的。要想使一个集体拥有无限的生命力，就必须在原有的组织体系之上，建立另一种体系，这就是道德文化体系。道德文化体系，它超越时间和地域，超越制度和规范，超越个人和团体的无限效能。薪火相传的潍坊四中，也必须拥有自己的道德文化体系。此道德体系将使我们的思想息息相通，情感紧紧相连，行为协调统一；将使我们心手相连，用希望燃起生命的火焰，共绘四中千载宏图；将使我们永不可摧，成为一个蒸蒸日上的精神统一体。

我们坚信"万事德为首"，品德重于能力，认真胜过水平，落实体现素质。"德才兼备"永远是四中选拔和任用人才的不二标准。

2. **我们要拥有崇高的精神境界。**

我们充分地认识到：教师是以"育人"为工作目标的特殊职业，它需要培养学生的良好个性、优秀品德和良好行为习惯，教师思想品德的优劣、工作质量的好坏、工作水平的高低，都将直接或间接地影响家庭的幸福、国家的前途和民族的命运。"正人先正己"，做人是做事的基础，具有高尚品德的人，才能从事这一崇高而神圣的事业。

我们知道，教师的职业道德，重点是解决工作态度的问题。作为老师；作为四中的教职工，我们将无愧于我们的学生，我们将牢固树立主人翁责任意识，自觉自愿地为学生服务，为家长服务，为学校负责，增强社会责任感，勇挑重担，出色地完成本职工作。

3. 我们要更加敬业。

教育是一种培养人的事业，它本身就蕴藏着无穷的乐趣、智慧和享受。作为教育工作者，我们将充分体会、挖掘和实践教育工作给我们带来的这种享受，倍加热爱我们的教育事业。

我们坚信，每个人都是自己人生的经营者，命运主宰在自己手中。努力才是我们人生、事业的希望！只有努力，才会"天生我才必有用"。机会永远偏爱有准备的人，我们要不断完善自我，超越自我，走向更大的成功。

我们坚信，一切成就都是"一分机会、两分智慧、七分打拼"的结果，劳动本身的快乐就是对劳动者最大的奖赏。我们要克服扭曲我们人生观的享乐主义，坚信"一切苦境都可由劳动去解脱"，而"一切乐境都要靠劳动去创造"。

我们坚信，敬业精神是维护个人、集体和社会共同利益的基本条件，不敬业本身就是一种愚昧和堕落。敬业乐群者，人必敬之。我们今天的工作必须今天完成，今天完成的事情必须比昨天的质量更高，明天的目标也必须比今天的更远大。

4. 我们要更加懂得享受教育。

享受教育，让我们从平凡中品味出伟大，从失败中咀嚼出成就。

享受教育，让我们更加热爱每一个孩子，读懂每一个孩子的脸庞，走进每一个孩子的心房。

享受教育，会激发我们沉睡在潜意识中的教育智慧和能量。

享受教育，会使我们体会到在幸福中工作，在工作中享受幸福和快乐。

我们会根除损害我们心理健康的自满情绪或自卑情绪，不骄不馁。始终清醒地认识到，四中的教育事业前途是光明的，道路是曲折的，我们要把由于各种原因而引起的悲观、失望情绪转变成幸福的使命。

我们会时刻以学校的事业为重，倡导积极创造一切能扩大学校影响、提高学校声誉与形象的机会。

我们会永远牢记：尊重别人，才会赢得别人的尊重，身教重于言教。

"校园无小事，教师无小节"，我们的一言一行都在给学生做着榜样。

我们会抛开阻挡我们视野的短期利益，不计较一时一事的得失，拒绝任何短期行为及浮躁行为，永远认清集体及个人的长远目标。

我们将拒绝一切违背我们价值观的投机行为，永远信奉付出与收获对等的自然法则。

我们将尊重每个人的特殊才能和特别贡献，永远反对平均主义。我们知道，绝对的公平是虚有的，但是，我们永不放弃对公正的追求。公正无私、以德服人、以理服人，是我们做事、做人的原则，健康的心理是我们享受美好人生的前提。我们要心胸豁达，不拘泥于小事，求大同存小异，顾全大局。只有这样才能不偏离我们的根本目标，才能实现集体和个人利益的最大化。

我们要尽量欣赏别人的优点，少过问他们与工作无关的缺点；经常赞赏别人取得的成绩，永远不要过分指责他们的失败。

我们要摈弃背后议论别人、搬弄是非的恶习，做到：静坐常思己过，闲谈莫论人非。省下时间和精力完善自我，提高自我，最大限度地帮助学校发展。

我们要维护正确的价值观标准，与一切违背学校利益的价值观标准的人和事作斗争，决不明哲保身，不做"好好先生"。

我们在出现失误时要勇于承担责任，这是做人的一种美德，推卸责任实际上是在犯比失误更严重的错误，它会导致人际关系紧张，工作失败。

"己所不欲，勿施于人"，我们永远不要希望他人去做自己都不愿做的事情。我们要信奉"点滴之恩当涌泉相报"的道德准则，永远不要忘记给予我们帮助的人，尤其是在逆境中帮助过我们的人。

我们要不偏执。"良药苦口，忠言逆耳。"批评我们的人，未必是对我们不满的人，相反，他们可能才是对我们工作有利的人。领导的批评往往是为了让我们干得更好，成长得更快；同事的批评往往是一种非常真诚的、难得的帮助；学生的意见往往有助于我们找到不足、修正错误，是工作成功的捷径。我们要学会从批评中汲取营养，尊重并感激给予我们批评和帮助我们提高的人。

5. **我们要更会微笑。**

有一种使人赏心悦目的面部肌肉的轻微运动叫做微笑。我们的微笑是腼腆学生的兴奋剂，是外向好动学生的镇静剂，是活跃课堂气氛、活跃学生思维的活化剂。我们的微笑是关注，是赞许，是友好，是关心，是宽容。我们的微笑不只是纤纤女子的含蓄，也是粗犷男人的细腻。我们的微笑是一扇打开的心灵之窗。善于微笑让我们四中的女人更淑女，让我们四中的男人更绅士。试问，有谁能像我们教师一样，一个美丽的微笑，一个鼓励的眼神，一句关切的话语，就能拨动一根根美妙的心弦，奏出世界上最动听的乐章？

我们面带微笑，让学生的心田充满阳光；我们播种快乐，让学生的明天更加辉煌；我们也把微笑和快乐贮满自己的心房！

我们永远用微笑面对学生和同事，善待每一位学生。"爱自己的孩子是人，爱别人的孩子是神。"我们要把爱无私地奉献给每一位学生，使自己成为爱的使者。

6. 我们要更加善于创造。

坚定的信念让我们多了一股创造的激情。我们把校园变成追求卓越的伊甸园。我们要永不间断地学习、研究、吸收新的教育理论，新的知识和技术，勇于探索和创新，不断提高自身素质，并以最快的速度将其应用于教育教学实践中，让自己成为学生学习的偶像。

7. 我们会更爱我们的学生。

我们的学生为什么喜欢追星？因为那些星们多才多艺，很快乐，很有激情，经常对听众说："I LOVE YOU！"因为，激情是生命流淌的河，激情是人生最高亢的歌！作为老师，作为潍坊四中的老师，我们要把爱镶在举手投足间，嵌在我们的一颦一笑中，让学生时刻感受到信任与鼓舞。我们的教育让爱做主！我们的教育生涯让爱做主！我们要多对我们的学生说："I LOVE YOU！"

我们要积极地帮助学生发展强健的体魄、健康的心理和健全的人格，为学生提供有助于终身学习的动力和能量。

我们要平等地对待每一个学生，让他们充分享受安全感、自信心和自尊心；把激发人的兴趣和培养良好的行为习惯作为重点，为人的终身发展奠定良好的基础。

我们要努力为学生创造一个积极、健康、人性化的育人环境。让每一个学生都享受最佳的教育，使他们在快乐中学习、在快乐中体验、在快乐中生活、在快乐中成长。

8. 我们要拥有健康的体魄！

拥有健康的体魄才会拥有好的心情，才会有好的教学效果，才会有幸福的家庭。可以想象，一个脸色不红润、喉部发不出洪亮声音的体弱多病的老师，还能在讲台上站立多久？他还能事业有成、家庭幸福吗？因此，为了学生，为了自己，我们将珍惜自己的身体，尽量少吸或不吸烟，尽量少喝酒或不喝酒，多吃点水果，多吃点蔬菜；并且我们还要笑起来、跳起来、跑起来！让快乐永远伴随我们，让疾病和烦恼远离我们！

我们永远信守"视质量如生命，视学生如子女"的承诺，永远践行"热爱学生、严格管理、严谨治学"的治学理念，永远牢记"培养自强精神、科学态度、人文情怀、淑女风范、绅士风度、国际视野、世界胸怀、领袖气质的学生"是我们的育人目标，时刻不忘"争创齐鲁名校，打造潍坊四中更加靓丽的品牌"是我们的办学目标。任何时候，任何情况都不降低我们的标准。

这是一个伟大变革的时代，我们为生活在这个时代而感到自豪。这是一个团结温暖的集体，我们为工作在这样的集体而感到庆幸！

"路漫漫其修远兮，吾将上下而求索！"我们共创的道德文化体系，会使我校的三级督导管理的落实更加到位，人际关系更加和谐，教育教学成绩更加突出，师生的生活更加温馨和快乐，学校的凝聚力会更强。我们将共同驾起信念这条大船，握紧道德之舵，扬起理想之帆，乘风破浪，勇往直前，驶向更加辉煌灿烂的明天！

第四讲：
赏识，会把每个学生调教成奇才

（2010年2月在教师开学大会上的讲话节选）

> 赏识是指看中人的才能或了解作品的价值而予以赞赏。奇才是天才的另一种称谓，是学生的天赋；而赏识，是天赋的保护剂和营养液。

王国维讲过，古今之成大事业、大学问者，必经过三种境界，第一种境界是"昨夜西风凋碧树。独上高楼，望尽天涯路"。第二种境界是"衣带渐宽终不悔，为伊消得人憔悴"。第三种境界是"众里寻他千百度，蓦然回首，那人却在，灯火阑珊处"。

作为一个教师，也应具备三种境界。第一种是传授知识。每天兢兢业业，把前人总结好的东西传给学生。在他眼里，讲得清楚的就是好教师，听得明白的就是好学生。

第二种是启迪智慧。在传道、授业、解惑的过程中，想方设法让学生学得更聪明、方法更好、策略更多。他不断追求的是教学的技巧和熟练度。在他眼里，教师的教学要"有招"，学生的学习要"得法"。

第三种是点化生命。在他的眼里，知识、能力、方法等都成为学生发展中必不可少的营养素。他能够不断激发学生的自信和对事物的探索欲望；他能够温柔而又耐心地等待着孩子的成长；他能够在学生遇到成长障碍或失去动力时，用爱心和智慧唤起学生对希望的追求！他也许做不到爱每一个学生，但他懂得赏识并尊重每一个学生；他会精心营造快乐的校园生活，使孩子们生活得更快乐，更率真，更幸福，更自信。

而要想达到第三种境界，最核心的黄金元素就是"赏识"。"善于赏识的指挥，能让合唱团的歌手发出最美的音色；善于赏识的将领，能把最顽劣的士兵调教成最勇敢的战士；善于赏识的伯乐，能从病马中看出千里神驹；善于赏识的老师，能把每个学生调教成奇才！"

赏识教育的核心是对学生无限的爱。特别是对问题学生，更要懂得赏识。要讲究爱的情感、爱的行为和爱的艺术，多关注学生的心理变化；要善于走进学生的情感世界，把自己当作学生的朋友，去感受他们的喜怒哀乐。有时一个关爱的眼神，一句信任的鼓励，都能赢得问题学生的爱戴和信赖，会使他们的潜能发挥出来，使他们能充分享受到学习成功的乐趣。

下面，我们重点探讨一下对九类学生如何进行赏识教育。同时让这些学生懂得赏识自己。正像卡耐基所说的那样：要庆幸自己是世上独一无二的，从而把自己的禀赋发挥出来，经验、环境和遗传造就了你的面目，无论是好是坏，你都得耕耘自己的园地；无论是好是坏，你都得弹起生命中的琴弦。

一、对特长生的赏识

特长生具有独特性、批判性、冒险性、独创性等特征。他们往往受到老师的宠爱，同学的拥护，家长的娇惯。他们自我意识强烈，常常流露出明显的优越感；他们惯以盛气凌人的态度对人，而看不到自己的不足。

培养特长生，是老师培养具备综合素质人才以外的又一个重要目标。对于本身就有特长的学生，老师既要使学生的特长得以充分的发挥，又要注意学生综合素质的培养，从而为学生在未来社会的竞争提供更强大的力量。

1. 及时发现特长生。

平时多加留心，通过找个别学生谈话、开家长座谈会、举行比赛、听取学生和家长的意见等多种方式加以了解，做到心中有数，从中发现好苗子。

营造适宜环境，给特长生展示的平台，如通过歌咏、舞蹈、演讲、摄影、书画等比赛，让每个学生都有发挥自己特长的机会，让特长生在这些活动中，看到自己的价值，获得成功的喜悦。

2. **重特长，更要重基础。**

一个学生的健康成长，仅有专业知识和技能是不够的，还必须吸取更多的营养，打下扎实的基础。因此，我们一方面要构建发挥学生特长的小环境，另一方面要营造好特长生课堂学习的大环境，鼓励学生在课堂学习中积极思考、大胆想象，从而夯实他们发展的基础。

尊重学生个性发展，并积极为他们开辟创造性的学习途径。根据学科的特点，多鼓励学生"别出心裁""标新立异"，在尊重个性发展的基础上，充分发挥特长生的创造力，让他的特殊才能得到张扬，从而激励他们走向成功。

二、对优秀生的赏识

一般来说，优秀生成绩好，多才多艺，听话懂事，被人高看一等，心中有一种强烈的优势心理。久而久之，这种优势可能转化成了高傲自大、妒忌心强、情感脆弱、不能正确面对挫折和失败等心理缺陷。

1. **多一把尺子。**

在平时教育中，教师要多一把衡量优秀学生的尺子，理性地面对他们身上存在的不足，加以针对性地教育。

2. **给点挫折教育。**

对优秀生的过多的呵护，往往折断了他们原本该坚硬有力的翅膀，使他们经不起风浪，受不起挫折，我们应注重对优秀学生进行必要的挫折教育，让他们有一定的耐挫力。

三、对早恋学生的赏识

现实中，个别孩子陷入早恋，确实给学校和家庭带来一丝阴影，轻则影响学业，重则导致孩子陷入误区。老师必须了解青春期特点，加强教育，预防为主，未雨绸缪。

1. **做孩子的良师益友。**

不使矛盾激化，不把早恋视为洪水猛兽，通过讲人生、树理想、论道德、比学习，正确引导孩子，为孩子答疑解惑，赢得孩子的信任。要伸出热情的双手，给予亲人般的温暖，做耐心细致艰苦的感化和思想工作。

2. **正视早恋，齐抓共管。**

让学生明白恋爱不是犯罪。对异性有好感，就正如树要发芽、长枝、开花、结果一样正常；要珍爱自己，让自己的情感在最合适的时候赢得真正属于它的精彩，花儿开得过早，会提前凋零，结不出饱满的果实。

随意滥用自己的情感，甚至做出伤害自己和他人的事情，是对自己也是对别人的不尊重；要慎重平衡中学生阶段学业和情感的关系，"只有翅膀上去掉了枷锁的鸟儿，才会飞得更高"。

3. **让家长牢记。**

要理解并尊重孩子的情感变化，不要给孩子扣上各种消极的帽子；要积极陪伴孩子青春期的独特阶段，给孩子必要的人生指导，而不是棍棒、打骂和威胁；要记得父母是孩子永远的最坚强后盾，帮助孩子协调处理好青春期的种种困难和烦恼。不要把孩子对异性有好感当成是洪水猛兽，不要把早恋等同于道德败坏，不要忘记自己也曾经有过青春萌动的时光。

4. **让老师做到。**

要为学生保守秘密，为孩子提供可靠的情感支持，要多开展有意义的相关活动，引导学生理智认识处理情感问题。不要过度营造早恋可怕的神秘紧张氛围，不要到处传播学生的私人信息，不要伤害诋毁学生的个人情感。

四、对调皮学生的赏识

调皮的学生往往属于外向型，他们活泼好动，个性强、胆子大，但是自我约束能力较差，有上课喜欢搞小动作，不注意听讲，下课爱打闹，不爱做作业等不良习惯。这些学生虽然经常影响课堂纪律，但是不一定是坏学生，还常常比较聪明，爱动脑筋。要学会赏识他们。

1. 以调皮制调皮法。

让调皮学生当值日班长，每人负责一天的纪律。这样既可以加强他们的自制力和自我管理能力，又可以让他们产生心理上的满足感。

调皮生也是有层次的，有的是调皮生中的"领头羊"，有的是"跟屁虫"。如果"头"当"官"了，那些盲从性强的调皮生就会乖乖地听从"头"的调遣，同时还能激励他们努力想当班长。

2. 把孩子当孩子。

赏识调皮学生，尤其需要把孩子当成孩子，同时把自己也当成孩子，蹲下来与学生进行平等的对话，这是对学生的唤醒与赏识，是人格对等基础上灵魂的交融，是用心灵感动心灵，用信心点燃信心，用希望托起希望。这样的对话才能成为好朋友，才能做到心与心之间的交流。只有发自内心地去尊重学生，爱护学生，师生才会和谐相处，其乐融融。

3. 温情处罚法。

学生犯了错误，我们不妨把"检讨书"改成"情况说明书"；学生没有打扫卫生，我们不妨说成"奖励他打扫卫生一次"。这样的温情处罚法，是给调皮学生一次改正错误的机会，让他们获得大家的谅解，消除学生的对立情绪，能收到最佳效果。

五、对后进生的赏识

"我一看你修长的小拇指就知道，将来你一定会是纽约州的州长。"一句普通的话，改变了一个学生的人生。

此话出自美国纽约大沙头诺必塔小学校长皮尔·保罗之口，话语中的"你"是指当时一名调皮捣蛋的学生罗杰·罗尔斯。小罗尔斯出生于美国纽约声名狼藉的大沙头贫民窟，这里环境肮脏、充满暴力，是偷渡者和流浪汉的聚集地。因此，他从小就受到了不良影响，读小学时经常逃学、打架、偷窃。一天，当他又从窗台上跳下，伸着小手走向讲台时，校长皮尔·保罗将他逮个正着。出乎意料的是，校长不但没有批评他，反而诚恳地说了上面的那句话并给予语重心长的引导和鼓励。

当时的罗尔斯大吃一惊，因为在他不长的人生经历中只有奶奶让他振奋过一次，说他可以成为五吨重的小船的船长。他记下了校长的话并坚信这是真实的。从那天起，"纽约州州长"就像一面旗帜在他心里高高飘扬。罗尔斯的衣服不再沾满泥土，罗尔斯的语言不再肮脏难听，罗尔斯的行动不再拖沓和漫无目的。在此后的40多年间，他没有一天不按州长的身份要求自己。51岁那年，他终于成了纽约州的州长。

后进生常有自卑心理，再加上教育者对其往往挑剔多于鼓励，批评多于赞赏，使其易形成"我不行""我就是不如别人"这样否定的自我评价，严重缺乏自信心，导致"破罐子破摔"。所以对后进生要多加赏识激励。

1. **让尊重和关爱触及心灵。**

要弄清背景原因，理解学生苦衷，用发展的眼光看待孩子。把严声厉色的批评换成和风细雨的感化，把当众的批评指责换成事后的促膝谈心。要在肯定中蕴涵着督导和引导，鼓励中充溢着期望。使他们变"要我学"为"我要学"，引导他们多看一些名人趣事，更要在教法及学习方法上多给予关心和帮助，提高和培养其主动参与和乐于探究的能力。

2. **降低标准。**

教师对待后进生要有"大人不计小孩过"的宽广胸怀，摒弃稍有错误便给处分的"杀鸡给猴看"的教育方式，降低学习门槛，放宽对他们的要求，使他们感觉到自己原来并不笨，那么，你的宽容与欣赏就会浇灌出一片生机和葱绿。如果一味厌恶、责骂，只能使他们更差。

3. **让成功体验伴随后进生左右。**

任何长处都没有的孩子是不存在的，老师要在每一个人身上发现他那独一无二的兴趣特长，帮助他们打开眼界看到自己的优势，为这些学生搭建平台，尽可能引导他们成功。多开点小灶，譬如：课堂上提一些简单的问题让其回答；课后作业分层布置等，让孩子的潜能像火山一样爆发。要让孩子在"我是好孩子"的心态中觉醒，而不要让孩子在"我是坏孩子"的意念中沉沦；要以"表扬和鼓励"为契机，推掉压在身上自卑的巨石，让孩子的自信心彻底觉醒。

4. 常抓不懈。

教师要有"不转变学生不罢休"的决心和意志。特别是班主任，不要像江湖医生对待病人那样，开个处方便撒手不管，而要时时关注病情的发展，及时调整治疗方案，直到病人痊愈。

六、对暴力倾向学生的赏识

学生的暴力倾向主要表现为爱打架斗殴，多发生于小学高年级学生和中学生身上。校园暴力是校园文化建设健康肌体上的一个毒瘤，其有毒细胞每天都在吞噬着无数健康的心灵。对于有暴力倾向的学生，我们应该想方设法及早消除他们的不良心理与行为趋势，平和他们的心态，健全他们的人格。

陶行知先生当校长的时候，有一天看到一位男生用砖头砸同学，便将其制止并叫他到校长办公室去。当陶校长回到办公室时，男孩已经等在那里了。

陶行知掏出一颗糖给这位同学："这是奖励你的，因为你比我先到办公室。"接着他又掏出一颗糖，说："这也是给你的，我不让你打同学，你立即住手了，说明你尊重我。"

男孩将信将疑地接过第二颗糖，陶先生又说道："据我了解，你打同学是因为他欺负女生，说明你很有正义感，我再奖励你一颗糖。"

这时，男孩感动得哭了，说："校长，我错了，同学再不对，我也不能采取这种方式。"陶先生于是又掏出一颗糖："你已认错了，我再奖励你一块。我的糖发完了，我们的谈话也结束了。"

陶行知真是赏识教育的行家，从中我们有什么感悟呢？

1. **用爱打开暴力的枷锁。**

对有暴力倾向的学生，我们首先要真诚地对待，努力做到不歧视、不当众揭短、不粗暴训斥、不嘲讽、不变相体罚。这样才能打破他们的心理防线，让他们体会到老师的真爱，从而渐渐地打开自己的心锁，把老师当成知心朋友。爱学生，还要把人文教育落到实处，耐心细致地做好教育工作，沉下心来倾听孩子的心声，从而获得另外的心灵深处的回声。

2. **认识矫正法。**

我们要教育学生控制自己的情绪，加强学生社会技能训练，进一步提升学生处理人际冲突的能力。要教育他们逐步懂得社会中人与人之间的关系准则和做人道理，学会正确处理个人与集体、同学、老师、家庭成员以及其他之间的关系，增强对集体、社会的责任感。使学生认识暴力行为的危害性，帮助学生建立积极向上的人生观。

3. **冷处理法。**

当学生发生打架事件时若你正好在现场，要及时喝止动武者，要让学生冷静，老师先保持冷静，不要被情绪牵动。如果教师此时采用严厉批评的方式来教育学生，无异于火上浇油。不妨让学生坐坐"冷板凳"，等打架的同学的情绪稳定下来之后，教师再来处理也为时不晚。

4. **疏导情绪，重建互信。**

教师在对有暴力倾向的学生进行教育辅导时，不能搞"一刀切"，要辩证地分析他们的言行，既要明确指出行事的错误性，又要理解他们的冲动与不满。有一点改变就及时表扬，让他们明白自己并非"一无是处"，避免"破罐子破摔"。

5. **倾力打造书香校园。**

学校要善于打造自己的书香特色，让学生通过读书更多地接受中华文化精华的滋养。还可以很好地隔绝不良书刊、游戏等对学生的精神毒害,加强学生自身的免疫力。

6. 开展丰富多彩的集体活动。

集体是消解矛盾的最好容器,在集体活动中,通过同学间的友爱互助,可以把很多小的摩擦消除在萌芽状态中。通过集体活动建立一个团结友善的班集体,给暴力学生营造一个零攻击性的环境,在集体中培养他们的爱心、同情心和集体荣誉感,让"小霸王"的心变得柔软起来。

七、对不用功学生的赏识

不用功学生通常表现为:学习时总是一副不情愿的样子,他们热衷于与学习无关的外在事务,对读书则不是敷衍就是推托,学习特别容易疲惫,一到书桌前或者打开书本就呵欠连天。学生如果长期处于这种学习状态,不仅会给自身带来负面影响,还会影响其他同学的学习,影响老师的教学。如何赏识这些学生呢?

1. **磨练意志力。**

从心理学的角度说,学习是一种认知行为,它特别需要注意力的集中。而对于孩子来说,集中注意力需要兴趣与意志力的支撑,还需要基本的对知识的理解、组织、贮存及回忆等多方面的综合学习能力。这其中任何一个环节出了问题,都可能导致孩子逃避学习。在家长看起来,就是懒,就是"不用功",其实,这是孩子集中注意力还不够,也就是兴趣与意志力的支撑力等方面还不够。对此,要想让学习不用功的孩子用功学习,就要培养他们浓厚的学习兴趣和意志力。

2. **培养自主性。**

据了解,国外的教育在孩子幼儿阶段就开始注意"目标意识"的训练了。老师不是简单地告诉孩子"你必须做什么",而是把某种行为可能带来的结果先告诉给孩子,让孩子自己去选择。在这样的教育方式下,孩子们并没有表现出"放任自流",而是养成了很好的自主独立意识和社会融合性。

中国的学生表现得对于老师和家长过分依赖,缺乏学习的自主性。如果大人们在世界观、人生观、价值观上抓紧对孩子的指导,让孩子有正确的目标导向,就自然容易产生学习的意志力,也只有这样,才能从"不用功"转向"用功"。

3. 营造用功的学习环境。

努力营造一个大多数学生都用功的学习环境,让不用功的学生对照自己说:他们都在用功学习,我为什么就不能像他们一样呢?从而激励自己用功学习。

4. 互相帮助,友情感化。

同学的力量有时胜过老师的力量,同学之间一旦建立起友谊的桥梁,他们之间就会无话不说,从而转化为学习的动力。如果让用功的学生和不用功的学生结对子,不用功的学生就会感受到同学对他的信任和帮助,感受到同学给自己带来的快乐,从而以同学为榜样,变成一个用功者。

八、对偏科学生的赏识

偏科学生往往不敢面对弱科学习上的困难和压力,害怕挫折和失败;他们常常认为自己没有能力均衡发展,习惯对所爱学科忘我投入,而对不喜欢的学科漠然置之、不理不睬或者干脆抛至脑后。偏科会影响到学生整体的发展,应该引起我们广大教育工作者的重视。

1. 多多交流,树立信心。

偏科的学生大都对某门学科信心不足,这就要求老师经常与学生交流,让学生充分认识到这门课程并不是想象的那么难,并告诉学生解题的方法和技巧,不单单是空洞的说教,而应有实际的例子。

2. 表扬鼓励,增强信心。

偏科学生本来成绩就不好,容易厌学,如果经常受到批评甚至打骂,会使学生情绪更加低落。经常地表扬学生，才能够让学生保持兴趣和信心，从而坚持不断地学下去。但这种表扬必须是真实的，必须让学生感觉到他比以前的确有了提高，感觉到我还行，我能学好这门课程。如果不是这样，结果会适得其反。

3. **循序渐进，坚持不懈。**

冰冻三尺非一日之寒，任何事情都不是一蹴而就的，对待偏科学生，如果一开始就让他们在弱科上投入大量时间，必然会增加他们对学习的烦躁感和厌倦感。因此不要操之过急。

转化偏科学生的最好方法就是，按照学习的目标制定一份学习时间表，坚持一段时间，学习兴趣就会培养起来。还可以让学生将弱科与强科交叉学习，时间同样不要太长，以免产生厌烦情绪。

4. **找出差中之差。**

很多学生的偏科其实并不是对这一学科的所有问题都一无所知，真正拖累他们的只是这个学科中的一两点。我们要帮助学生克服畏难情绪，要在学生偏差的科目中找出重点来，对他们进行强化训练。这不仅能提高学生的学习兴趣，也能激发他们的自信心。

5. **提高教师自身素养。**

教师首先要努力提高自己的业务水平，在学生刚刚接触新学科的时候，教师就把课上得生动有趣，以培养学生的兴趣；要多采用启发式教学，并有意引导偏科学生积极参与，努力提高他们的自学能力和科学素养，以加强学法指导，使他们真正成为学习的主体。

教师还要以人格魅力去征服学生，让学生从内心觉得为了老师也要好好学习这门课程。"亲其师，信其道"，当学生对教师的才能非常欣赏，并产生发自内心的敬佩和信任时，他们就愿意与教师接近，并乐于接受其教导。

总之，面对学生的偏科现象，只要教师能够保持科学严谨、认真负责的态度，就能变弱科为强科，从而影响或改变学生的一生。

九、对"网虫"的赏识

网瘾猛于虎。很多学生因为上网成瘾，荒废了学业，甚至改变了人生。有的深陷网络，欲罢不能；有的性格变异，甚至打骂父母；有的休学辍学，沉沦虚拟世界，甚至犯罪。这些孩子上网成瘾后，作息昼夜颠倒，饮食不规律，视力受损，生理各项机能受到影响。这让不少家长操碎了心，不少老师无比困惑，众多媒体、专家以及各类社会人士对此忧虑万分。为此，家长、教师谈网色变，严禁学生上网。

网瘾危害这么大，为什么还有不少学生"网虫"？原因是多方面的。

（1）对新事物好奇，缺乏辨别力。

青少年学生学习能力很强，一学便会，一玩就上瘾，一上瘾就无法自拔。学习落后，学业负担重、压力大。上网成瘾的学生，多半是学困生，长期的挫折，使他们不敢再面对学习的困难；沉重的学习压力，使他们对学习反感。

（2）缺乏关爱，沟通障碍。

老师往往没有给予学困生更多的关怀，家长也不重视他们。所以当孩子发现在网上聊天，可以畅所欲言时，他们自然就容易沉溺其中了。

（3）缺乏鼓励，不被认可。

在现实中处处"碰壁"的学困生，对自己失去信心，觉得自己一无是处。可是，他们在网络的虚拟世界中，却可以轻而易举地达到自己理想的境界，实现自己的价值。现实与幻境的巨大反差，使他们宁愿逃避现实，沉醉在虚幻的世界里。

（4）缺乏正当的业余爱好。

有的学生没有什么特别感兴趣的东西，除了学习，其他时间不知怎么打发。网络自然就容易抓住他们，使他们上瘾。

（5）缺乏自制，受人引诱。

还有一些学生上网是盲目地模仿别人，或者受到社会上不良人员的引诱。"网虫"也需要赏识吗？是的！那么，如何赏识"网虫"呢？

1. 信心教育。

有网瘾的学生多数对学习失去兴趣。教师要善于发现他们学习和参加文体活动中的闪光点，多给予鼓励，让他们认识到自己的价值，逐步恢复对学习和生活的信心。还要给他们树立榜样，让他们在学习上、生活中有学习的对象，有追赶的目标。在榜样的激励下，逐渐让他们把精力转移到学习上来。

转移兴趣——带领他们多参加有益的活动，逐步培养他们广泛的兴趣，以缓解不上网带来的空虚。

2. **为学生保守秘密。**

当学生因上网产生了一些不良的心理问题时，往往会涉及个人和其他人的隐私，对于这些隐私问题和学生不愿公开的问题，班主任决不能予以泄露，以免失去学生的信任，甚至造成其他不良后果。

3. **营造积极健康的上网观念。**

大部分学生上网是为了打游戏、聊天来消磨时间，而不会利用教育网进行学习。老师要向学生们介绍一些优秀的教育网站并指导他们如何搜索和下载学习资料和学习方法，积极鼓励学生上教育网站进行学习。

4. **加强家庭教育。**

大部分家长由于自身对网络不甚了解，过多干预子女上网，这样做只能是适得其反，甚至导致学生的反叛心理。教师要与家长进行沟通，端正家长的看法，使得能够辩证地看待上网问题。另外向家长们推荐反黄软件，以防止在家上网的学生浏览黄色网站。家长可逐步限制上网时间和次数，当孩子在这方面有所改善时，就给予表扬和鼓励。在转变学生过程中，家长和教师都不要有太高的期望，只要有微小的进步都应该进行激励强化，帮助他们走出阴影。对于深陷网络游戏的学生，可以请专家进行干预。

加强"网虫"身心健康教育。注重保护视力，中学生使用电脑上网 1 小时左右应休息一会儿；防止"电磁污染"，长时间在电脑前近距离上网要采取保护措施。掌握上网的安全知识。近年来，我国发生一些少女失踪案，多与网友约会有关，可见加强对学生的安全教育十分必要。要力拒色情暴力侵袭。网上有很多色情网站，中学生一旦卷入"黄毒"之中，后果不堪设想。因此，要教育学生健康上网。

加强社会监督——家长、同学、老师要时常监督上网成瘾的学生，不给他们上网的机会。要加强对爱上网的老师的监督，避免他们对学生造成不良影响。社会有关部门要加强对网吧的监管力度。国家严禁未成年人上网吧，可有的网吧老板却偏把眼光瞄准未成年人。更有个别老板，为了网罗生意，为夜不归宿的学生提供"一条龙"服务，让他们吃住在网吧。为了挣钱，出卖自己的良心。对这样的人，一定要让他们受到制裁。这需要全社会一起努力。

美国心理学家威廉·詹姆斯曾深刻指出："人性最深层的需要就是渴望得到别人欣赏和赞美。"学生就像稚嫩的花朵，时时需要教师细心的呵护、辛勤的浇灌；赏识你的学生是师爱艺术的最高体现。它不是虚情假意的作秀，不是居高临下的宠幸，不是不讲原则包办代替的溺爱，它是发自内心的真诚关爱与殷殷期待。

对学生进行赏识教育，尊重学生、相信学生、鼓励学生，可以帮助学生扬长避短，克服自卑、懦弱心理，树立自信心。赏识引向成功，抱怨导致失败。只要我们能够真正理解学生，尊重学生，赏识学生，那么，学生心灵的苗圃就会阳光明媚，春色满园！

请记住，您的成功将是学生进步的保证，学生的进步也就是您成功的证据。您的赏识既能造福学生的一生，也将造就自己的成功！赏识教育的开展，将使师生关系更加融洽，师爱生、生尊师蔚然成风。

赏识教育成就学生一生，教育细节铸就一代名师。让我们以赏识为舟，摆渡教育梦想。让我们立即行动起来，真诚地赏识自己的学生，相信每个学生都是天才；欣赏学生的长处，肯定他们的每一个细微的进步；让他们不断体验成功的喜悦、找到学习的快乐和自信；并真诚地帮助他们，让赏识这缕温馨的阳光去净化人生、亮化人生、优化人生、美化人生吧！让我们牢牢记住赏识教育的原则吧！信任孩子——学会崇拜，学会自豪。尊重孩子——学会倾听，学会请教。理解孩子——学会感激，学会陪伴。激励孩子——学会发掘，学会分享。宽容孩子——学会反思，学会等待。提醒孩子——学会批评，学会分担。

最后，衷心祝愿所有的教育者在新的一年里都能够重新诠释当代为师者的真谛，用赏识和爱心为学生筑起学习的乐园，为他人筑起快乐的天堂！

第五讲：
素养，让教育生涯更加阳光悦人

（2011年春教师开学典礼大会上的讲话）

> 素养是平素的修养或由训练和实践而获得的技巧或能力。
> 幸福是一种阳光，照亮生活，也照亮职业。

高素养的教师才能拥有教育的大智慧，也才能够培养成功的学生。对学生来说，遇到一位高素养的教师，是自己一生的幸运。那么，什么样的教师才是高素养的教师？高素养的教师是怎样炼成的？

对此，不同的人可能会有不同的回答。我认为，高素养教师应该是这样的教师，或者说，高素养教师是这样炼成的：

拥有阳光心态；

富有人格魅力；

拥有教育智慧；

享受教育快乐；

懂得创造幸福。

一、阳光教师——让心态决定一切

阳光心态是一种健康、平和、宽容、大度、崇高、自信、积极的心态，是一种化尴尬为融洽，化压力为动力，化痛苦为愉悦，化阴霾为阳光的心态。

1. **阳光工作。**

良好的心态可以让我们享受成功，让我们愉快地工作。

罗曼·罗兰说：要散布阳光到别人心里，先得自己心里充满阳光。只有教师心里充满阳光，学生才能在阳光下茁壮成长。如果我们的内心是一团冰，就是化了也还是零度。

阳光教师的"五有"：

面对教育，有阳光般平和的心态；

面对教研，有阳光般积极的热情；

面对学生，有阳光般灿烂的笑脸；

面对同事，有阳光般温暖的情怀；

面对发展，有阳光般不息的能量；

目前的教师做教育大致有以下三种状态：

第一种状态，把教育的事当作学校的事来做。将学校布置的工作视为包袱。能简单就简单，能应付就应付。

第二种状态，把学校的事当作自家的事来做。他们对于学校布置的各项工作，只知道干，干，干，但不大会去做深入的分析与思考。

第三种状态，把自己的事当作教育的事来做。他们不满足于现状，努力探求着教育的高效之路，享受着探索路上的种种欢乐和痛苦。这是新时代教育真正积极向上的阳光心态。

一位哲人曾经说过：一个人的工作态度可以说就代表了他这个人。

如果你愿意奋斗，愿意做第三类教师，那么请这样积极地修炼自己：

不做机械重复的事，做出灵气来；不做不动脑子的事，做出思想来；不做人云亦云的事，做出个性来；不做应付检查的事，做出实效来。

修炼自己的声调，让它引人入胜；修炼自己的语言，让它妙趣横生；修炼自己的眼睛，让它传神丰富；修炼自己的表情，让它神采飞扬；修炼自己的行为，让它规范专业；修炼自己的学识，让它有如涌泉；修炼自己的脾气，让它逗人喜爱；修炼自己的个性，让它鲜明唯美；修炼自己的心灵，让它平和美丽；修炼自己的气质，让它超凡脱俗；修炼自己的灵魂，让它崇高圣洁；修炼自己的人生，让它阳光幸福。

2. 阳光处世。

【欣赏：《生命的列车》】

我们相遇相聚在潍坊四中，不过就是很短的那么几年十几年，对于整个人生，这只是短短的一瞬。

世界这么大，你我能相聚在这样一个大家庭里，真的已经很不容易。相遇难，由相遇而相知，相行，相互理解，相互支持更难。

在一起就要善于理解和接受彼此的性格，包容对方的不足，相互兼容，求同存异。努力做到：

在人格上"互尊"，工作上"互助"，生活上"互帮"，达成一个"互学互勉"、取长补短的共识；多一些宽容谅解，少一些求全责备；多一些坦诚支持，少一些互相拆台；多一些当面沟通，少一些背后讥讽。

这是高素养教师应该修炼的为人处世的阳光心态。

本学期，我们要在全校大力倡导"五要五不"：

要互相信任不猜疑；

要互相交流不隔膜；

要互相支持不拆台；

要互相谅解不指责；

要互相关心不冷漠。

提倡做"三种人"：

做使领导宽心的人，不把难题上交；

做使下级舒心的人，不把责任下推；

做使同事放心的人，不在背后搞小动作。

3. 不找借口。

20年前，柏杨说中国人的丑陋之一，是喜欢满世界找借口、推卸责任。

20年后的今天,"借口文化"依然在不少教师和干部身上盛行,严重影响了学校工作的执行力。

当前教师或者领导干部经常使用的借口有:

"学生基础太差了……"

"我忙,没空……"

"找班主任去,找家长来……"

"这个事我做不了……"

借口对人的成长,就像恶狼对羊群的威胁。借口只会使人习惯拖延,习惯推卸责任,习惯转嫁过失,习惯损害他人利益。你说,这样的人能得到领导和同事的认可,成为学校乃至教育的中坚力量吗?

面对学校安排的各种工作,请你果断地收起借口,说"好的,我马上去做""好,我会尽力而为""这个事情我来做"。

"这个事情我来做"的人,走到哪里都是受欢迎的,哪怕是把办公室的地板拖干净,哪怕是去搬纯净水,哪怕是将纸篓里的垃圾倒掉。

收起借口,同事说你变了;收起借口,领导说你变了;收起借口,学生说你变了;收起借口,你发现自己真的变了……

4. 争取主动。

凡是成功的人士都拥有积极主动的精神。

主动的底线是心领神会地"执行"任务,将任务视为己任。

主动就是不用别人告诉你,你就能出色地完成工作。

次之,就是别人告诉了你一次,你就能去做。

再次之,就是别人告诉了你两次,你才会去做。

更次之,就是只有在形势所迫时才能把事情做好,这种人是在磨洋工。

最等而下之的就是即使别人追着他,告诉他怎么去做,并且盯着他做,他也不会也不想也不愿把事情做好。这种人聪明反被聪明误,没有发展遭到别人蔑视也是咎由自取。

有主动精神的教师心态必定是阳光的,这些教师即使不能"心想事成",至少也能"有所成就"。虽不至于"人有多大胆,地有多大产",至少也能

35

"种瓜得瓜,种豆得豆"。

二、魅力教师——让自己风采无限

高素养的教师必定具有这样的魅力:

1. **人格魅力**。

有魅力的教师一定拥有善良的美德。人生有三样东西是最重要的:第一是善良,第二是善良,第三还是善良。我们一定不要丢失这最宝贵的财富。

善良的人可以尽情欣赏大自然的美好,体验人世间的温暖,挖掘可供自己快乐的"素材",而且用之不竭,这将带来一个愉悦平和的人生。而另一种人,他们的心灵是灰暗的,总想玩点小聪明,总用变色的眼睛看世界,很难拥有阳光心态。

有魅力的教师一定自然朴实、乐观自信。他会用一颗美丽的心灵善待学生,用自己的出色工作给学校创造价值。

有魅力的教师眼睛里发出来的总是对每个学生倍加欣赏的眼光,而不是挑剔或者求全责备的。他会真诚地关心每一个学生,用成功激励每一个学生。他即使不能为学生创造幸福,也绝对不会给孩子制造痛苦。他能尊重学生,尤其是能尊重那些有过错的学生、有严重缺点的学生,尽管也会批评,但至少不会体罚和污辱学生,而是很婉转地让学生接受,最终使学生心服口服。

有魅力的教师是一个追求卓越、善于学习、富有创新精神的人,一个教育科研的有心人,一个与书为伴、不断充实自我的人。像苏霍姆林斯基说的,"每天不间断地读书,跟书籍结下终生的友谊。潺潺小溪,每日不断,注入思想的大河。读书不是为了应付明天的课,而是出自内心的需要和对知识的渴求"。

2. **语言魅力**。

世界上没有一个永远不被毁谤的人,也没有一个永远被赞叹的人。并且越是平庸的人越不容易被毁谤,枪打出头鸟。这是人性的弱点。

高素养的教师,善于锤炼自己的语言魅力,努力克服人性的弱点。急事慢慢地说，没把握的事小心地说，做不到的事不乱说，伤害人的事坚决不说，没有发生的事不乱说，别人的事谨慎地说，自己的事怎么想就怎么说，现在的事做了再说，未来的事未来再说（计划除外）。

我希望每一个老师记住：毁灭人只要一句话，培植一个人却要千句话。要想成为魅力教师，一定要多口下留情积德。同事之间，少一些无中生有，少一些妄加推测，更不允许恶意中伤。对待尚在成长过程中的学生，要学会发现学生的特长与其成功之处，并给予充分的肯定。你赞赏学生的成功，学生将还你一个惊喜。

我希望我们的教师常说类似以下感动学生的话语：

最近怎么有些沉闷？我需要你的热情！

如果你能试着喜欢上那些弱项，一定能成功！

我们每个同学都很聪明，应该积极发表自己的见解！

努力改正缺点，你就可以做一个堂堂正正的人！

把简单的事做好，就是不简单；把平凡的事做好，就是不平凡！你只要用心做，这些事根本难不倒你！

勇敢点！不要怕，天塌下来，老师替你顶着！

你不是最聪明的，却是最有灵气的，相信你将来一定有所成就！你是一个很有想法的孩子，你的见解很有创意！

也许你在别人眼里有很多不足，但在我眼里，你是最棒的！你的潜力很大，对于你来说，只要好好挖掘，没有不可能的！

一个人最大的美德是宽容，如果你懂得宽容，你就会有海一样的胸怀！也许你现在是贫困的，但老师相信，20年后，你是最富有的！

只要你肯努力，老师愿意成为助你成功的桥梁！你敢于向老师（教材）提出个人见解，非常了不起！你永远是最出色的学生，我相信你！

你的思维很独特！能说说你的想法吗？

你提的问题很有思考价值，我们共同研究一下。只要肯动脑筋，你一定会变得更聪明！

说错了没关系，我会帮助你！

高素养的教师必定善于不断地锤炼自己的教学语言，努力创造出民主、宽松、和谐的课堂氛围，将语言变无趣为有趣，变无声为有声，变无形为有形，使学生在这样的环境中乐学、会学、善学。

三、智慧教师——让自己走得更远

智慧是思索的结晶，教师的教育智慧即是教师对教育教学问题长期研究和不断思索的结果。

教师的智慧哪里来？

自身修养人格魅力；

合作精神自信乐观；

创新探索学识技能；

实践行动思考感悟；

热情执著读书学习。

高素养教师是如何修炼自己的教育智慧的？

1. **不断迎接挑战。**

有智慧的教师能够从容面对各种挑战。迎接学生的挑战，迎接家长的挑战，迎接领导的挑战，迎接自己的挑战。人生最大的敌人就是自己，战胜了自己，也就战胜了一切挑战。自己也在不断地挑战中逐渐地成长，走向成熟。

教师的成功说来就这么简单，面对一项实验，能勇敢面对。请你上公开课，你勇敢地接受；请你大会交流，你勇敢地接受；有征文比赛，你勇敢地参与；交给你一个乱班，你勇敢地接受。每一次接受，或许都是一次阵痛，但同时也是一次无可抵挡的成长。成长的代价就是接受挑战。人，天生具有惰性，没有人听课，对课堂的准备、对教学细节的处理总是相对马虎；有勇气请他人来听课，有勇气承担公开课，实际上就是对自己惰性的宣战。

有智慧的教师善于从研究的角度来从事教学工作，不断地发现问题，思考问题，研究问题，从而不断地增长自己的思考力、感悟力，不断地提炼新见解、新观点，从而全面地提高自己的学术水平和教育智慧。

2. **善于推销自己。**

有智慧的教师善于推销自己，自信地面对生活，面对工作，让别人清楚地认识到你的意义！还要把真实的、实力雄厚的自己展示给学校，展示给同事，展示给家长，把教学的佳绩呈现给家长，学生的成绩就是教师的成绩。

3. 追求课堂诗意。

高素养的教师必定拥有这样的聪明才智：熟练驾驭课堂，解放学生的头脑，让他们大胆地想；解放学生的嘴，让他们自信地说；解放学生的双手，让他们勤动手；解放他们的空间和时间，让他们自主合作探究。给他们一片自由的天空。

4. 永不低估差生。

这世界原本没有差生一说，只是由于评价标准的差异，导致了我们差生的产生。有智慧的教师任何时候都不低估眼前的差生。因为，眼前的差生也许让自己的讲课无法进行下去，而差生的未来，也许是你永远也赶不上去的。

5. 将惩罚进行到底。

对学生进行赏识是教育的组成部分，但并不是教育的一切，没有惩罚的教育是不完整的教育。

对于顽皮的学生，不轻易地放弃；对其违规的行为，不听之任之，而是恰当给予批评与惩罚，当然不是将惩罚上升为体罚。这是真正的教育智慧。

6. 善于控制情绪。

有智慧的教师善于控制自己的情绪，而不是让情绪左右自己的言行。魏书生当年为了避免自己在学生面前发火，专门安排一个学生监督自己，学生一旦发现他有发火的苗头，有权利站起来训导魏书生："魏老师，你想干什么？"

7. 舍得花费力气。

教育工作弹性很大，一天的工作量，用三五个小时能做，用 8 个小时能做，用 12 个小时也可以做。你选择安逸的三五小时，时间会给你带来最严厉的惩罚；你选择 10 个小时甚至 12 个小时，时间会给你带来最温馨的奖励。

8. **常追问自己。**

常常追问自己可以让自己变得越来越富有智慧。上海《小学语文教师》编辑部李振村的《教师职业生涯规划的十大追问》值得借鉴：

你是为学校、为校长而工作还是为自我、为兴趣而工作？你是着眼于当下谋划自我，还是着眼于未来规划人生？

在人生旅途上，你是一个纯粹的生命消费者，还是一个不断为自己生命增值的人？

你是事事等待领导安排，还是像机敏的猎豹一样，总是主动出击寻找机会？你是否善于抓住影响你专业发展的关键人物和关键事件？

遇到困难，你是以抱怨和牢骚来应对，还是以积极的心态去化解？你是把工作当作课题来研究，还是把课题当作工作来对待？

你是从宏观的教科研课题着手开展研究，还是从微观的视角寻求突破？你是否懂得语言艺术？

你是否在意过你的体态语言？

譬如，第二追问，你是着眼于当下谋划自我，还是着眼于未来规划人生？如果你是一个音乐人，着眼于未来规划人生，应该这样规划：

五年后，希望自己有一张唱片在市场上广受欢迎；那么第四年你一定要跟唱片公司签约。

第三年，你一定要有一部完整的作品，可以拿给许多唱片公司听；第二年你一定要有很棒的作品开始录音了；第一年你一定完成了全部作品的创作，并开始准备排练。

第一年的第六个月：你一定要把那些没完成的曲子全部修改完，并开始修改润色。

第一年的第一个月：你必须开始创作新的作品；第一年的第一周该干什么呢：你必须定出一个创作计划。

同理，有智慧的教师都懂得长远规划自己的教育生涯，而不是得过且过、碌碌无为。

四、快乐教师——让生活变得灿烂

什么都可以不好，心情却不能不好；什么都可以缺乏，自信却不能缺乏；什么都可以忘掉，恩情却不能忘掉；什么都可以不要，快乐却不能不要。

一位年轻人去拜访一位智者。

年轻人问："我怎样才能变成一个自己愉快，同时也能给别人带来快乐的人呢？"

智者笑着说：我送给你四句话吧。第一句：把自己当成别人；第二句：把别人当成自己；第三句：把别人当成别人；第四句：把自己当成自己。

温馨提示：把自己当成别人是豁达，把别人当成自己是宽容，把别人当成别人是睿智，把自己当成自己是彻悟。

高素养教师如何让自己的快乐之泉汩汩滔滔？

拥有八颗心。感恩的心，平常的心，奉献的心，坚强的心，吃苦的心，知足的心，坚定的心，助人的心。善于原谅自己与别人，学生用他的无知与偏执让你生气，家长因对孩子的偏爱与袒护让你动气，领导因对你的误解让你怄气，而自己有时也对自己无端地不满意，低着脑袋生自己的闷气，这些汇集到你身上是恶气攻心。

气生了不少，但问题没有得到一点解决。所以，快乐的教师善于原谅和宽容别人，原谅与宽容让自己生气的人与事。即使生气也是当天的事情，第二天一切不愉快烟消云散，绝不耿耿于怀。

1. **善于展示笑容。**

面对失败和挫折一笑而过，是一种乐观自信；

面对误解和仇恨一笑而过，是一种坦然宽容；

面对赞扬和激励一笑而过，是一种谦虚清醒；

面对烦恼和忧愁一笑而过，是一种平和释然。

微笑着送走不愉快的阴云，不让它们遮住自己的眼睛；

不因今天的痛苦，就否定明天的快乐。

快乐教师会用机智娱乐学生，用笑话幽默帮助学生奋起；

快乐教师能在课堂上创造信仰、创造希望和乐观精神。快乐教师特别受欢迎。

微笑一次，一分回报。大笑一次，十分回报。教会学生大笑，百分回报。

快乐教师自己善于凭着自己的快乐和笑容让孩子们过得愉快。

魏书生说："笑是一种胸怀，也是一种能力，一项技术。应该钻研这门技术。不断提高自己笑的能力，这样，教学效果才能高。"

2. 善于汲取快乐营养。

不气歌

清代大学士阎敬铭

他人气我我不气，我本无心他来气。
倘若生气中他计，气下病来无人替。
请来医生将病治，反说气病治非易。
气之为害太可惧，诚恐因气把命毙。
我今尝过气中味，不气不气真不气。

不气歌（民间）

世上到处都是气，无气万物无生机。
人活凭的就是气，无气活着啥意义。
浑身正气身体壮，邪气缠身伤身体。
你不生气气找你，气是自己争来的。
人活一生都是气，若是气人己先气。
惹人生气为不义，人要生气为中计。
生气百害无一利，气坏别人伤自己。
气出病来自己医，花钱受罪人讽讥。
气量狭小没出息，只让别人窃窃喜。
生气常常伤理智，办坏事情悔莫及。
争气损尽己力气，看你争气不争气。
世人都应晓利弊，欢欢喜喜消消气。
大度能忍天下气，不气别人不气己。

你尊我敬乐融融，希望大家都和气。

笑笑歌（民间）

一笑烦恼跑；

二笑怒气消；

三笑憾事了；

四笑病魔逃；

五笑永不老；

六笑乐逍遥。

时常开口笑；

寿比南山高。

宽心谣

著名社会活动家、中国佛教协会会长赵朴初92岁作

日出东海落西山，愁也一天，喜也一天；

遇事不钻牛角尖，人也舒坦，心也舒坦；

每月领取养命钱，多也喜欢，少也喜欢；

小荤多素日三餐，粗也香甜，细也香甜；

新旧衣服不挑拣，好也御寒，赖也御寒；

常与知己聊聊天，古也谈谈，今也谈谈；

内孙外孙同样看，儿也喜欢，女也喜欢；

全家老少互慰勉，贫也相安，富也相安；

早晚操劳勤锻炼，忙也乐观，闲也乐观；

心宽体健养天年，不是神仙，胜似神仙。

你有权发怒，但不应践踏别人的尊严；

你有权失败，但不应自暴自弃；

你有权争取成功，但不应以牺牲他人为代价；

你有权要求争议，但不应以复仇为手段；

你有权要求生活得更美好，但不应以今天的欺骗来捡取明天的快乐。

五、幸福老师——让灵魂充满香味

幸福感是教师做好教育工作的重要前提，是事业有成的坚实基础。

教师的职业作为一个以别人的成功为自己成就的职业，是幸福的；教师的职业作为一个时时存在真情的职业，是幸福的。作为一个普通教师，面对的是天真无邪的学生，只要你拿出真心对待他们，他们就会认为你是一个好老师。无论是在学校里，还是今后走上社会，许多学生都不会忘记这样的一份情感。公式定理可能已经淡忘，但师生之间培养起来的那份情谊却永远难以忘记。这种幸福感是其他任何行业都没有的。

作为有更多闲暇和自由支配时间的职业，也是幸福的。

高素养的教师懂得从平凡的工作中不断汲取幸福和快乐的元素。我们每天做的大抵是这样一些小事：

●早上到学校，进班级，看看学生是否到齐，谁没来，是什么原因。

●收上家庭作业，谁没及时交，为什么。

●批改作业，谁错了，为什么错了。

●晨读开始，尽管有学生组织，但还是去看一下，学生很认真，笑着表扬。

●晨会课，可能讲个故事，可能回顾上周班级常规管理考核情况。

●和学生们一起做操。

●要上课了，准备一些教学用具。

●下课了，利用课间和几个学生交谈几句。课堂作业有问题的学生，此时也需要点拨一下。再到办公室，可能有一些表格需要填写。

●有了点时间，想想明天的课怎样上，或者备下一堂课。情况好的时候，办公室的几个人要扯一下教育趣事或气事。

●中午可能会有学生吵架，需要你去调解。

●批改课堂作业，一边批改一边记录错误的和优秀的案例。

●想收集一点试题，布置家庭作业用。

你看，教育无非就是做这样的小事。如果觉得这些事情让自己烦恼无比，这不是跟自己过不去吗？既然无法改变自己的职业，不如学会享受教育的幸福。当你尽力把教育的小事做好时，你就是一个有责任心的老师，你就做起了真正的教育。善于把平凡的小事做出诗意，善于从小事中捕捉感动的人，一定是一个幸福的人，是一个真正成熟的人。

幸福教师善于把课堂演练成享受幸福的重要舞台；他总是以享受的态度对待教学，因而他的心灵充满着明媚的阳光，回响着和谐的音乐。他善于在师生交往中寻找幸福。他懂得幸福不只是有开头、结尾，更重要的是过程。他经常关注取得幸福的每一步，收集自己幸福的一点一滴。

他更善于用读书学习重塑自己，从而使自己从生活的喧嚣和浮躁中解脱出来，获得心灵的宁静、充实和幸福感。

幸福教师懂得释放压力，利用空闲时间享受亲情、友情和同学情，他不会把烦恼憋在心里，而是通过劳逸结合、休闲娱乐，增加工作效率，促进身心健康，进而增加幸福感。

幸福教师不会把工作仅仅看成谋生的手段，而是作为自我发展的有效途径，那是一项值得付诸奋斗、努力的事业。

如果你还是感觉不到自己的幸福，想想肖川教授说的：快乐是一种美德，微笑是一种力量，优秀是一种习惯，成功是一种心态，清白是温柔的枕头，幸福是灵魂的香味。

幸福的教师都是一样的，幸福来自我们的思想，幸福来自我们的心底，幸福来自我们的行动。让我们珍惜现在，在和谐社会的视野下，为全面提升个人、家庭、学校和社会的幸福感而共同努力。愿幸福在我们每个人心中流淌。愿我们人人争做受学生欢迎的老师。

最受学生欢迎的十种老师：

一是像父亲一样严而有度的老师。

二是像母亲一样慈爱的老师。

三是实习老师。

四是有宽容精神的老师。

五是帅哥老师。

六是美女老师。

七是风趣幽默的老师。

八是有爱心的老师。

九是以身作则，说到做到的老师。

十是真才实学的老师。

愿我们多多感恩生活的赐予。

结束语：

教育是思想，这种思想越是现实，越有智慧。教育是信仰，这种信仰越是坚定，越有力量。教育是追求，这种追求越是执著，越有成果。

祝愿我们的老师人人成为阳光的、快乐的、智慧的、幸福的、富有魅力的教师。

让生命的列车不枉此行！

第六讲：
优秀，和春天一起奏响生命和弦

（2012年2月在教师开学大会上的讲话）

> 优秀指的是品行、成绩等表现得出色、非常好。
> 优秀是一种纯的状态，生机勃发暖人暖己。

在巴黎圣母院，有一句话，只写给中国人看：请保持安静！在泰国皇宫，有一句话，只写给中国人看：请便后冲水！在美国珍珠港，有一句话，只写给中国人看：垃圾桶在此！

培养"三个面向"的学生，培养合格公民，是我们义不容辞的责任。

当今社会怪"现象"——人们的财富在增加，但满足感在减少；沟通工具在增加，但深入的沟通在减少；认识的人在增加，可以谈话的人在减少；房子越来越大，里面的人越来越少；精美的房子越来越多，完整的家庭越来越少；路越来越宽，心越来越窄；楼房越来越高，视野越来越窄……

培养德才兼备的学生，是时代的召唤，人民的期待。

有人说：这个世上什么人都可以变坏就老师不能。一旦老师变坏，那么人类社会也就寿终正寝了。我们的学识、我们的人品、我们的态度，直接决定我们的事业的成败；直接决定我们面对的教育对象的成败。

优秀教师，是时代的召唤，人民的期待。没有教师生命质量的提升，就很难有高的教育质量；没有教师精神的解放，就很难有学生精神的解放；没有教师的主动发展，就很难有学生的主动发展；没有教师的教育创造，就很难有学生的创造精神。

网络调查的各类典型的"问题老师"：

1. 身穿一套西装，脚下踏双旅游鞋之"中西合璧"型。
2. 唾沫星乱溅，粉笔头横飞之"身怀绝技"型。
3. 上课迟到，下课拖堂之"挥时如土"型。
4. 课下股票市场，课上手机乱响之"业务繁忙"型。
5. 上课吞云吐雾，下课推杯换盏之"逍遥神仙"型。
6. 平时不备课，上课老出错之"临场发挥"型。
7. 教案老一套，上课唱老调之"孔乙己"型。
8. 平板呆滞，照本宣科之"新闻联播"型。
9. 天马行空，天花乱坠，言不达意之"不知所云"型。
10. 豆大小事请家长，有点事故去德育处之"无事生非"型。
11. 语言粗俗，行为粗鲁之有"暴力倾向"型。
12. 暗查密探，疑神疑鬼之"容嬷嬷"型。
13. 予人滴水之恩，索以涌泉相报之"小肚鸡肠"型。
14. 揭人旧伤疤，伤人自尊心之"喋喋不休"型。
15. 盛气凌人，摆足架子之"大法官"型。
16. 先看学生档案，然后就"厚此薄彼"型。
17. 拆开学生信件，当众就念之"特别关心"型。
18. 自习不自习，老师来出题，一讲半小时，学生真着急之"用心良苦"型。

美国著名心理学家古诺特说："身为教师，我具有极大的力量，能够让孩子过得愉快，也能让他们过得悲惨。我可以是制造痛苦的工具，也可以是启发灵感的媒介；我能叫人丢脸，也能叫人开心；我能伤人，也可以救人。"

教书育人是教师的天职，是我们的神圣使命。教育是一棵树摇动另一棵树，是一片云推动另一片云，是一个灵魂创击另一个灵魂。我们作为教师，必须优秀，这是时代的召唤，人民的期待，社会的责任。

1. 优秀离我们有多远？

其实我们每一个人，生来就具有优秀的品质。请看看你曾经是什么样子吧。

【播放视频一：《你的天赋潜能》】

这就是原来的你——精气神足，天真无邪，笑口常开，哀而不伤，无所畏惧。

20年以后，30年以后，40年以后，作为别人命运的主宰者，我们变成什么样子了呢？我们的精气神到哪里去了呢？

有些教师工作时"目中无人"，一学期下来竟叫不上几个学生的名字；有些教师长年与书店无缘，仅凭一本教参去挖掘"微言大义"；有些教师把一切教育教学改革和教学技术的创新都看成是"花架子"而拒不沾边；有些教师观念陈旧，语言陈腐，方法单调，行为刻板，暮气沉沉，索然寡味，与学生形成深深的"代沟"……

与大家同甘共苦四年以来，我始终认为，我们潍坊四中的教师在同行业中是最优秀的，最敬业的，这正是我作为潍坊四中的校长特别欣慰特别自豪特别骄傲的地方。但是要打造品牌学校，我们的品牌老师还是有点少。我们必须站得更高，才能看得更远。

2. 优秀教师都有共同的品质。

我最欣赏的优秀教师的十大品质之一是：善于激励，充满耐心。

美国经典励志电影《永不放弃》中，一个人负重160磅（72公斤），用双臂爬行110米，这在常人眼里是绝对无法达成的事情，但是布洛克做到了，在教练的鼓励下做到了！这里教练的耐心激励功不可没。

这个过程中,他的教练喊了13次"对了(就这样)","加油!"喊了15次,"别放弃"喊了23次,"不要停"喊了3次,"继续……继续"喊了48次……

【播放视频二:《永不放弃》】

我们的许多老师,特别懂得耐心教育激励教育的重要性,许多老师就像电影中的教练那样,不放弃每一个学生,不断地激励、鞭策自己的学生,不断地为学生加油,才有了连续三年高考成绩实现历史性大突破。我发现,凡是优秀的教师本人,也特别善于当好自己的精神教练,不断激励自己,鞭策自己,超越自己。

3. 富有激情,充满诗意。

优秀的老师天生不安分,会做梦。他们的教育每一天都是新的,每一天的内涵与主题都不同,他们具有强烈的冲动、愿望、使命感和责任感,善于提出问题,善于自找"麻烦",因此他们拥有诗意的教育生活。

4. 善于合作,人格高尚。

一个不善于合作的教师,他走不了太远,因为这个社会是需要合作的社会。优秀的老师尤其善于合作,善于调动千军万马来实现自己的教育抱负。

优秀的老师非常具有人格魅力,非常懂得换位思考,非常懂得尊重别人,非常懂得互惠原则,而且懂得吃亏是福的道理。不像有些老师斤斤计较于眼前的得失,表面看暂时得到一些,但实际上失去了长远利益。

5. 充满爱心,受人尊敬。

优秀的老师充满爱心,受人尊敬。他们对学生的爱,是严格而不是严厉,是宽容而不是放纵,是信赖而不是责难,是唤醒而不是压抑,是严谨而不是懈怠,是责任而不是负担,是真挚而不是虚伪,是激情而不是疲倦,是热情而不是冷漠,是和谐而不是发泄。

6. 追求卓越,勇于创新。

优秀的老师都在不断探索、不断创新、精益求精。追求卓越的人,是教育的有心人。他们不信奉"有意栽花花不发，无心插柳柳成荫"，而是信奉"有心栽花花自发，无心插柳柳无荫"。

孔维新主任的班级宿舍内务任何时候都整齐划一，让督导员们赞不绝口。怎么换来的？年前的放假会上我们知道了，是孔主任一遍一遍不厌其烦的示范，手把手耐心的教导换来的。枕头的摆放，枕巾的折叠，格子床单的铺法，褥子大小不同如何区别对待，床底下的鞋子的放法，都一一支招，绝对的耐心细致、精益求精的典范。

7. 关注社会，责任心强。

苏霍姆林斯基说过，孩子在离开学校的时候，带去的不仅仅是分数，更重要的是带着他对于未来理想的追求。教师所做的一切，都是在为孩子未来做准备。优秀的教师深深懂得，今天的教育是为了未来的教育，是着眼于孩子一辈子的教育。他们拥有强烈的责任感，教孩子三年，为孩子想三十年。

"Hold 住"课堂，能力超强优秀的教师都能"Hold 住"课堂，充分相信学生、解放学生、利用学生、发展学生。

他们的讲授深入浅出，善于让学生融入到所讲授的内容和氛围中来。他们善于眉目传神，让学生在我们的眼中读到自信、勉励、惭愧与感动。

他们善于为课堂植入一些学生喜闻乐见的活动形式和素材，让学生有机会"给点阳光就灿烂"。

他们的课堂探究务实高效。他们善于创造独立学习的机会，催生"一个和尚挑水吃"的效应；善于激发学生挑战的欲望，催生"跳一跳才能摘到桃子"的效应；善于创造让学生感受自信的机会，催生"莫愁前路无知己"的效应。

8. 为人喝彩，大家风范。

优秀的教师拥有高尚的人格，不断为他人喝彩。欣赏他人的时候也在不断地提升和完善着自己的人格，在不经意间收获着友谊与合作；在赏识他人的过程中矫正着自己的狭隘，克服着自己的自私。优秀的教师把为他人喝彩的过程变成了培养和张扬大家风范的过程。

9. 尊重学生，懂得呵护。

任何一个学生的心灵深处，都有想做好孩子的愿望。优秀的老师特别善于呵护这种愿望，让学生有一种良好的心态，学会自信，学会欣赏自己，赶走内心的自卑，树立创造者的自尊。

10. 控制情绪，心态阳光。

优秀的老师批评学生时，特别懂得控制情绪，轻易不让情绪左右自己的言行，该出手也不出手。事实上，只有你完全控制了自己的情绪，你才能在面对让你烦心的学生时，仍能面带微笑。

春天来了，让我们一起奏响生命的和弦，每天改变一点点，在优秀之路上走得更远。

（1）每天问问自己，今天，你优秀了吗？

当学生精神不振时，你是否能使他们振作？当学生过度兴奋时，你能否使他们归于平静？当学生茫无头绪时，你能否给以启迪？

当学生没有信心时，你能否唤起他的力量？你能否从学生的眼睛里读出愿望？

你能否听出学生回答中的创造？

你能否察觉出学生细微的进步和变化？你能否让学生明白自己的错误？

你能否用不同的语言方式，让学生感受关注？

你能否使学生觉得你的精神脉搏与他们一起欢跳？你能否让学生的争论擦出思维的火花？

你能否使学生在课堂上学会合作，感受和谐的欢愉、发现的惊奇？

（2）每天问问自己，今天你快乐了吗？

做老师的心情常常是压抑的，我们要努力营造快乐的环境，让学生快乐。我们也得找到让自己快乐的窗口，让自己每天都快乐，因为快乐的核心就是你自己。只有自己真正快乐了，我们才无愧于自己的职业。我们要做快乐的、热爱生活的教师，让思想轻盈地飞翔，让心中洒满灿烂的阳光。只有心中充满阳光，才能把温暖带给别人。

（3）每天问问自己，今天你读书了吗？

读书会让你的教育生涯更加美丽动人。永远不要等有时间才阅读，见缝插针，想读就读；永远不要坐进书房才阅读，任何地方都可以阅读；永远不要有用才阅读，急功近利、立竿见影是妄想；永远不要嫌自己读得太晚，只要行动，就有收获。当你读到一定的程度，你就能够高屋建瓴，对事物的认识就会更深更透，你的心胸就会无限宽阔，显示出一种超越自我，超然物外的至高境界。

（4）每天问问自己，今天我改变了吗？

【播放视频三：再生雄鹰】

愿我们每个四中人都拥有雄鹰一样脱胎换骨的豪气、勇气与行动。我相信，我们每个人都可以超越自我，最终攀上优秀的教育巅峰。新的学期里，愿我们少一份悲观，多一份自信和使命；少一份盲目，多一份理智和胆略；少一份忙乱，多一份纪律和承担；少一份自我，多一份协调和合作；少一份自私，多一份大度和大气；少一份苛求，多一份理解和关怀；少一份刻板，多一份研究和实效。我相信，只要我们想要，我们就能！

【播放视频之四：我要，我就能】

亲爱的老师们，新的学期，让我们携手并肩，精诚团结，与春天一起奏响生命的和弦，每天改变一点点，向着更加优秀的目标冲刺！谢谢大家！

第七讲：
魅力，源自适应时代发展的要求

——来自全国中学教育的调查

（2012年8月在教职工开学大会上的讲话）

> 魅力是极能吸引人的力量。师德是教师的职业道德，必须遵守的道德规范和行为准则。

面对当前教育的一些现状，作为现代教师，应该树立怎样的教育理念？应该修炼怎样的师德和师能？如何成为一名学生爱戴、学校满意、家长赞美的魅力教师？

一、现代魅力教师常常思考的几个问题

1. 我们是在为谁工作？

教师队伍中的两种声音：今天的学生不好教，教师工作太累。

我们每天辛辛苦苦地工作，都是在为自己工作，而不是为薪水而工作，更不是为工作而工作。工作是一种态度，它决定了我们快乐与否。

同样都是石匠，同样在雕塑石像，你问他们在做什么，他们有的人说正在凿石头，凿完这个就可以回家；有的会说正在做雕像，这是一份很辛苦的工作，但是酬劳很高；有的却说自己正在做一件艺术品，这种人永远以工作为荣，以工作为乐。

天堂与地狱都由自己建造。教师也是这样，把学生看做魔鬼，就会生活在地狱里；把学生看做天使，自己就会生活在天堂中。

2. 我们是否真正懂得享受教育的幸福？

教育不是牺牲，而是享受；教育不是重复，而是创造；教育不是谋生的手段，而是生活的本身。教师的一生不一定要干成什么惊天动地的伟业，但它应当如百合，展开是一朵花，凝聚成一枚果；它应当如星辰，远望像一盏灯，近看是一团火。我们得天下英才而教之，青出于蓝而胜于蓝，这既是我们教师的责任，更是我们教师的幸福。

3. 有多少现代教育理念是我们真正融会贯通的？

（1）素质教育观。

素质教育是坚持以人为本的教育；

素质教育是体现全面发展的教育；

素质教育是面向全体学生的教育；

素质教育是关注终身发展的教育……

我们要树立这样的现代教育理念：在这个世界上，没有教育不好的学生，只有落后的教育方法和暂时落后的学生；在这个世界上，没有不适合学习的学生，只是一些人没有找到适合自己的学习方法。

（2）教学过程观。

教学过程不仅是一个特殊的认知过程，同时还是一个师生情感交融、价值共享、共同创造、共同成长、共同探求新知、共享生命体验的完整活动过程。

我们的教学不仅仅在于共同掌握多少知识点，更在于时时拥有求知的渴望，往往提出问题比解决问题更重要。

不在于让学生循规蹈矩，强调师生之间互相尊重，共同感悟实践、提高综合素质。

不在于安排多少作业，而在于师生共同探求，产生强烈的好奇心和求知欲。

不在于对某些权威的信任度，而在于师生之间不受权威的制约，强化自信力和创造力。

不在于多用多少时间，而在于师生之间是否形成教与学的美的享受，逐步增长了彼此的能力与智慧；

不在于一味发现学生的错误，而在于发现错误后做出一系列扎实的挽救工作。

（3）学生观。

学生是学习的主人，更是发展的主体，学生的学习过程就是探求新知、学会做人、学会合作、学会创造、学会审美、学会健体的全面和谐的发展过程。

（4）教师观。

教师不再是知识的垄断者，不再是传道授业解惑的唯一执行者，更多的是学生成长道路上的引导者、激励者、帮助者。教师的责任更重要的是鼓励与唤醒——鼓励学生的进步，唤醒学生的梦想，是帮助学生成长，而不是代替学生成长。

（5）评价观。

成人比成功重要；

成长比成绩重要；

经历比名次重要；

付出比给予重要；

巧干比苦干重要；

勇敢比畏缩重要；

对话比对抗重要；

激励比指责重要。

我们要用尽量多的尺子衡量学生，努力实现不为成绩，赢得成绩的目的，实现素质教育与升学教育的完美和谐结合。

4. 我们是在用心做教育还是在用力做教育？

"用力做事只能把事做对，用心做事才能把事做好。"用心做教育，意味着：用我们的智慧唤醒学生沉睡的求知欲，用我们的热情激励学生向上的热情，用我们的师德陶冶学生高尚的情操；

用我们的耐心养成学生良好的学习品质，用我们的行为影响学生的行为，用我们的信心开发学生无尽的潜能，而不是泯灭学生的灵性、个性、天性。

用心做教育，才能对学生不断实施六心教育：

信心、恒心、关心、开心、良心、平常心。

信心是精神的支柱，是动力的源泉；

恒心是坚韧，是意志，是对承诺、信念的坚守；

关心是理解，是沟通，是心灵的抚慰和给予；

开心是乐观，是进取，是健康向上、不言放弃的豁达情怀；

良心是宽容，是回报，是心灵的踏实与舒畅；

平常心是水到渠成，是运筹帷幄的坦然与自如。

用心做教育，才能在教育学生的同时千方百计提升自己的教育力——实力、能力、活力、潜力、魅力、执行力、创造力。

5. **我们的行为里还有多少属于毁掉学生信心的元素？**

有的老师和家长，有意或者无意地常常使用以下方法，结果快速毁掉了一个孩子的信心。

常常让孩子觉得自己什么都不行，没人赏识他。经常拿比他"行"的人刺激他。例如这种话时常挂在嘴边："看人家××，从不让父母操心！"这类话最具打击力和摧毁力。

常常诉说自己的伟大付出，使孩子产生罪恶感。而一个有罪恶感的人做事往往自暴自弃。

和孩子说话极少使用商量的口吻，音量动不动达到70分贝以上，最擅长使用命令式的口吻。

夸大孩子的过错然后教训他，严重打击孩子的自尊心，增强孩子的自卑感。

当众出孩子的丑，会让他无地自容。

二、现代魅力教师应该具备的品质

健全的教师人格是师德的根本，崇高的教师品质是师德的灵魂。拥有教育激情的同时拥有教育梦想，没有激情的人做不好教育，有激情但没有执著追求与梦想的人做不好教育；有激情有执著追求与梦想，但缺少教育智慧的人做不好教育；拥有智慧但缺少开阔心胸、高远境界与目标的人还是做不好教育……

激情、执著、智慧、境界都有的人，假如没有童心、耐心、温柔细腻的心、敏锐多感的心、善良慈悲的心，依然做不好教育！

这就是现代教育情怀。

1. **保证身体健康的同时保证心理健康。**

身体是革命的本钱。教师的工作有三大特点，即说话时间多，站立时间多，伏案时间多。由此容易产生咽喉炎、腿部静脉曲张、颈腰椎病和神经衰弱等职业病。现代魅力教师懂得随时调理和锻炼，保证身体健康。

魅力教师都拥有良好的心理品质。他们深深懂得：没有身心健康的教师，就无法保证学生的心理健康。一个缺乏健康心理，喜怒无常、冷漠无情的教师，一定会使学生产生心理障碍；一个动不动就抱怨的教师，会培养出喜欢抱怨的学生。魅力教师会随时调理自己，完善自己，改变自己，停止抱怨，感恩生活的赐予，保证自己拥有良好的心理品质。

看看下面这些人，我们还有什么抱怨的理由？

【播放视频：《从此不再抱怨》】

在现实生活中，你和谁在一起的确很重要，能改变你的心理品质，甚至能改变你成长轨迹，决定你的人生成败。

和勤奋的人在一起，你不会懒惰；和积极的人在一起，你不会消沉；与智者同行，你会不同凡响；与高人为伍，你能登上巅峰。

愿我们的老师都拥有这样的心态：

被人误解的时候能微微一笑；

受委屈的时候能坦然一笑；

吃亏的时候能开心一笑；

无奈的时候能达观一笑；

危难的时候能泰然一笑；

被轻蔑的时候能平静一笑；

被痴人所骂的时候能不屑一笑。

这是一种素养，一种大度，一种豁达，一种大气，一种自信，一种洒脱。

2. 注重口头语言的同时注重体态语言教育功能。

美国心理学家方伯特的"体态效应"研究表明：人获得的信息7％来自文字，38％来自语言，55％来自体态语言。可见体态语言的重要性。

有这样一个心理测验：在小组里，小组成员围坐成一个圆圈，征集一名志愿者坐在圆圈中间，小组成员每人伸出右手的食指，指向他。谁也不用说话，在鸦雀无声中体验心里的感受。之后在分享体验时，不管是指人者还是被指者，感觉都不好受。

魅力教师在教学工作中，不仅善于运用口头语言，还善于借助手势、身势、面部表情等体态语言，来达到最佳的教学效果。

3. 热爱学生的同时热爱自己。

糊涂的爱逼死了孩子，过分的爱畸形了孩子，甜蜜的爱陷害了孩子，冰冷的爱扭曲了孩子，智慧的爱唤醒了孩子，苦心的爱成就了孩子，真诚的爱呵护了孩子，深沉的爱校正了孩子，和谐的爱优化了孩子……

（1）魅力教师之爱是播种。播种思想，收获行为；播种行为，收获习惯；播种习惯，收获人格；播种人格，收获命运。

（2）魅力教师之爱是有效沟通。沟通是心灵的交融，情感的伴舞，爱的共振。他们的沟通来自平等，平等来自尊重，尊重来自信赖，信赖来自知心。

（3）魅力教师之爱是给予。给予温馨，给予支撑，给予放飞。

他们对学生的给予多维、立体、至诚、纯粹、无私、圣洁、不讲回报。

有个教育家曾经说过："学生看起来最不值得爱的时候，恰是最需要爱的时候；如果你讨厌学生，那么你的教育还没开始，实质上就已经结束了。"

师爱在潜移默化之中发挥他的巨大作用。更为奇妙的是，师爱在悄悄感化学生的同时还完善了教师自身。

（4）魅力教师对学生的爱不是溺爱，对自己的爱也不是溺爱。溺爱孩子的后果，我们不陌生；溺爱自己的后果，恐怕很陌生。

不溺爱自己很简单，就是工作要好好干。不好好干也得在单位里待着，普通的中小学，还没有宽松到上班时间可以随便上网聊天或者跑出去压马路、逛商场的地步。

该做的就要做好，哪怕是自己不情愿的，也要强迫自己去做好。强迫自己，管理自己不由着情绪做事。会强迫自己的人，才会管理自己；会管理自己的人，才有资格管理别人。

魅力教师常常通过充分利用时间，不断读书，不断学习，不断充电，作为管理自己的方式，从而让自己不断走向完善，不断走向成熟。

4. 培养学生良好习惯的同时建立自己的良好习惯。

有人说，习惯成就人生；也有人说，习惯决定成败。魅力教师不仅特别

注重培养学生的良好习惯,而且善于摒弃自己的不良习惯,不断强化优良习惯,譬如:

习惯于随时尊重与关怀学生提升信心;习惯于帮助与激励学生增强信心;习惯于与同事相互理解与支持;习惯于与同事交流与合作;习惯于多读书、勤思考、善积累、重反思……

5. 魅力教师以课堂作为最大的舞台渗透现代教学理念。

(1) 高效课堂具备的特点。

信任度,探究度,参与度,亲和度,自由度,整合度,练习度,延展度。

(2) 高效课堂教学内涵。

高效的导入	高效的演示
高效的探究	高效的课件
高效的讨论	高效的作业
高效的合作	高效的考试
高效的反馈	高效的讲解
高效的小结	高效的备课
高效的板书	高效的批改

(3) 提问注重思维含量。

问题紧扣教学内容;问题的难易适当;提问时机得当;提问面向全体;提问次数妥当。

(4) 高效课堂呈现的高效局面。

教师激励催化,春风化雨,点石成金,学生在每一节课上都能享受到热烈的、多彩多姿的精神生活;

学生理解感悟,生发创造,扩展发挥,师生的生命活力在课堂上涌动起来;师生相辅相成,教学相长,开发潜能,共创奇迹,每一节课都成为精心策划、精心制作的艺术品。

课堂成为面向每一颗心灵敞开温情的怀抱,成为点燃每一位学生思想智慧的火把,时时洋溢着平等民主愉悦的光彩。

(5) 高效课堂达到的效果。

建立和谐的课堂，彰显师生关系的民主；

建立务实的课堂，彰显基础扎实的功底；

建立活力的课堂，彰显探索思维的碰撞；

建立创造的课堂，彰显教育智慧的挑战；

建立发展的课堂，彰显快乐成功的体验。

6. 课堂渗透信心教育。

魅力教师的高效课堂都渗透着信心教育，信心教育帮助教师确认每一个学生都是有价值的；肯定每一个学生都是独特的；评价每一个学生都是有兴趣的；对待每一个学生都是有办法的；尊重每一个学生都是有理由的；欣赏每一个学生都是有快乐的。

（1）赏识学生。

美国心理学家威谱—詹姆斯有句名言："人性最深刻的原则就是希望别人对自己加以赏识。"

赏识——开启学生的心扉。

赏识——震动学生的心灵。

赏识——走进学生的心田。

（2）尊重学生。

尊重学生即意味着接纳学生，接纳学生的个性，接纳学生的思想，接纳学生独特的创见，还要接纳学生的内心感受。

尊重学生并不等于教师不能拥有自己的观点，而是坚持自己观点的同时，仍然能够给学生自由表达的空间。尊重学生就是重视学生，研究学生，服务于学生，以学生为本。

（3）成就学生。

让每一个学生都得到真正的成长与发展；让每一个学生都成为合格的公民；让每一个学生都有梦想，并帮助其实现自己的梦想；让每一个学生都成为最好的自己；让每一个学生都体验到成功的快乐。

（4）帮助教师。

信心教育最大的贡献是帮助教师发现学生潜能，发挥学生特长，不断获取新知，不断超越自我，体验学习创造的快乐。

7. 课堂渗透德育教育。

魅力教师在课堂上会尽情发挥教师的榜样示范作用，把传授知识、启迪智慧、完善人格三者有机地结合起来；善于尊重学生，倾注真诚，满足需求，给学生智慧和力量，促进学生全面和谐发展；善于从学科特点出发，重视科学与人文素质、道德与精神文化的培养。

8. 课堂渗透教育规律。

有一则寓言讲到，北风和南风比威力，看谁能把行人身上的大衣脱掉。北风大发威力，寒气逼人，结果行人把大衣裹得更紧；南风徐徐吹拂，春暖花开，行人脱下大衣。

魅力教师课堂教学很讲究方法，他善于采用和风细雨的"南风"式教育方法，轻而易举地让学生"脱掉大衣"，收到更好的教学效果。

美国著名心理学家罗森塔尔曾做过一个实验：在一所小学，煞有介事地对所有学生进行智能测验，然后把几个名单给了教师，说这是"新近开的花朵"，会很有潜力。8个月后再次测试的情况是：名单上的这几个学生不但成绩提高很快，而且性格开朗，求知欲望强，与教师感情特别深厚。其实，先前的测验所得的名单只是罗森塔尔随意拟定的。魅力教师在课堂上善于给学生以自尊、自爱、自信与自强，让学生在阳光的沐浴中灿烂地成长。

美国芝加哥郊外的霍桑工厂，各方面条件较好，但工人们仍愤愤不平，生产状况也很不理想。后来，由心理学专家专门对其进行了一项试验，即用两年时间，专家们找工人个别谈话两万余人次，这一"谈话试验"收到了意想不到的结果：霍桑工厂的产值大幅度提高。魅力教师在课堂上拥有心理学专家的本领，善于耐心地引导学生尽情地"说"，学生在"说"过之后，困惑得到解除，问题得到解决。

9. 魅力教师在课堂上都是"打假"高手。

无假讨论。尽量避免出现少数学生侃侃而谈，其他人无所事事甚至谈闲话、不参与的情况。再就是避免为追求气氛活跃让学生讨论那些不必要讨论的问题的情况。

无假表扬。要么不表扬学生，要表扬就争取让他一辈子都记得。

无假感知。不会在学生连课文都未读完的时候就让说出个子丑寅卯。

无假作业。特别注意消除只注重形式、缺少针对性、对反馈教情学情帮助不大的作业。

无假质疑。魅力教师不会在学生提出问题后敷衍一下一带而过，甚至置之不理。他们能真正做到课前精心备课，努力做到"有备"而"无患"。

魅力教师会用心琢磨和恰当运用教学语言，努力创造和谐、融洽的课堂教学气氛，用心促成教学高潮，创造机会让学生体验成功的喜悦，并特别注意课堂批评艺术。

10. 课后及时反思。

本节课我讲授的时间有多少？我讲话的音调怎样？我的体态语言恰当吗？我在教室里是怎样走动的？微笑教学了吗？训斥学生了吗？授课后感到快乐了吗？学生听课时的反应如何？哪些教学设计取得了预期效果？哪些精彩片段值得仔细地咀嚼？如果给我重试的机会，在哪些方面我将做得更好？……

老师们，教育是创造人的精神生命的事业，教师职业是一个跟着时代脉搏一起跳动的职业。学校的成功不仅仅意味着校长的成功，更意味着每个教师的成功。只有学校发展了，你才能够有更大的发展。学校形象不仅靠各项硬件设施建设和软件条件开发，更要靠每一位老师从自身做起，塑造自身魅力形象，这是我们每一个潍坊四中人义不容辞的责任！我相信，只要我们肯做，我们就一定行！

【播放视频：《我要，我就能！》】

衷心祝愿老师们在新的学期里不断修炼自己的师德师能，人人争做魅力教师；努力打造高效课堂，努力追求教与学的卓越，为建设潍坊四中靓丽品牌创造更大的辉煌。

谢谢！

第八讲：
师德，落脚在对学生的无限热爱

(2013年8月在教职工开学大会上的讲话)

> 师德是教师的职业道德，必须遵守的道德规范和行为准则。
> 爱心与信心相互生发，共同形成成长的助力。

为什么要重视师德建设？

没有教师的发展，就难有学生的发展；

没有教师的解放，就难有学生的解放；

没有教师的创造，就难有学生的创造；

没有教师的转型，就难有学生的转型。

优秀是怎样炼成的？

"脱鞋的时候，你习惯于先脱左脚还是右脚？"

"将自己的两手交叉相握时，你的右手拇指在上面还是左手的拇指在上面？"

这两个平时都没怎么留意的问题，一时之间回答不出来。原来我们的很多习惯，都是在不经意间形成的。我们的优秀也是在不经意间形成的。

"小胜在智，大胜在德"。世界著名物理学家爱因斯坦说：智力上的成绩，依赖于性格上的伟大，这一点常常超出人们的认识。加强师德建设，让优秀成为我们每一个教师具备的习惯，才能培养出具有健全人格的学生。

今天，我的讲话主要从五个方面与大家交流。

1. **热爱学生。**

英国教育家罗素指出:"凡是教师缺乏爱的地方,无论是品格还是智慧,都不能充分地或自由地发展。"可见热爱学生是优秀师德的核心。

《中国教育报》曾经刊登过一篇文章,某一调查组"从5所学校随机抽取100名教师,问:'您热爱学生吗?'90%以上被试者回答'是';然后向这100名教师所教学生进行调查:'你体会到老师对你的爱吗'回答'体会到'的仅占12%"。这样的结果,肯定出乎百名老师意料。每个老师心里肯定也不好受,甚至有些愤然了:我们当教师的不计地位、不计名誉、不计时间、不计报酬,倾注满腔心血,不就是为了学生吗?难道他们麻木了?不然怎能没体会到?

老师们,请把热爱奉献给我们的学生。不要过多地责怪我们的学生,好好反省反省我们自己:我们的要求是不是太苛刻了?我们的语言是不是太刻薄了?我们的脾气是不是太急躁了?我们的行为是不是太粗暴了?……是啊,我们"恨铁不成钢",我们"爱之深",但表现出来的却往往是"责之切"。我们常说:燃烧自己,一定能温暖别人、照亮别人。但事实上,你给学生一枝花,学生不一定能感受到春天的温暖;你给学生一块冰,学生却会感觉到冬天的严寒。所以让我们牢记一句话:"光爱还不够,必须善于爱。"

【事例一】与学生同生活就是教育

雷夫·艾斯奎斯是全美唯一获得总统颁发"国家艺术奖章",以及四任总统召见的老师。他在他的第一本著作《第56号教室的奇迹》中,和大家分享了他的教学经验和技巧,学生在56号教室里用一颗谦逊的心,学习尊重、坚持、仁慈。这些孩子长大成人后,缔造出了非凡的人生和成就。他创造了轰动全美的教育奇迹,被《纽约时报》尊称为"天才与圣徒"。

雷夫的班上有一个孩子,父母关系恶劣,整天打架,而且还吸毒酗酒。所以这个小学五年级的孩子,小小年纪就已经形成了扭曲的家庭观:家就是父母打架的地方,他讨厌家,他说一辈子都不会结婚!

如果是我们,遇到这样的孩子该怎么办?发动全班同学给他送温暖,关心他,体贴他,对他进行心理疏导:告诉他家是很温暖的,父母虽然打架酗酒，但还是爱他的……这应该是我们惯用的招数。

但雷夫没有这样做，他一句安慰和疏导的话没有说，他郑重地向孩子发出邀请，邀请他到自己的家里住上两个月。孩子欣然接受了邀请，进入雷夫家之后，雷夫跟他约法三章：必须按时起床按时休息，必须收拾自己房间的卫生，等等。孩子一一接受。两个月里，雷夫没有进行任何说教，没有刻意安排任何的"教育活动"，他把自己家庭生活最真实、最自然的一面呈现给孩子：夫妻之间真切的爱和相互尊重，几个孩子之间亲密的感情，其乐融融的家庭氛围，有不同意见时的平等讨论……结果，两个月后，当孩子离开雷夫家的时候，非常感动地说：老师，我知道了，家是很温暖的，将来我也要有一个这样的家！

雷夫说：我不会强迫孩子改变，我没有这个权力。我的责任是让孩子自己体验和观察，自己得出结论。

【事例二】和孩子共度中午时间就是教育

有一位初中女生，父母离异，她被判给父亲抚养。女孩感觉没有了母爱，整日郁郁寡欢。换了是你，你会怎么改变她？

她的班主任发现以后，诚恳地邀请学生每天午饭后到自己办公室休息一会儿。学生很高兴，每天从食堂吃完饭，就跑到班主任的办公室里。其实也没有什么事情，有时候师生随便聊聊家长里短，有时候就是静静地各自看一会儿书，有时候帮老师改改作业，有时候各自上网浏览……半年以后，这个孩子重新变得活泼开朗——她从老师无言的陪同里，感受到了自然真切的爱。我们完全可以想象，假如这位班主任每天把孩子叫到自己的办公室进行所谓的心理辅导，或者不停地安慰关怀。我敢说，用不了一周，学生就会躲得远远的。

热爱学生，关键在于一个"情"字，爱要让学生读懂，又是需要一个过程的。面对学生时，一定要有充足的耐心，只有心中装满学生，满怀激情地去爱我们的学生，从他们成长的角度出发，尊重他们的人格和个性品质，信任和赏识他们，掌握爱的技巧，提高爱的品质，才能真正走进学生的心灵。

2. **尊重学生。**

尊重学生意味着发自内心的关注学生。它包含三层意思："关注每一位学生；关注学生的情绪生活和情感体验；关注学生的道德生活和人格养成。"因为每一位学生都是生动活泼的人、发展的人、有尊严的人。我们要尊重学生的人格，尊重学生的情感，尊重学生的个性特点，尊重学生的自尊心理，尊重学生的理想选择，尊重学生的学习成果，让学生在我们的尊重中架起一道道心灵的彩虹，放射出璀璨斑斓的光芒！

尊重学生意味着接纳学生，接纳学生的个性，接纳学生的思想，接纳学生独特的创见，还要接纳学生的内心感受。尊重学生并不等于教师不能拥有自己的观点，而是坚持自己观点的同时，仍然能够给学生自由表达的空间。

尊重学生还意味着公平地对待学生。我们要公平公正地对待学生、公平公正地赏罚学生、公平公正地爱护学生，以有利学生学习积极性的发挥，有利于学生健康人格的形成。

尊重学生在实际管理工作中显得尤为重要。过多地应用"堵"的方式，一是容易使学生成为工作的"对立面"，增加教育阻力；二是从长远来看不利于增强学生的抵抗力与社会适应能力。"堵"必须与"导"结合起来，以"导"为主，以"导"为前提。

主要体现在"四多四少"上："多民主，少强制"——充分调动学生的积极性和主动性，而不是单从老师的主观愿望出发，强行这样做或那样做。

"多激励，少批评"——善于发现学生自身优点、长处，培养学生的自尊心、自信心、上进心，通过发扬优点来克服缺点。

"多引导，少说教"——不单要告诉学生什么是对什么是错，还要告诉学生为什么，并具体指导学生去做。有时还需要我们亲自示范，手把手地教。

"多用情，少用气"——对待犯错误的学生，要以情感人，亲切和蔼，心平气和，而不应怒气冲天，训斥指责，或者有意冷淡疏远。

尊重学生"十五"不要守则：

不要用敲打讲桌的方式平息教室内的喧闹声；不要因一点小事就生气地离开教室，你的责任是规范学生行为而不是丢下学生不管。

不要用大声吼叫的方式批评学生，让学生服气的不是大嗓门，而是大胸怀、大气度，是透彻感人的说理和亲切平和的人文关怀。

不要在公开场合点名批评甚至羞辱学生，这样会使学生的自尊心受到伤害，甚至导致学生产生心理问题。

不要在学生犯错误时动不动就通知家长。一般来说，通知家长的频率越高，教育的效果越差。

不要在批评学生时翻旧账，如果你的"账本"上老是记着他们的缺点和错误，并且时不时地翻出来，会极大地挫伤学生的自信心。

不要用过激的言辞夸大学生的缺点和错误，实事求是、客观公正的批评才最有说服力。

不要在甲学生面前大谈乙学生的不是，这既会对乙学生造成伤害，又会使乙学生对你产生抵触甚至反感情绪。

不要用轻蔑的言辞或表情对待学生，轻蔑不仅会伤害学生的感情，而且会使学生产生被抛弃的感觉。

不要把学习成绩作为评判学生的唯一标准，因为学生的发展是多方面的，影响学生成绩的因素也多种多样。

不要在批评学生时涉及学生的生理缺陷或家庭背景，尊重是教育的前提，也是教师最基本的职业道德。

不要把不良情绪带到课堂，学生不是你的出气筒；不要在学生面前指责甚至诋毁其他教师，你的不当言论不仅会损毁其他教师的形象，也会损毁你自身的形象，还会对学生产生极为不良的影响。

不要在与学生谈话时目光游移、心不在焉，这会让学生产生"老师并不在意我""老师不尊重我"的失落感、自卑感。

不要忽视学生的任何闪光点，在学生心目中，来自老师的表扬是自我价值的最佳体现。

尊重学生，是提升教师个人品质的有效途径：

责人不必苛尽，留些肚量于己；

才能不必傲尽，留些内涵于己；

锋芒不必露尽，留些收敛于己；

有功不必邀尽，留些谦让于己；

得理不必抢尽，留些宽容于己；

得宠不必恃尽，留些后路于己；

气势不必倚尽，留些厚道于己；
富贵不必享尽，留些福泽于己；
凡事不必做尽，留些余德于己。

3. 赏识学生。

美国心理学家威谱·詹姆斯有句名言："人性最深刻的需求就是希望别人对自己加以赏识。"我们要做一团火，点燃学生心田的希望火种；我们要做一把钥匙，打开学生心头的智慧之门；我们要做一缕阳光，融化学生心中的寒冰；我们要用赏识的神情语言为学生鼓掌喝彩，让学生在自己的赏识中走向成熟。

音乐专家的科学调查表明，世界上根本没有所谓的"天才"，天才是后天训练出来的。10 000个小时是成功的底线。

1985年，芝加哥大学教授研究如何在青少年中发现未来的天才，他调查了120个各行各业的精英人物，包括音乐家、科学家、艺术家、工程师，却得到了一个有点令人尴尬的结论：天才无法在青少年时期发现。所有被调查的精英人物，无一不是投入大量时间，刻苦练习。成就越大的人，似乎越勤奋，钻研业务的时间也越长。

他最后的观点就是：天才不是天生的，而是后天训练出来的。

1993年，迈阿密大学某教授来到柏林音乐学院，了解最优秀的音乐家有什么共同点。结果，唯一发现的共同点，还是练习的时间长。普通的学生，练习弹琴的时间，总计在4000小时左右；优秀的学生，大约在8000小时左右；卓越的学生，没有一个人低于10 000小时。

赏识学生的前提是充分相信学生的潜能。相信人人有才，才会正确对待每一个学生的发展潜能；相信人人有才，才会积极寻求适合学生发展的好方法、好途径。只要有正确的引导，学生的潜能就会像空气一样，放在多大的空间里，它就有多大。

赏识学生的关键是善于发现。"金无足赤，人无完人"，即使最优秀的学生，也不可能"完美无缺"；即使品德最差的学生，身上也存在积极的因素。我们要做的就是捕捉闪光点，诱发闪光点，使其自身逐步增长其克服缺点和错误的的内在精神力量，促使其内部矛盾转化，这是最有效的教育措施。

赏识学生还要讲究赏识的艺术。

【事例】别人为啥不理他？

李红是班长，常受到班主任老师的赏识。可是不知从什么时候开始，李红的工作成绩变得平平了，人也失去了以往的开朗和干练。老师想，也许是李红需要鼓励了，于是赏识得更勤，规格也更高了。直到有一天，李红说："请您不要再当众表扬我了。您总表扬我，别的同学都不理我了。"原来，老师对班长过度赏识，而忽视了其他班干部的作用。有的同学就对李红说，我们干得再好老师也看不见，以后有什么事你就自己干吧！也有的同学说李红就会自己逞能。老师万万也没有想到对李红的表扬却把她孤立了起来，挫伤了更多学生的积极性。其实李红的处境，很多人都遭遇过。不是说老师对某个学生一切的赏识都是多余的，问题在于如何在赏识一人一事的时候，激发更多的人的积极性。一个精明的老师绝不应该长期总把某一两个人的"贡献"挂在嘴边，更不该把原本是集体协作的成果，哪怕仅仅是很小的成果，全部归功到主要人员身上，而忽视其他"配角"。否则被赏识者和未被赏识者都会受到伤害。

真正的教育不仅要有赏识，也要有惩戒。赏识理想、赏识意志力、赏识爱心、赏识注意力、赏识观察力、赏识思维力、赏识个性、赏识创造力，惩戒不敬不孝、惩戒偷鸡摸狗、惩戒贪赃枉法、惩戒不仁不义、惩戒坑蒙拐骗。

4. 发展学生。

教育的根本功能是促进人的成长与发展，要想帮助学生得到最快的发展，就要从以下几方面入手：

（1）因材施教，对症下药。

只有深入研究每个学生的个性，因势利导，才能促进学生自我价值的实现和个性的全面发展。譬如针对不爱学习的学生实施研究，发现不爱学习的学生主要有五种类型，就要对症下药：

"不是我不想学，而是我看不到希望"——这类学生根源于对自己能力的评价不客观，仅仅因为一两次的失败就全盘否定自己的能力，需要帮助学生全面充分了解自己的潜能优势。

"不是我不想学，而是我不知道为啥而学"——这类学生对自己未来的发展更没有思路和方向。需要帮助他们明确目标，看得见的未来，重新唤起学习动力。

"不是我不想学，而是我不会学"——这类学生的学习技能发展滞后，学习方法不得当，学习任务经常完不成、容易陷入书山题海、产生知识漏洞。急需提升如：学业目标管理能力、时间管理能力、课堂学习效率、各学科学习技巧等学习技能。

"不是我不想学，而是我学不会"——这类学生与学习有关的记忆能力、思维转换能力、逻辑推理能力等有待提升，学生尽管在学习上付出很多努力，但收获甚微，还会严重影响其学习积极性。

"不是我不想学，而是我没法学"——这类学生容易受周围环境、人际交往等因素影响从而无法安心学习。这些困扰过度地消耗了学生的心理资产，纵使潜能再好也得不到最大的发挥，最终学习也受到严重干扰。

在我们的视野里，"只见树木，不见森林"不对，"只见森林，不见树木"也不行。我们要研究每个孩子的不同特征，为每个孩子编织成才的梦想，为每个孩子的明天积蓄成才的力量，为每个孩子开辟多条成才的道路。

(2) 忌急躁冒进，欲速则不达。

有这样一个故事：一天，有个人发现一只长大的蝴蝶正在艰难地从小口往外钻，几经挣扎还是出不来。这个人找来一把剪刀，小心翼翼地将茧破开……蝴蝶很轻松地挣脱了茧脱身而出。

那人期待着蝴蝶展翅，可他等了很久，眼前的蝴蝶没有起飞的任何迹象，直到蝴蝶最终死亡……

帮助蝴蝶破茧，却让蝴蝶失去了它天生的生存能力……作为教师，我们不能做这样的傻事。看见学生没有按照自己的意图办，不要急着"恨铁不成钢"。铁就是铁，为什么一定要把它变成钢？除了钢和铁，还有金、银、铜、锡、铅，只要他们能活出自己的精彩，这世界就会精彩。

促进学生发展就像种庄稼。庄稼生长，得有土壤、空气、阳光等条件，还得有松土、除草、施肥、扶正、浇水、防虫、防盗、收割等环节。真正的教育不能急，揠苗助长，只会被贻笑大方。

（3）既善于做"加法"，又善于做"减法"。

促进学生发展不仅要减"负"，也要增"负"。减掉重复性作业，增加创造性作业；减掉题海战术，增加触类旁通；减掉苦拼硬干，增加巧思妙学；减掉加班加点，增加多快好省；减掉功利性，增加使命感。

我愿老师们——

多给学生希望，让他们去成长；

多给学生空间，让他们去实践；

多给学生时间，让他们去安排；

多给学生舞台，让他们去展示；

多给学生问题，让他们去探索；

多给学生磨练，让他们去感悟；

多给学生机会，让他们去发展。

5. 成就学生。

先请欣赏一首歌。（播放歌曲《奉献之歌》）

正如歌里唱的一样，长路奉献给远方，玫瑰奉献给爱情，白云奉献给草场，江河奉献给海洋，白鸽奉献给蓝天，星光奉献给长夜，岁月奉献给季节。那么，作为教师，我们将拿什么奉献给我们的学生？我们将留给学生些什么？这应该是我们有责任感的教师必须常常思考的问题。

优秀教师的最大奉献是帮助学生：发现潜能，发挥特长，获取新知，超越自我，体验快乐。

我们要既教书又育人，千方百计让学生拥有"三大""三爱"优秀品质：

（1）"三大"。

大气做人：有尊严，有气节，心胸宽广；

大方待人：礼貌大方，自然朴实，真诚宽容；

大胆做事：大胆质疑，大胆创造，大胆竞争。

（2）"三爱"。

爱自己

爱自己的生命：乐观向上，远离危险，自护自救；

爱自己的身体：坚持锻炼，讲究卫生，爱护眼睛；

爱自己的形象：文明礼貌，诚实守信，注意细节。

爱他人

爱父母：理解父母，学会感恩，知道孝顺；

爱师长：知道行礼，听从教诲，不懂就问；

爱弱小：同情弱者，尽己所能，帮助弱小。

爱环境

爱校园环境：认真值日，不乱丢、不乱倒、不乱吐；

爱社区环境：参加社区环保活动，维护社区环境卫生；

爱自然环境：了解自然，爱护动物，倡导绿色行为。

优秀教师的最大愿望是：

让每一个学生都得到真正的成长与发展；让每一学生都成为合格的公民；让每一个学生都有梦想，并帮助其实现自己的梦想；让每一个学生都成为最好的自己，让每一个学生都体验到成功的快乐。

优秀教师的高明之处在于：

确认每一个学生都是有价值的，肯定每一个学生都是独特的，评价每一个学生都会有兴趣，对待每一个学生都有办法的，尊重每一个学生都是有理由的，欣赏每一个学生都是快乐的。

等学生高中毕业的时候，帮助他们成就健全的人格，这是我们最大的成就。

老师们，我们的专业发展说到底是我们每个人自己的事。新的学期，我们要进一步加强师德工程建设，从"热爱学生、尊重学生、赏识学生、发展学生、成就学生"五个方面着手，努力提升现代育人水平，把信心教育渗透到教育教学的方方面面，真正让每一位学生的名字充满神圣与庄严。

英雄们，献出了自己宝贵的生命，与他们相比，我们奉献给学生的，其实仅仅就是那么一点点。多一点热爱，多一点尊重，多一点赏识，多一点发展，多一点成就。幸福到底是什么？

第一点，和自己喜欢的人在一起，并且让他（她）们感到快乐；第二点，做自己喜欢做的事情。

身为教师的我们要追求幸福的人生，那就努力将我们的职业打造成自己喜欢的职业，喜欢我们的学生并让他（她）们感到快乐！喜欢我们所做的事吧！

第九讲：
激情，带来教育教学管理的生机

（2013年8月在潍坊四中中层以上干部会议上的讲话）

> 激情是一种强烈的情感表现形式。
> 激情孕育着创造，激情是生机与活力。

今天我们在这里召开我校新学期也是新学年来第一次全体领导干部会议，这也是近年来我校规模最大的一次领导干部工作会议，所谓规模大，一是人数多。随着近年来我校教育教学等各项工作的不断提升，一大批能干、会干、实干的优秀人才不断补充到我们的干部队伍中来，学校的管理团队不断壮大。目前，包括校级领导、处室年级领导、工会委员、督导员在内，参与我校管理的领导干部共计101人，副校级之下的领导干部有89人，可以说这是一支力量强大的管理队伍；除了人数多，本次会议涉及层面广，涵盖了学校管理的每一个层面。为什么要召开这次会议，今天在这里没有具体的计划与制度要求跟大家传达，我想要讲的是：叫叫套，定定调，上上弦，加加油，敲敲钟，提提醒。所以，我把今天会议发言分以下三点。

1. 中层干部的角色认知与工作定位。

一百零一人的管理队伍，印证了学校从小到大，从弱到强，从规模到档次的发展过程。长江后浪推前浪，一代新人在成长。近年来，许多优秀的教师把学校当做自己的家，把工作当做自己的事业，舍小家顾大家，兢兢业业，勤勤恳恳，无私奉献，干出了成绩，证明了自己，赢得了尊重，得到了学校领导与老师们的认可，本着有为者有位、吃苦者吃香、实干者实惠的用人原则，本着任人唯贤的原则，民主集中制的原则，注重成绩、注重品质、注重工作态度的原则，保护干部的原则，发展的眼光看问题的原则。

选拔任用：德才兼备、群众公认。一部分人充实到我们干部队伍中来，当然也还有一些人仍在普通的岗位上默默无闻地工作（五种人：工作质量高、数量大、责任大、贡献大、稀缺而不可代替）。所以，在这五百多名教职员工的大家庭中，能成长为一名中层领导干部，这不仅仅是学校对我们工作与能力的认可，从一个更广的层面讲也是学校领导和老师们对你的信任，既是你个人的荣光，也是你家庭的荣光，甚至也是你整个家族、亲戚圈、朋友圈的荣光。走亲访友，同学聚会，父母儿女、丈夫妻子面前，每每提起自己分管的学校工作，相信每个人都有一份辛苦之后的自信与自豪。几千人的一所大学校，能有自己的一份管理工作，能有一块用武之地施展自己的一技之长，这是一段人生之路的成功，没有谁不感到自豪，这也是人之常情。

过去我们讲有为的有位，在座的每一位中层干部的成功之路印证了这一点，那么，有位之后的路应该怎样走，不知道大家在这之前或者是现在是否想过这个问题？这也是今天我要跟大家交流的话题之一。也就是说，中层干部的角色定位与工作定位应该是值得大家认真思考的一个问题，这种思考包括对自己的研判，也包括对其他所有中层干部的研判，它既是一个子课题，也是一个总课题。

怎么办？很简单，调整一下逻辑顺序——有位有为。

前面，我们因有所作为。在其位，谋其职，担其任，负其责，享其利。这是我们学校每一位中层领导干部的权益和义务。学校为每一个领导干部提供了尽情发挥的空间，但这仅是创造了一个外部环境，究竟能不能演绎好自己的这个舞台，还得靠个人的能力与主观认知，尤其是对自己角色的认知，我们一定要好好把握好自己的角色形象，搞好工作定位。

有为需要有活力，有激情，有朝气，有智慧，有行动。曾几何时，乃至当下，大部分同志都是激情满怀、朝气蓬勃、如龙似虎的干将，从脱颖而出到出类拔萃再到位列这个团队，一步步踏踏实实地走来，一分辛苦一分甜，汗水伴着鲜花和掌声把大家推向了学校管理的舞台，大家在这个舞台上尽情发挥着自己的聪明才智，积极参加督导工作，带领自己的年级、处室、教学部为学校发展奉献了许多，创造了许多，收获了许多，而且是一如既往，工作热情不减。但是，也应该看到，在我们领导干部中确实有一部分同志由于长期固定的岗位角色与工作内容不变，已经没有了当初的工作热情，更谈不上激情。有人说：人总是在不经意间改变。不知道我们有些同志有没有意识到自己在角色认知和工作定位上的一些改变。俗话说：旁观者清。作为一名学校的校长，我观察有些同志确实在向一个不尽如人意的方向发展着；在老师们的眼里，我们也确有少数领导干部自觉或不自觉地在趋向于一般群众，这也是今天这个会为什么定义为"叫叫套，定定调，上上弦，加加油，敲敲钟，提提醒"的原因。

所谓叫叫套，无非就是大家坐在一起，打开门，开开窗，一家人不说两家话，当面锣，对面鼓，按习总书记的话说也叫"照镜子、正衣冠、洗洗澡、治治病"。目的只有一个，那就是有则改之，无则加勉，进一步把我们在后面工作中的形象树立好，把我们应该做的工作做好，把我们能够发挥的聪明才智发挥好，以不负我们中层干部的职位与称号。

所谓上上弦，那就是督促我们部分中层干部克服已有的疲沓与倦怠，摆正位置，明确责任，焕发激情，振奋精神，重上战马，励志再战，以无愧于自己的选择。

所谓定定调，就是重申我们在办公会上经常谈到的一个话题：干部就是干部，有位，有名，有权，有责。特别是"干部"这个名字，我们要时刻铭记在心，时时提醒自己，你不是一名普通的老师，你不是一名普通的群众，"干部"是一个闪闪发光的词语，是我们在座的各位在现阶段内走到哪里都引人注目的双重身份之一。如果谁忘记了或模糊了自己的这一身份，那就是对学校管理制度的亵渎，也是对自己的不尊重。

　　加加油，不说大家也明白，希望这次全校中层干部会议，能够激发大家固有的或者是某些已经淡化了的工作激情，从而带动学校整体工作全面走向生机勃勃。

　　所谓敲敲钟，可能有的同志觉得这话有点严苛，但是，我个人的感受更多的是沉重，我亲眼看到，我们有的中层干部当初的工作热情正在慢慢淡出学校领导和老师们的视野，甚至出现了被动性的消极怠工。工作缺少主动性，没有创造性，呈现随意性，形成破坏性。年级处室的工作没有目标，缺少方向，更无理想，办公会的精神不贯彻，学校要求不传达，部门工作顺其自然，个人工作随波逐流，学校工作小事靠应付，大事靠凑合，有的甚至懒得应付；平时习惯于凑合，积重难返，重要节点尾大不掉，关键时候掉链子，给学校工作带来被动，造成损失，这不是我们当初选拔任用干部的初衷，也不是你领导下的年级处室的老师希望的结果。所以，我在这里要给某些领导干部敲敲警钟，醒一醒，揉揉眼，看一看，我们是不是对得起领导干部这个称号。

　　提个醒，在这里并不是提示，而是警示，是告诫，能者上，庸者退。国家省部级干部都可以严明奖罚，为了学校工作，我们中层领导干部为什么就不能优胜劣汰？学校安排的工作不能执行到底，执行过程缺乏力度，一个领导干部既不能雷厉风行，更不能善始善终，那我们还要这样的干部干什么？大家看一下，我们有些同志是不是因为学校领导脾气好，属下老师容忍度高，而导致某些不求进取的现象发生？不信的话我们每个人可以回过头来对比一下，当初自己争取中层领导岗位的迫切心情和学校任命你为中层干部那一刻的欣喜，与今天的工作理想、工作状态有没有反差？学校是一个大单位，需要上下协调一致，工作才能有序运行，哪一个环节出了问题，整个链条都不能运转。而我们有些同志恰恰就成了这个链条上的挡头，而且习惯于、满足于做这个挡头。试问当初争取工作岗位的时候、学校安排你工作岗位的时候是这样打算的、这样承诺的吗？

　　现在的中层干部可以分这样三种人：一种是有思想，有办法，有激情，出成绩，这是称职的领导干部；一种是有激情，有干劲，少办法，这叫基本称职；还有一种是有思想，有办法，无激情，缺干劲，少成绩，这叫不称职。

以上三种同志在工作中其表现也是不一样。第一种说做一致，有立场，有观点，心态积极，出谋划策，有执行力，有个人魅力，也有号召力，工作起来得心应手。第二种有威信，有人缘，有责任意识，能够完成工作任务。第三种有观点，无立场，对学校安排的工作从来都是先从反方向找借口，点毛病，挑剔推脱，似乎不唱一下反调就好像没有了领导思想，这样直接影响了单位老师对学校工作的落实。

拈轻怕重，能推不揽，说到这里，我在我们有的同志身上看到了这种现象。对于学校领导安排的工作，干不好和不干是应该区别对待的两个问题。在我的心目中，我们很多中层干部从来就没有过我不行、我不能胜任、我干不了，居多的是有能力干自然去干，虽然力不从心但也从不推辞，想办法克服困难一样去干。由此我想到了美国西点军校的百年校训：没有任何借口。不找任何借口，是一个中层干部对学校制度、对学校领导包括对自己基本的尊重。你忙，我忙，大家都在忙。我们有很多同志都是不打折扣完成自己分内甚至是分外的工作，而且是积极地、有创造性地高质量地去完成，这是一种什么水平和境界？一个中层干部如果缺少了积极工作、主动工作的自觉性，工作激情退化，那就是作为一个干部的基本素质在退化，如果不加转变，那么我想，你就会被边缘化，你离开这个团队的时间也就不会太久了。民主需要环境支撑，和谐需要素养配合。可以这样说，我们学校的校长、副校长脾气够好的了，涵养够高的了，但是学校领导好脾气不等于中层干部可以终身制。我们可以提拔过去一个有为的你，也可以解聘一个今天无为的你，这并不矛盾，都是为了工作需要。对于学校中层干部的管理机制无论是在年龄上还是在任免上都是有弹性的，有为者可以破格提拔，可以延期聘用，无为者或者不为者也可以提前辞退。现在需要的就是淘汰个别碌碌无为的麻木不仁者、身在福中不知福的自我感觉良好者、缺少进取精神的安于现状者，我不希望在座的每一位成为一个淘汰出局的人。这就是提个醒的意思，话题虽然有些沉重，但是揭揭疤、醒醒神还是有好处的。

同志们，什么工作好干？谁的工作轻松？在我们学校，无论前勤还是后勤，无论领导还是老师，只要你想把工作干好，退一步说即使把工作干得差不多，就都不好干，都不轻松。一家不知一家难，但凡见成效的工作，都是咬着牙一点点地熬出来的，工作的强度有很多是隐性的。所以，一个中层干部的使命就是要有追求、有理想、有工作激情，不打折扣地、主动地、创造性地把工作做好，从另一个层面上讲，没有白吃的苦，没有白流的汗，领导也不傻，老百姓讲话：是官就明白起民，请大家不要低估了领导的智商，请大家相信学校领导的眼睛是亮的，谁干了活，谁受了累，谁在务实，谁在务虚，老师们心中有杆秤，领导心中更是清清楚楚。举个例子来讲，辛胜荣老师去年带的班级卫生区长年保持高标准的清洁，这个不都是有口皆碑吗？而为什么有的班的卫生区就长年无人打扫？当然辛老师的工作优秀也不仅仅是体现在这一个方面。就是说，你只要是在真干、实干，相信付出总有回报。工作都是给自己干的，我相信在座的每一位都有这份智慧。

2. 中层干部的管理艺术与沟通意识。

管理是一份责任，是一门艺术，是一门学问，我想这是大家的共识。但是，如何尽到这份责任，成为一门艺术，做好这门学问，是需要每一位管理者都要认真做的功课。尽管管理的本质工作是协调，但是管束很重要，管为先，理在后，本身就体现了一个顺理成章的逻辑顺序。任何一个部门的工作，如果放弃了制度、标准、原则、法规的约束，过分强调人性化，那就会越理越乱，永远也理不出个头绪，正所谓剪不断，理还乱。所以，作为管理艺术，强化责任心，坚持原则性，维护严肃性，是其基本要求，在此基础上的对人或对事的变通才是艺术。所以，作为一个中层干部，担负着学校具体工作的任务落实，首先就是要想管、敢管、主动管，然后再去研究善管、会管的问题。如果你不想管、不敢管，处在一个"要我管"而不是"我要管"的位置上，那你永远也不会管、不善管。实践出智慧，有锻炼才有提高，不去主动地工作，少干工作，自然会少一些失误，但同样也会抑制你能力的提高。

干什么吆喝什么，在领导岗位上我们就要做领导的事情。办公会精神我们要积极传达，正确解读，年级处室的集体活动要制度化，而且是要刚性的制度化。在这方面有些年级处室就做得很好，每当周五学校办公会后，都会以本年级、本处室集体会议的形式传达到每一位老师，同时就本单位上一周的工作做好总结，将下一周的事宜做好安排，甚至有的年级处室的周例会是零请假，这就是领导的号召力，也体现了领导的艺术。很难相信，一个周例会经常请假的老师会把日常办公纪律遵守好。

习惯的养成靠的是对规矩的遵守，如果一个单位连一个周例会都开得稀里哗啦，甚至本部门的老师压根就没有这样的意识，这就是这个单位叫不起套来，也就是缺少凝聚力。责任在谁？在领导。兵熊熊一个，将熊熊一窝。一个扯不长拉不团的领导怎么会能带出一群生龙活虎的老师？没有生龙活虎的老师怎么会有生龙活虎的学生？所以，我们的中层干部一定要有派头，要有范，领导就是领导，至少看上去起码像个领导。

在这里，我建议本学期开始先从规范年级处室的周办公会开始树领导形象，抓部门作风。单位处室的周例会要形成制度化，就像我们学校的办公会一样，无特殊情况雷打不动，会议不在长短，要有记录，要有内容，既要讲形式，也要讲实效，时间各单位自己定，确定好后报办公室备案。学校专项督导要抽查落实，分管校长要不定期的参会旁听，原则上不允许请假，周例会的请假要落实到个人的考勤中。小套不叫，大套乱套，不管的最终结果就是不理，主任说话老师不理，老师说话学生不理，这样的单位还怎么能够称其为一个集体！集体就要有集体意识，集体生活，集体习惯，而这一切的养成，很大程度上取决于我们中层干部的管理理念、管理行为、管理方式。

今天我们在这里叫叫套，回去后各年级各处室都要叫好套。我们中层干部千万不要明哲保身。不求有功但求无过，最终是害了自己也害了他人。中层干部与普通老师的区别就在于既为自己负责，也要为学校负责、为下属负责。传达学校精神是我们的作业，完成学校工作是我们的义务，帮助老师提高成长是我们的责任。只有各处室、各年级工作协调了，布局得体了，我们学校这盘大棋才能下活。

一个领导如果小事不管、大事小管，那到头来恐怕老师就要管你。可能有一部分同志坐在领导的位置上，时间久了感觉不到优越，品不出咸淡，但是，如果真的有那么一天因为这样或者那样的原因非自愿走下领导岗位，那种百般滋味会是刻骨铭心的，这也是学校领导为什么会尽量包容一个中层干部的懈怠的原因。但是，包容不等于容忍，挥泪斩马谡的决心不只诸葛亮有，我们学校的领导班子一样有，只要是为了工作、为了你的健康成长。

只要想干工作，那一定就有事可做。老师的工作状态我们应该不应该引导、调整？班里的自习纪律我们应该不应该管理？宿舍的晚休情况我们应该不应该掌握？本部的卫生区哪个搞得好哪个搞得不好？周一升旗时间满校园乱跑的学生有没有你年级的你部门的？还有哪些老师不备课不批作业不干值日？哪些老师办公时间泡网聊天打游戏，淘宝购物乱扯皮？哪些老师经常在办公室肆无忌惮地谈私事拉家常影响别人办公？哪些老师只干眼皮上的事蜻蜓点水吃巧食？哪些老师神龙见首不见尾晚来早走忙家务、抱孩子赶大集、把学校工作当副业？问题不止这些，但我希望在本学期的周例会上各部门处室的领导至少对照后面的这五问带领老师们照照镜子。

有的干部不是怕得罪人不愿意讲吗？这次不要紧，是我提的，这个丑我来唱。中层领导干部的工作特点就是针线笸箩，就是从小事入手搞管理。一段时期以来，我们的三级督导工作解放了班主任、解放了老师，是好事，但是也应该看到其中的弊病，那就是班主任在校值班的时间少了，与学生接触的机会少了，班内的学生情况掌握不够及时，不够全面，延长了学生与老师的磨合期、与学校管理的磨合期，甚至有的班级、有的学生因为缺少及时的跟进指导，在习惯的养成上煮成了夹生饭。

规范办学行为是教育改革的大趋势，但班级管理却是时不我待。

在学生管理上，我不得不提的是我们的宿舍纪律，我们的学生抽烟问题，上课时间在宿舍睡觉问题。有的宿舍晚上12点以前从未安静过，这些我们的班主任知道吗？男生厕所的烟蒂多的时候把地沟的铁篦子都堵了，我们有政教处、有三级督导，这些我们看到了吗？可以这样说，宿舍纪律问题、抽烟问题已经成了影响学校声誉的硬伤，年级主任有责任，班主任有责任，政教处有责任，三级督导有责任。

责任不能分解，要各口检讨各口，要想办法抓，要下力气抓。从分管校长到处室年级主任要亲自抓，领导干部不能只管吆喝不管做，如果校长吆喝主任，主任吆喝班主任，班主任再去吆喝学生，那就是扯皮。一个班主任如果连班里每天学生的出勤情况都掌握不了，那我们的督导补助就白发了。

谈到这里就有一个沟通的问题。中层领导干部要做好跟老师、跟班主任的沟通。沟通一要及时，有问题看在眼里，记在心里，无论是从面上还是从点上，都要及时交流处理。老教师可能因工作的驾轻就熟而掉以轻心疏忽大意，我们要提醒。年轻教师可能因经验与信心的不足而畏首畏尾，我们要鼓励、指导和帮助。新学期开始学生情绪还未稳定下来，我们就要鼓励、表扬、引导班主任在督导时间之外到班里宿舍里靠一下，过去我们每天中午每天晚上班主任都在班上，在宿舍里，今天，为了有一个好的开端，我们为什么不能？

开学一个月，每个班主任都盯紧，盯死，班级纪律怎么会不好呢？令人欣喜的是，开学伊始，已经有几位年青的班主任开始这样做了。

建议年级领导注意观察，及时肯定、鼓励，用榜样的力量引导整个年级工作的发展。方法的指导要在沟通中落实，没有问题的我们可以表扬，有问题的我们可以交流，表扬与交流都是沟通，关键是要用心做事，世上无难事，只怕有心人，用心做事方能不出事，方能成事。谈到沟通问题，作为年级来说，建议大家个别现象面上说，给当事者留一分自尊，面上的事情要重点讲。比如最近刚刚开学，东教学楼东头二楼以上个别班级晚自习纪律很不好，有时整晚上静不下来，年级周例会上可以点到为止，自觉的班主任一定会留意留心是不是自己的班，对于不自觉的班主任我们再做具体交流。

总之，管理意味着责任与积极性。我们每一位中层干部在享其利的同时一定要担其任，负其责，力戒高高在上，提倡亲历亲为。小事靠智，大事靠德。教育无小事，我们中层干部都是做大事的人，要靠自己的职业美德来成就我们的学生，塑造好自身形象。

3. 中层干部的精气神与荣誉感

学校中层干部是学校的中坚力量，如何带好队伍是每个中层干部必须面对的现实问题。有人说一个好的管理者就是一位好的教练。教练除了自身有一套好本领还要做好示范动作，做好榜样。榜样非常重要，人类更多的是通过眼睛来获取信息，他们看到你做得比听到你说的效果要大得多。"领导就是榜样"是对领导者最精干和生动的描述。

中层干部最重要的一项就是树立榜样，树立一个你期望其他人学习的好榜样。要带好自己的队伍，自己就要先有一份精气神。有一个民间故事，讲的是一只猛虎带领的一群羊，打败了由一只羊带领的一群老虎。

由此我想起了电视剧《亮剑》中讲到的亮剑精神，敢于亮剑的精神是一种军魂，是一支部队战无不胜的根本所在，它有着面对困难和挫折一往无前的精神和百折不挠的勇气。而这种精神恰恰是一名领导干部在正确的思想引导下所具有的个人魅力所决定的。我们在座各位中层干部的个人魅力应该体现在精神饱满的工作状态，昂扬向上的工作激情，处事不乱的沉稳练达，坦荡无私的个人情操，体恤下情的人文关照。

身教重于言教，作为一个领导干部，没有什么比用你的工作激情去感染、影响你身边的同事更重要的了，只要我们全身心地投入到工作中去，就会对老师们有一种感染，一种点燃，即使他们做不到像你一样，但也一定是努力地照着你的样子去做，无论工作多么艰难，无论问题多么棘手，我们一定要表现出自己应对问题的自信和激情。很难想象，一位雷厉风行、吃苦在前、享受在后、敢为人先的领导干部，周围会是一群慢节奏的人。

一个好的领导干部往往想干、能干、会干，一言一行，一举一动，无不体现出一种令人震撼的亢奋。干脆利落的决断，说干就干的性格，一气呵成的韧劲，都是一种榜样的内涵。工作面前，领导干部不等、不靠、不拖泥带水，群众才会全力以赴。这就是榜样的力量。每一位领导干部无论是坐在办公室里，还是站在讲台上，还是走在路上，一定要以饱满的激情体现出四中领导干部的风范，一定要以求真务实的工作作风带动影响我们身边的人，作为基层管理工作，领导干部的求真务实、率先垂范非常重要。还是那句话，身教重于言教，基层领导干部一定要在工作中树立和维护自己的威信，凡事提倡多转转，多看看，该靠上的时候就要靠上，领导干部不是工作的总结者、问题的批评者、责任的分配者。从工作性质上讲，我们本身就是问题的责任者，所以，我们的工作不是在问题出现之后去分析原因、去提新的要求、去组织反思、去纠正过往，而是在日常工作中放下架子、离开椅子、扑下身子、干出样子，学校领导要深入年级，年级领导要深入教学部，教学部领导要深入班级，后勤领导干部要现身在学校服务、后勤管理的每一个现场，只有亲历亲为才能发现问题，才能了解实情，才能有说话的权利，才能有指导的资格。也只有领导亲历亲为了，下级才不糊弄上级，内行才很难糊弄外行。

如果什么事都靠稿子安排，靠架子唬人，靠影子落实，那我们的工作就都成了和稀泥，就成了瞎子摸象。中层领导干部除了要有精神饱满的工作状态，还要注意加强学习，除了教学一线的中层领导干部要在工作技巧上多加学习，后勤部门的中层干部也要注意在专业知识、管理规范上多加学习，即使我们一时还不能掌握相关知识，但是我们一定要投入，要做工作中的有心人，要在工作中学，在工作中提高，不能一直当外行，要走出办公室，关注、投身到学校的每一项具体工作事务中。职务是干出来的，不是等出来的，不是靠出来的。

等，只能等来后起之秀，靠，只能把自己靠到边上去；权威要靠工作干劲说话，要靠工作业绩说话，不管你怎么干，工作表现、工作热情、工作成绩就是最好的推荐人。

在选人、用人的环节上，学校党委赋予了各职能部门主要领导一定的权力，每一位领导要为自己的选择负责，选好人是第一步，用好人，带好队伍是关键，既然是最佳组合，就要出最佳成绩。部门工作不能只靠志趣相投，不能只靠合得来，一个篱笆三个桩，一个好汉三个帮，既然捆在了一起，就要心往一处想，劲往一处使，齐心协力干出成绩。

工作分工不同，工作性质不同，但是工作制度、工作纪律是相同的。现在有的科室部门上班时间工作效率不高、纪律性不强的现象有待整治。抽烟聊天、玩电脑、打游戏、上联众、斗地主、看电影，而且成了科室工作生活主流，成了部门特色，老师们意见很大，希望相关分管校长、处室领导抓一下。任何一个中层领导干部带头讲维护学校声誉的话，带头做维护学校声誉的事，同时还要利用一切机会引领我们的年轻教师、年轻班主任克服消极思想，积蓄正能量，辐射正能量。特别是注意引领我们的年轻班主任一定要注意在学生面前、在学生家长面前要学会控制自己的失意与困惑，对学校的工作允许保留意见，但是决不允许在学生面前、在学生家长面前发牢骚、说消极的话，那样只能降低了自己的水平，损坏了自己的形象。

我们潍坊四中之所以有这样一个良好的工作氛围与文化环境，与我们的校级领导干部的谦恭、正气、以身作则、锐意进取是分不开的。他们不计个人得失，个人意志服从集体意志，他们都在工作、为人中体现出了高尚的情操,也是在座的每一位中层干部学习的榜样,所以,我也要像他们一样为我们的老师树立一个偶像化的干部形象,用我们的个人魅力去影响你所带领的集体。

领导干部要有正确的荣誉感。工作上有拼劲、有闯劲,很好,但是,这种工作的激情千万不要以掺杂个人私欲为动力。人做事情的时候起因或者是行为意识有多种。就做事来讲,有人是出于良好的工作习惯、家庭社会熏陶等多重影响下的一种高素质的自然行为,人心向善的天性使得他们很自然地与人为亲、与人为善,在单位上、在社会上、在家庭中出于本能的做着自己认为应该做的事情,没有教义的说道,没有组织的要求,没有功利的动因,不图名不图利,默然淡然,这类人我们称其为无名英雄;也有的人出于某种内心里的渴求,兢兢业业、勤勤恳恳、尽心竭力,把事情做到最好,以期能够在实现内心无愧的同时赢得同事的拥戴、领导的重视,出人头地,属于我们常说的强人。

还有一种人,钻进一个有强烈个人私欲的圈子里作秀,活是干给别人看的,金子是贴在自己脸蛋上的,恨不得每干一点工作都能让领导看见,干不是目的,张扬才是动机,领导看不见就觉得白干了,而工作的动机和效果缺少或者没有实质性的内容,劳民伤财耗费精气神,这种荣誉观最要不得。脚踏实地干比整天揣摩领导意图要轻松得多,如果专看领导颜色行事会埋没你的工作热情的。

同志们,在潍坊四中担负中层领导干部职务本身就是一种荣耀,因为你们是优秀中的优秀者,在四中这样一个优秀的集体中工作本身就是一种享受。应该看到,我区现在的小学、初中几乎所有的中层干部都在一线上课、担任班主任,当我们还在为自己晋级慢、提拔没有机会的时候,有的小学里面,反复做工作都很难找到一个愿意担任副校长的,因为他们的工作太累了,主任理所当然的上课、干班主任,副校长也要上课。不上课,教学就不能运转,比比他们,我们幸福得多了。

在领导岗位上,提拔、晋升是一种幸福,就是不提拔、不晋升同样应该有幸福的体验。学校领导把工作交给你、把职位留给了你,抛开你的能力与工作需要不谈,这种对你的信任本身就是一种弥足珍贵的无需言表的肯定与默契。当我们很自然地走进校长办公室，为自己一个小小的愿望不能实现而感到委屈或牢骚满腹的时候，你有没有看到我们的老师连进校长室的门都感到很难为情？不是他们自卑，不是他们地位低，我看到是他们的谦恭、自觉、知足与事事处处为他人考虑的善良，从这方面来讲，他们也是我们的榜样。

干一辈子工作，能遇上公允贤明领导是一种福分，遇上一个可以依靠的集体、团队更是一件幸事，懂得珍惜与感恩也是为自己增寿造福。有才无能的干部是庸人，有能无才的干部是巧人，而德、才、能兼备的干部才是全人。我相信，随着在四中这个大家庭生活中的不断历练，有学校党委的严格要求与个人的不断努力，我们每一位四中的中层领导干部一定都会成长为德才能兼备的人的。让我们共同努力。

敬业重德（这是灵魂），表率作用（这是前提），主动积极（这是作风），工作到位（这是准则），不讲借口（这是态度），团结合作（这是保证），真诚相待（这是基础），公平公正（这是原则），真抓实干（这是要求），总结反省（这是关键）。

同志们，中层领导干部是学校工作的中坚力量，是学校工作的关键枢纽，尤其我们四中的中层领导干部，从某种程度上讲，我们的工作甚至决定着坊子区教育的发展和未来，学校工作成也各位，败也各位；学校与大家更是一损俱损，一荣俱荣。今天的繁荣局面来之不易，四中明天的辉煌更有待于我们高瞻远瞩，共同奋斗。打铁还须自身硬，责任在肩，任重道远，更需义无反顾。展翅鲲鹏风正举，厚积薄发敢争先。同志们，面对时代赋予了我们机遇，社会赋予了我们责任，让我们珍惜今天在一起工作的这种缘分，珍惜学校领导和全体教职员工给予我们的信任与荣耀，燃烧我们的工作激情，奉献出我们的心智，不辱使命，做一个优秀的领导干部，为四中的发展，也为坊子区明天的教育。

第十讲：
使命，给弘扬龙马精神插上翅膀

（2014年2月在教师开学大会上的讲话）

> 使命比喻重大的责任，指奉命出行。使命是与生俱来的责任，只有自信者才能发现自己的使命并为之奋斗坚持。

先给大家说一个佛家故事。

释迦牟尼佛对他弟子们说："世界上有四种马：第一种是良马，能日行千里，快如流星。尤其可贵的是，当主人一扬起鞭子，它见到鞭影，便知道主人的心意，前进后退、或快或慢都能揣度得恰到好处，不差毫厘。"

"第二种是好马。当主人的鞭子抽过来的时候，它不能马上警觉。但当鞭子扫到马尾的毛端时，它能知道主人的意思，奔驰飞跃。"

"第三种是庸马。不管主人多少次扬起鞭子，它见到鞭影都毫无反应，甚至皮鞭抽打在皮毛上，它都反应迟钝，无动于衷。只有主人动了怒气，它才开始察觉，顺着主人的命令奔跑。"

"第四种是劣马，主人扬鞭时，它视如无睹；鞭棍抽打在皮肉上，仍毫无知觉；直到主人盛怒至极，双腿夹紧马鞍两侧的铁锥，霎时痛入骨髓，皮肉溃烂，它才如梦初醒，放足狂奔。"

释迦牟尼说："弟子们！这四种马好比四种不同的众生。"

第一种人知道时间有变化无常的现象，生命有陨落生灭的情境，便能肃然警惕，奋起努力，立志创造崭新的生命。就好比第一等良马，看到鞭影就知道向前奔跑。

第二种人看到世间的月圆月缺，看到生命的起起落落，也能及时鞭策自己，不敢懈怠。这就好比第二等好马，鞭子才触到皮毛上，便知道奋蹄驰骋。第三种人看到自己的亲朋好友有经历死亡的煎熬以及肉身坏灭，看到颠沛流离困顿的人生目睹骨肉离别的痛苦，才开始忧虑恐惧，善待生命。这就好比第三等庸马，非要受到鞭打的皮肉之苦，才能恍然醒悟。

而第四种人只有当自己病魔侵身，如风前残烛的时候，才悔恨当初没有及时努力，在世上空走了一回。这就好比第四等驽马，受到彻骨彻髓的剧痛，才知道奔跑。然而，一切都为时已晚了。

马年了，我们四中人都要争当第一种马；马年了，我们呼唤进取向上、追求卓越的"龙马精神"，四中教育需要争创一流、勇于担当的"龙马精神"。

龙马：古代传说中形状像龙的骏马。龙马精神，就是像龙马一样精神。形容健旺非凡的精神。龙马精神是中华民族自古以来所崇尚的奋斗不止、自强不息的进取、向上的民族精神，代表了华夏民族的主体精神和最高道德。它是刚健、明亮、热烈、高昂、升腾、饱满、昌盛、发达的代名词。

今天是 2014 年新学期开学，我们要努力弘扬四中人的龙马精神。主要体现在如下方面。

把热爱学生当作最神圣的使命

《中国教育报》曾经刊登过一篇文章，某调查组从 5 所学校随机抽取 100 名教师，问："您热爱学生吗？" 90％以上被试者回答"是"；然后向这 100 名教师所教学生进行调查："你体会到老师对你的爱吗？"回答"体会到"的仅占 12％。这样的结果，肯定出乎百名老师意料。心里肯定也不好受，甚至有些愤然了：我们当教师的不计地位、不计名誉、不计时间、不计报酬，倾注满腔心血，不就是为了学生吗？难道他们麻木了？不然怎能没体会到？

老师们，请好好反省反省我们自己：我们的要求是不是太苛刻了？我们的语言是不是太刻薄了？我们的脾气是不是太急躁了？我们的行为是不是太粗暴了？……

我们"爱之深"，但表现出来的却往往是"责之切"。你给学生一枝花，学生不一定能感受到春天的温暖；你给学生一块冰，学生却会感觉到冬天的严寒。所以让我们牢记一句话:"光爱还不够,必须善于爱。"

有这样一个真实而感人的故事:

25年前,美国有位教社会学的大学教授,曾组织到某贫民窟调查200名男孩的成长背景和生活环境,并对他们未来的发展作一评估。对每个学生的结论都是"他毫无出头的机会"。

25年后,另一位教授发现了这份研究,他组织做后续调查,结果发现除了有20名男孩搬离或过世,剩下的180名中有176名成就非凡,其中担任律师、医生或商人的比比皆是。

这位教授在惊讶之余,决定深入调查此事。他跟当年的孩子们请教同一个问题:"你今日会成功的最大原因是什么?"结果他们都不约而同地回答:"因为我遇到了一位好老师。"

教授找到当年的老师后,问她到底有何绝招。

这位老太太眼中闪着慈祥的光芒,嘴角带着微笑回答道:"其实也没什么,我爱这些孩子。"

对教师来说,没有什么比爱心更重要的。

在我们现实的教育中,缺乏爱心的现象太多了!

学生有不遵守纪律的行为,不是循循善诱,而是充当"教育警察",毫不留情,横加呵斥,甚至挥以老拳;学生有化解不开的思想症结,不是努力捕捉,认真发现,耐心引导,而是视而不见,甚或冷嘲热讽……

不止一例的植物人因为得到亲人细心呵护而从梦魇中走了出来,重新拥抱美丽的人生。我们的教育对象中没有"植物人",我们的奇迹并不那么难以创造!

真正的教育不仅要有赏识,也要有惩戒。但是惩戒的方式中杜绝体罚。因为:

第一,体罚并不能使学生真正心悦诚服,不能从根本上感化学生的心;

第二,体罚往往使人自暴自弃,滋长仇恨的心理;

第三,体罚往往容易使学生模仿暴力。

老师们,尊重学生,相信学生,赏识学生,激发学生,是师德建设的重要准则;认识学生,发现学生,引导学生,调动学生,是教师专业成长的必修课。弘扬龙马精神必须把爱放在第一位，让每一个学生都得到最大的发展。

当今学生的诸多不良状况：

①有脾气，无志气；②有乱想，无理想；③有冲动，无行动；④有情绪，无情感；⑤有顽固，无顽强；⑥有自大，无自信；⑦有试题，无问题；⑧有智力，无智慧；⑨有共性，无个性；⑩有制造，无创造；⑪有体格，无人格；⑫有自己，无自律；⑬有妥协，无和谐；⑭有文凭，无文化。

面对这一代孩子的诸多毛病，我们怎么办？

教育的最高使命是让每一个生命都得到最大的张扬、最大的成长、最大的发展。我们最大的成就不仅是帮助最好的学生成长，更重要的是让那些落后的孩子得到最大的发展，我们要关注每一个人，关注每一个心理，关注教室的每一个角落。

后进的学生总是有这样那样的不足，但是我们不是医生，不能总是看学生的不足与缺陷；我们不是警察，不能总是像盯着可疑的人那样只看学生的阴影。我们要做寻找宝藏的人，在学生心灵的土地上，寻找、挖掘生命的潜能。我们不仅要发现学生的闪光点，还要引导学生自己去发现其闪光点，使他们形成自爱的心态。

看见学生没有按照自己的意图办，我们不要急着"恨铁不成钢"。铁就是铁，为什么一定要把它变成钢？除了钢和铁，还有金、银、铜、锡、铅，只要他们能活出自己的精彩，这世界就会精彩。

我们要像种庄稼一样耐心等待每一个学生慢慢成长。庄稼生长，得有土壤、空气、阳光等条件，还得有松土、除草、施肥、扶正、浇水、防虫、防盗、收割等环节。真正的教育不能急，揠苗助长，只会被贻笑大方。

优秀的教师的高明之处在于：确认每一个学生都有价值的肯定；每一个学生都是独特的评价；每一个学生都有兴趣的对待；每一个学生都有办法的；尊重每一个学生都有理由的；欣赏每一个学生都有快乐的。

我们的最大愿望是：让每一学生都成为合格的公民；让每一个学生都成为最好的自己；让每一个学生都体验到成功的快乐；让每一个学生都得到真正的成长与发展；让每一个学生都有梦想并帮助其实现自己的梦想；把"追求教与学的卓越"落实到每天的行动中。

有句话说得好:"你可以一辈子不登山,但你心中一定要有座山。它使你任何一刻抬起头,都能看到自己的希望。"真正成功的人生,不在于成就的大小,而在于你是否努力地去实现自我,喊出自己的声音,走出属于自己的道路。

李镇西老师的教育生涯中一直在做着两件事,一是执著于学术,二是倾情于学生。他三十年如一日,基本上每天都坚守他的"五个一工程",即"上好一堂语文课,找一位学生谈心或书面交流,思考一个教育问题或社会问题,读不少于一万字的书,写一篇教育日记"。他努力追求教与学的卓越,这种执著与动力直接决定了他人生的幸福度和在教育上达到的高度。

新的一年,我们要以大师为师,主动追求教与学的卓越,努力做一个乐教会教的优秀教师。

会教的老师与不会教的老师的区别:

会教的老师上课跟着学生走;不会教的老师则始终牵着学生跟着老师走。

会教的老师自己悠闲让学生忙;不会教的老师则让学生没事自己忙。

会教的老师关注学生的思维方法;不会教的老师只关注学生"掌握了没有"。

会教的老师把教后反思当作课堂的延续;不会教的老师教完课就"完事大吉"了。

会教的老师为学生搭建展示的舞台;不会教的老师千方百计让学生配合自己。

会教的老师及时点燃学生思维的火花;不会教的老师只关心学生的回答是否完整。

会教的堂上关注后进生,课下个别辅导;不会教的只满足于大堂讲,谁会谁不会心里完全没底。

会教的不仅带领学生学习知识,而且重视学生书写、表达等方面的习惯养成;不会教的只管学生的答案对还是不对。

我们要努力打造高效课堂,在备课、上课时常常回答三个问题:本节课我想让学生学会什么知识,得到什么能力?如何让学生掌握知识、提升能力?知识掌握了吗?能力提升了吗?

我们要让学校因我而骄傲。不给学生成长留空白，不给自己的进步留不足，不给学校的发展留障碍。

我们要让集体因我而强大。不给教学质量留隐患，不给同伴添不快，不给学校声誉造污点。

我们要让工作因我而精彩，不给工作留漏洞，不给自己留遗憾，不给学生、家长留不悦。

我们要让人们因我而幸福。不给学生留不便，不给家长留非议，不给同事添事端。

让我们的生活更加多姿多彩。

"衣带渐宽终不悔，为伊消得人憔悴。"有的老师吊针刚拔下就匆匆去上课；有的老师从早到晚，除了无休止地工作，不给自己一点休闲的时间，在他们的字典中，没有"锻炼"这个词；有的老师除了教学，一点业余爱好都没有；有的老师教育学生很有耐心，教育自己的孩子缺乏耐心……

确实，伟大的教育事业需要我们老师赤诚的燃烧。但是，老师们，我们不是圣人，当老师不只是吃苦、受累，更要会享受教育！

享受教育，享受生活，才能还给学生真实的生活，才能培养学生"面对一丛野菊花而怦然心动的情怀"，才会呵护孩子的情感，才能关爱孩子的生命。

所以，我心疼这些老师的同时，我要说，教书育人；需要发扬奉献精神。但是，奉献不等于忘记自己。我们既要教育好别人的孩子，也不能牺牲自己的家庭，不能牺牲自己的孩子。片面的奉献是无情，是残忍，我们要追求智慧的双赢。

工作与锻炼是相辅相成的。我们追求的龙马精神要有充沛的朝气、充足的勇气，不能拼掉身体这个老本，不能让身体超支、透支。

锻炼的好处除了强身健体，更是使一个人精神保持清新旺盛的最佳途径。一个人长久不做锻炼，不但身体逐渐衰弱，思想也会呆滞。为了教育生命之树保持郁郁葱葱，请推掉一切借口，从今天开始锻炼。

我们还要让生活变得丰富多彩起来，我们要感受生活的斑斓、时代的风云，让月光的朦胧、泉水的丁冬、交响乐的优雅都融进我们的生命！

让阅读提升我们的生活品位

纵观世界各国，凡是崇尚读书的民族，大多是生命力顽强的民族。全世界读书最多的民族是犹太民族，平均每人每年读书64本。犹太人在亡国两千年之后，又能重新复国，迅速建成一个现代化国家，在流离失所中诞生了马克思、爱因斯坦和门德尔松等无数杰出的思想家、科学家和艺术家，不仅在全世界的富豪中名列前茅，而且有多位诺贝尔奖得主。一句话：酷爱读书使犹太民族成为一个优秀的民族；热爱读书的国家，必定是不断向上的国度。

伟大的人总是能从最广泛的阅读中不断地塑造自己。俞敏洪曾经笑称："在大学的时候，因为没有女生跟我谈恋爱，就自己读书，反而慢慢让自己丰富起来。"工作至今，他一直保持着每年至少60本书的阅读量，家里的每一面墙都做成了书架。可以毫不夸张地说，对大多数真正热爱教育工作的教师而言，阅读就是他们教学工作的一种继续和深化。

某日语学习班来了一位老者。"给孩子报名？"登记小姐问。"不，给自己报名。"老人回答。小姐愕然。屋里那些年轻的报名者也愕然，有的还嗤笑。老人解释：儿子在日本找了个媳妇，他们每次回来，说话叽里咕噜，我听着着急。我"想听懂他们的话"。"您今年高寿？"小姐问。"68岁。"老人答。"您想听懂他们的话，最少要学两年。可两年后，您都70岁了！"老人笑吟吟地反问道："姑娘，你以为我如果不学，两年以后就是66岁吗？"

是的，学与不学，两年以后都是70岁，差别是一个能开心地和儿媳自由交流，一个依然是什么都听不明白，干着急。无论是走着还是跑着，明年我们都会增加一岁。所以，不要再等待，现在就开始，通过阅读来提升我们的生活品位。

让心态变得更加阳光

当教师真累。

满腔热血把师学会，当了教师吃苦受罪。

急难险重必须到位，教书育人终日疲惫。

学生告状回回都对，工资不高还要交费。

从早到晚比牛还累，一日三餐时间不对。
一时一刻不敢离位，下班不休还要开会。
迎接检查让人崩溃，天天学习不懂社会。
……
唉，当教师真累！
自我陶醉，投身教育英勇无畏，
西装革履貌似高贵，其实生活极其琐碎。
为了生计吃苦受累，鞍前马后终日疲惫。
家长投诉照死赔罪，点头哈腰就差下跪。
日不能息夜不能寐，校长一叫立即到位。
一年到头吃苦受罪，劳动法规统统作废，
身心憔悴暗自流泪。

你的心里是否也常常有一些抱怨？请看看山里娃的艰辛求学路，看看山里教师的艰辛教学路，你还有什么好抱怨的？（插入音乐《秋日的私语》）

陕西丹凤县竹林关镇的范家塬和商南县梁家湾镇魏家湾村多名小学生，每天要从这个"天梯"上爬上爬下，到河对面的雷家洞小学去上学。

李桂林是四川凉山甘洛县乌史大桥乡二坪村的教师，妻子陆建芬是代课教师。二坪村小学建在峡谷悬崖峭壁之上，孩子们上下绝壁都要攀爬5架木制的云梯，进出极为艰难。每次放学、上学，李桂林夫妇俩都要把孩子们一个个背上背下，18年如一日。

山下汹涌咆哮的大渡河，横切出了一条俊美壮阔的大峡谷，迈错一步就会有危险发生。学生们虽然害怕，但是他们还是愿意从天梯上下，走这里要比另外一条路节约近2个小时的路程。老师下去探路，学生们或坐或站的等候休息。

每周，学生们都得从接近90度的天梯上下各一趟。李老师小心翼翼保护着孩子，遇到危险的地方，李老师得把小一点的孩子背下去。下天梯的时候，李老师在下接，陆老师在上抱着学生往下放。

要说上学最难的那要数云南怒江大峡谷福贡县马吉乡山寨的孩子们了。孩子们上学心切，一串地用滑轮把自己挂在溜索上。这里的孩子是勇敢的，以勇气坚守着求学梦,这样一个简单朴素的愿望,于他们而言却要负累许多。60多个孩子因为读书,频繁来往怒江两岸,命悬一线。

曾读过一个故事:

有人问禅师:"夏天天气太热,冬天天气又太冷,有什么不畏寒热的秘方吗?"禅师说:"既然无可逃避,冷时就承担你的冷,热时就享受你的热吧!"

我想,既然无可逃避,我们无法重新选择职业,那么我们就努力改变我们的心态吧。

新的一年,我们要学会更爱自己,爱自己就是要栽培自己,栽培自己就是要努力用良好心态提升自己。

对待未来——乐观地面向未来,用激情和诗意去追寻人生理想,锲而不舍地向理想迈进。

对待工作——用"没有最好,只有更好"的精神,处理工作中的每一个细节。

对待社会——具有强烈的社会责任感,见义勇为,乐于助人。

对待学习——抓住各种机遇,利用点滴时间进行学习。

对待他人——与他人和谐地相处,主动帮助别人,理解别人。

对待自己——正确地评价自己,拥有自信,充分挖掘自己的潜能,把握各种机会锻炼自我。

言为心声,我们要不断历练说话的艺术,借此培养自己良好的心态。

急事慢慢地说;小事幽默地说;没把握的事谨慎地说;没发生的事不要胡说;做不到的事别乱说;伤害人的事不能说;伤心的事不要见人就说;别人的事小心地说……

亲爱的老师们,成功路上需要选择,但会选择的人不多。

成功需要贵人指引,但有导师的人不多。成功需要不断学习,但会学习的人不多。成功需要付出,但舍得付出的人不多。成功需要目标,但知道方向的人不多。成功需要全力以赴,但能集中精力的人不多。成功路上并不拥挤,因为坚持的人不多。

"脱鞋的时候,你习惯于先脱左脚的还是右脚的?"

"将自己的两手交叉相握时,你的右手拇指在上面还是左手的拇指在上面?"

　　这两个平时都没怎么留意的问题，一时之间回答不出来。原来我们的很多习惯，都是在不经意间形成的。我们的优秀也是在不经意间形成的。

　　"小胜在智，大胜在德"。让优秀成为我们每一个教师具备的习惯，才能培养出具有健全人格的学生。

　　一个人是可以成长的，包括个性、胆量，甚至人格的改变，都可以历练出来。但是成长有一个重要前提，就是要在身上不断聚集那些使你成长的要素。"潜龙飞升，古来今往多励志；骏马奔腾，天高地阔任驰骋。"新的一年，让我们四中人大力弘扬龙马精神，凝心聚力，锐意进取，勇于担当，追求卓越，争创一流。

　　谢谢！

第十一讲：
硕果，造就教育人生的天伦之乐

（2015年元旦致离退休老领导、老教师的一封信）

> 硕果比喻巨大的成果和成绩。
> 　　亲自播种、培育果实的过程，是教育的全部。这个过程是文明与生机的延续，与家庭繁衍一样富有天伦之乐。

　　尊敬的各位离退休老领导、老教师：你们好！

　　"神马行空普天瑞，仙羊下界遍地春。"

　　令人欢欣鼓舞的2014年即将过去，充满幸福希望的2015年即将到来。在这辞旧迎新的时刻，我谨代表潍坊四中全校师生向一直关心和支持学校建设与发展的各位老领导、老教师致以崇高的敬意、衷心的感谢和诚挚的问候!

德艺双馨,感动人心

回顾往昔,多少春秋,您以兢兢业业、执著从教的敬业精神,以两袖清风、甘为人梯的奉献精神,始终不渝地献身于三尺讲台,为潍坊四中的发展与壮大做出了突出的贡献。您的人品情操、治学态度、执教经验已经成为学校最宝贵的精神财富;您培养的大批后贤,承继传统,志存高远,开拓创新,踏实苦干,已经成为当今社会的栋梁之才。

如今,您的额头虽已布满皱纹,但那里刻下的是千丝万缕的慈爱;您的鬓边虽已长满了白发,但那里记载着您长年累月的辛劳;您的容貌虽然不再年轻,但在四中人的眼里,特别是在您的学生的眼里,您永远是美丽的天使!

如今,本当含饴弄孙,安享天年,但您依旧激情澎湃,心系教育,关心下一代。年复一年,一只只雄鹰展翅高飞,后面总紧随着您殷切关爱的目光;学校发展壮大,总有您最宝贵的建议。最美不过夕阳红——忠玉深深地谢谢你们,德艺双馨的教坛前辈们!

辉煌历程,振奋人心

2014年是潍坊四中六十年华诞。六十年的跋涉,六十年的辉煌,潍坊四中在坊子区教育发展史上书写了浓墨重彩的篇章。六十年来,学校始终以民族振兴和国家昌盛为己任,铸就了师生追求进步、振兴中华的民族壮志和爱国情操。正是有了这份执著与追求,学校从小到大,从弱到强,从百年坊茨小镇走出了潍坊,走出了齐鲁大地,成为享誉省内外的特色品牌学校,成为莘莘学子青春亮剑的舞台、梦想起航的港湾!

"蚕丝吐尽春未老,犹待硕果满神州。"六十年来,一代代四中人以校为家,爱岗敬业,舍小家顾大家。为了四中的发展,住过低矮的窝棚,啃过冰冻的窝头;为了学校的建设,握惯了粉笔的手也曾举起沉重的铁锹、锄头。咱们学校历经局部调整、人事变动、师生资源和教育质量的激烈竞争,在曲折中艰苦创业,在改革中探索前行,在发展中不断壮大。学校教学质量逐年提高,软硬件设施进一步完善,师生精神面貌焕然一新。今天的四中已发展成一座拥有580名在职教师，6000余名学生的现代化学校。

六十年风雨兼程，六十年开拓创新。2008年，我来到潍坊四中这所美丽的学校，就深深地喜欢上了这里的一切。我对自己的要求，一是与事业共成长。用心把您一生关爱的潍坊四中教育事业推向前进，努力办人民满意的教育，求真务实，追求卓越。二是与教师共成长。互相尊重、关心，互相信任、支持，互相赏识、包容。努力营造一种人人思归、人人思齐、人人思贤、人人思进的工作氛围，在工作中幸福着、快乐着。三是与学生共成长。秉持"每一个孩子都很重要"的教育理念，立德树人，挖掘潜能，提升学生的自信心，培养学生良好的行为习惯，教学生三年，为学生想三十年。四是与家长共成长。与家长携手育人，弘扬主旋律，传递正能量。

两千五百多个日日夜夜，我亲眼见证我们学校一步一个新台阶，一年一个新跨越。秉承"厚天地之大美，达万物之至理"的校训，紧紧围绕"培养具有自强精神，科学态度，人文情怀，淑女风范，绅士风度，国际视野，世界胸怀，领袖气质的学生，让每一个潍坊四中学生的名字充满神圣与庄严"的育人目标，深入实施信心教育。以相信学生、尊重学生、赏识学生、激励学生、热爱学生、关心学生、依靠学生、解放学生、发展学生为核心元素，全方位推行素质教育，在"崇美崇实，追求教与学的卓越"核心价值观引领下，用辛勤的汗水和卓越的智慧，演绎了一个又一个的教育精彩，赢得了社会各界的极大关注与肯定，先后有五百多个教育考察团前来参观考察，多家媒体予以报道。学校先后荣获省规范化学校、省教学示范校、省文明单位、省教学成果一等奖、山东省教育系统先进集体、全国新学校理事单位、全国楹联教育先进单位、全国招飞先进单位、全国奥赛金牌学校、全国优秀楹联教育基地、中国校园媒体建设百佳示范校、潍坊市五星级学校等几十项荣誉称号。

学校通过科学化、规范化、精细化、人文化的"三级督导"管理模式的实施，多方位地管理学生的学习、思想及生活；通过课堂大比武、首席教师先期上课制、课堂渗透信心教育、信心教育小课题研究、校本课程开发等措施，为教师的成长和发展打造广阔的舞台；通过导师制实施、演讲教育机制、养成教育、感恩教育、家校沟通、社团活动、潜能开发等措施，全方位地促进学生成长；通过尖子生培养、专业生培养、校企校联合、国外学校联合等途径，促进学校多元化发展。学校教育教学质量不断攀升。2012年高考重点本科上线人数突破200人；2013年突破260人；2014年突破300人大关，连同普通本科在内，90%以上的同学实现了自己的大学梦；在2014年的全国数学联赛、化学竞赛、生物奥林匹克竞赛，全国"语文报杯"作文大赛等全省、全国大赛中，我校有330多名学生获得省级以上奖励；2014年在教学能手评选、教学论文评选等各类活动中，有260多名教师获得区级以上奖励。

学校的进步，播撒着您辛勤的汗水；学校的发展，倾注着您曾经奋斗的心血；学校的腾飞，凝聚着您拳拳的关怀和支持。七年来，特别令我感动、自豪并欣慰的是，离退休各位老领导、老教师对我本人也倾注了极大的热情、关注、支持、赞美与厚爱。这份沉甸甸的爱，是我前进的不竭动力，也让我更深刻地认识到：要对得起您乃至全区人民的褒奖与信任，我责任在肩，任重道远。只有勇于挑战自我，敢于超越自我，善于追求卓越，不断创新，才能让咱们四中发展得更快，更好，更强！

展望未来，鼓舞人心

当前，坊子区的教育已经迎来了前所未有的良好发展机遇，区委区政府高度重视，全区人民大力支持，学校的办学实力逐年增强，咱们学校的社会声誉越来越高。作为坊子区的教育龙头，咱们肩负着的责任与使命也更重。我愿意和潍坊四中的全体老师一起发扬光大四中人敢为人先的精神，做师德的表率，育人的楷模，以无愧于人民教师的光荣称号。

新的一年，我们将继续在全社会的高度关注和期待下，秉承"热爱学生、严格管理、严谨治学"的治学理念，以良好的教风、学风，创新的理念和和谐的教育环境，化压力为动力，化挑战为机遇，以爱心和责任谱写新的华章。

新的一年，我们将进一步加大规范管理力度，强化教师队伍建设，深化细化内部管理，牢固树立"校兴我荣"的主人翁意识，努力把咱们学校办成"让家长放心，让社会满意"、充满温馨与和谐的校园。

新的一年，我们将继续努力营造尊老敬老的氛围，对您做到政治上尊重、思想上关心、生活上照顾，尽力解决您的各种实际困难，努力使您老有所养、老有所学、老有所为，更加愉快地安度晚年，享受天伦之乐。

我们承诺：有着光荣传统的新一代四中人决不辜负您的一片厚望，绝不辜负各级领导和坊子人民的重托，将怀着对教育的满腔热情，团结一致，同心同德，努力创办人民满意的优质学校！我坚信，只要我们有信心，有理想，有行动，有能力，发扬传统，不断创新，潍坊四中的明天就一定会更加美好，更加辉煌！

深深祝福，戮力同心

"喜得马年成骏业，笑看羊岁展鸿图。"我们欣喜地感受着学校教育事业的迅猛发展，我们的前景正预示着前所未有的光明。然而，面对党和人民的重托，面对前辈们一双双热切期待的眼睛，我们依然愧疚，依然激动难安。咱们的硬件设施还较薄弱，咱们的师资条件有待进一步提高。忆往昔艰难跋涉，望前程任重道远！

"饮水思源，不忘当年掘井人。"往事历历，倍感亲切与温馨；岁月匆匆，更觉真情的无私与可贵！尊敬的各位老领导、老教师，在 2015 春节到来之际，我们真诚地希望您能继续一如既往地关心教育的明天，为潍坊四中的发展出谋划策。同时，敬请各位老领导、老教师通过潍坊四中网站，关注学校发展，多多关心学校发展。我相信，有党和政府的关心，有广大教职工的拼搏，有离退休老领导、老教师的支持与厚爱，咱们学校的事业在传承的基础上，一定会在可持续发展的道路上阔步前进！

同时，诚邀各位老前辈常来家看看、走走，我们期待着聆听您的教诲。您有什么难处就提出来，潍坊四中永远是您温暖的家！向您汇报工作的同时，我更关心的是您日常的生活。您的身体一定健康，您的心情一定快乐，您的生活一定甘甜。孩子们也常回家看看，一家人团团圆圆，共享天伦之乐。

"忠心贯日培桃李，玉树擎天鉴胆心。"再多的话语也表达不了我对您的尊敬和爱戴。请允许我再一次送上新年的祝福：

祝您福如东海、寿比南山、身体健康、生活美满！

愿您笑口常开、心花怒放、合家幸福、万事如意！

第十二讲：
口碑，成于踏踏实实件件平常事

（2015年2月在教职工开学大会上的讲话）

> 口碑指人们口头上的赞颂。
> 超凡必赢得口碑，而超凡源自于将每件平凡的事做好。

2014年已在忙碌与充实中过去，我们在希望与期待中走进2015年。翻开崭新的一页，我们又将开始书写新的篇章与辉煌。总结过往，规划新年，有太多的工作等待着我们去落实，去实践，去展现我们的想象力、创造力、凝聚力、执行力、战斗力。2015年上半年即是新年度的开始，也是上一学年工作的收尾，可谓"年末岁首"，如何将2014—2015学年度的工作收好尾，如何将2015年的工作开好头、起好步，需要我们认真地在总结中校正，在思考中规划。新的一年，我想以这样一句话，与大家共勉：讲效率，有创新，赢口碑，看提升，真抓实干，实现新年工作开门红。

讲效率

效率决定工作的质量与进度。2015年上半年时间紧，以高考为标志点，比较完整的教学时间仅仅只有3个月即12个周，如果不能很快地进入工作状态，闭闭眼，养养神，打打盹，可能的情况是：一睁眼，还没缓过神来的时候，一学期就过去了。所以，本学期的工作我们首先要提的就是讲效率。羊年里不做"懒羊羊"，全体教职员工要发扬龙马精神，有时间上的紧迫感，工作上的责任感，任务上的使命感，团队上的荣誉感，让短短的3个月紧凑起来，忙碌起来，充实起来，完善起来。各年级，各处室，要把"讲效率"做为本学期工作的"支点"，时间上瞄准短平快，效果上讲究稳准狠，加快频率，踏准节奏，步调一致，携手前行，让整体工作呈现团结紧张，严肃活泼的良好局面。

学校工作讲效率，不是单单要求校长工作讲效率，也不是单单要求中层领导干部工作讲效率，也不是单单要求教学一线工作讲效率，而是要求全体教职员工工作要讲效率，包括全体同学生活、工作同样要讲效率。所谓讲效率，就是校长、副校长要以雷厉风行的工作状态带头彰显学校文化，中层领导干部以务实求真的工作理念搞好部门、年级的管理，全体师生以只争朝夕的精神风貌投入工作学习，实现整个教育教学工作上的朝气蓬勃，昂扬向上。实现全体教职员工、广大学生"事业上有干头，前景上有奔头，工作上有劲头，生活上有甜头"的精神状态。具体到每一个人身上，那就是体现在：领导干部要让思想、思维前置于学校发展的"首页"，想学校发展所想，急学校发展所急，将主人翁的姿态映现在学校发展的宏伟蓝图上。

多看，多听，多思，只要心里装着学校发展，也许你不经意间的一个小想法，一个小建议，就能解决学校多年不能解决的大问题。正如牛顿发现了万有引力一样，思想不在大小，小思想可以改变大世界。苹果树常有，牛顿可能不常有。苹果砸在头上，慵懒的人可能抱怨砸疼了自己，贪食的人可能捡起来把它吃掉，蒙昧的人可能视而不见抑或一脚将它踢开，只有有思想的人才会将苹果引入自己的生活，正如剑桥大学将牛顿家乡的那棵苹果树移植到剑桥大学校园一样。

高效率的工作来自对效率的重视，一个副校长有了"效率"概念，他所分管的各项工作就会体现出"效率"效应；一个年级领导有了"效率"概念，他所率领的年级师生风貌就会与众不同；一个部门领导有了"效率"概念，他的部门处室工作就会不断"出彩"；一个老师有了"效率"概念，他所教授的课程、他所教授的学生就会出类拔萃。

效率来自责任感，效率来自紧迫感，效率来自危机感，新的一年，新的学期，希望全校师生将"效率"装在心间，展现工作新气象，开拓工作新局面。

"效率"是一个很大的话题，我们可以不展开来讲，不展开来研究，但我们要展开来想，展开来做，每一位领导，每一位教职员工，要结合部门特色，切实找准提升本部门工作效率的落脚点，找准提高本部门工作的抓手，将提升本部门工作效率作为本学期工作的支点，实现一流的效率，开创一流的工作。

有创新

我们讲规范办学，我们讲遵循教育教学规律，我们更要求工作要创新。如果一个人没有创新的要求，工作就很难出彩；如果一个单位缺少创新的文化，这个单位就很难发展。

2015年，要想实现我校教育教学工作的新跨越、新高度，离不开各年级、各处室、各位领导干部、各位老师创新性的工作要求。作为教育教学研究与改革的先行者、开拓者、成功者，潍坊四中以其鲜明的信心教育办学特色已经走在了城区教育教学改革的前面，且有口皆碑，实至名归。

但是，作为一个教育改革的年代，我们应该看到，周边县市区、兄弟学校也都不示弱，且异彩纷呈。如何将信心教育特色办学与我们近年来稳步发展与提升的教育教学质量这种好的经验、好的思路、好的发展势头进一步保持住，进一步拓展开去，进一步提升到一个新的高度，需要我们在工作中进一步强化创新精神。

如果说"信心教育研究"这种教育改革的创新让潍坊四中走出昨天的教育困境，让我们的事业享受了成功，让我们的学生享受了喜悦，让我们的老师享受了自尊，让我们的坊子区教育享受了发展，那么，我们的学校、我们的坊子区高中教育的未来在哪里？应该是一个什么样子？我想，我们必须还要在工作创新上丰富我们的思想，开阔我们的视野，加快我们的步伐。

无论是学校，还是各年级、各处室、各位领导干部、各位老师，要把"有创新"作为本学期、本年度工作的一个"亮点"去做。

"流水不腐，户枢不蠹。"一潭死水，波澜不惊，只会滋生蚊蝇，大海的惊涛拍岸成就了海洋的无限生机与活力。很难想象，如果没有山东省的素质教育改革，老师们的这个假期会怎样度过，师生的身心会是怎样的一种状态！

如果没有始于 2008 年以来的信心教育教学改革，我们的学校会是怎样一种生存环境、生存状态。

形势在发展，远的不说，综合 2014 年下半年以来的各种教育信息来看，从山东省人民政府到潍坊市委市政府以及坊子区委政府再到潍坊市教育局以及区教育局，都把教育改革、教育创新作为社会发展的重中之重，2014 年 11 月 19 日至 20 日，全省基础教育综合改革工作现场会议在我市召开。省委常委、常务副省长孙伟主持并讲话，教育部基教二司司长郑富芝到会指导；市委书记杜昌文致辞，市委副书记、市长刘曙光介绍相关情况，副市长王桂英出席会议。孙伟副省长强调，基础教育是教育中的重中之重，是教育的基础。要既注重顶层设计，也尊重和鼓励基层创新。杜昌文书记表示，要充分调动各方面积极性，激发教育创新发展的活力，加快实现教育现代化目标，把潍坊建设成为教育名城。我们距离教育家暂时还有一段差距，但是，做一个有创新精神、创新业绩的教育人还是能够实现的。

教学工作、管理工作的创新不一定非得有课题立项、有实施方案、有结题报告才叫创新。实实在在的工作创新应该体现到工作的细节中去。一张课程表、一个主题班会、一次社团活动、一次集体备课、一次家长会、一次后勤维修、一份食谱菜谱等等，都可以发挥老师们的聪明才智，将实际工作做得有声有色，与众不同，充满创意和新意，让部门工作、学校工作焕然一新。谈到工作创新，我们还要谈一些工作的"出彩"问题。

既然我们要把工作"创新"作为 2015 年工作的"亮点"，那么，我们就要让工作亮起来。本学期、本学年各年级、各处室负责人要针对年级、部门工作特点，规划好、研究好本学期、本年度的工作思路，设计好工作框架，争取每一位领导干部责任范围内的工作要有真正能够摆到桌面上的"硬活"，也就是说"创新工作"要出成绩、有实效。举例来说，我们出一个市级的、省级的教学能手算不算"硬活"？我们有一项、两项甚至更多项教学研究成果和教研课题获奖算不算"硬活"？

我们通过提升管理水平让师生吃上可口廉价的饭菜算不算"硬活"？我们的艺术体育教育走出学校，走上市级、省级甚至国家级的表演舞台算不算"硬活"？我们的后勤管理创造一个让全市、全省都来学习的管理经验算不算

"硬活"？出名师，出名生，出名经验，这些都离不开工作创新，也都是工作"创新"的标志。

一所充满活力的学校不单是遵循教育规律的学校，也一定是拒绝平庸的学校。新年伊始，希望各位领导干部、各位老师在制定工作计划的同时，也一定想一想本学期、本年度的工作总结将来怎么写。

赢口碑

教育是一项社会公益事业，其服务对象是社会大众。多年来，我们的教育目的一直是"办人民满意的教育"。社会的期盼、教育改革的要求、学校基础设施的相对滞后，都给我们的教育教学带来了压力。

虽然众口难调，虽然任重道远，但是，我相信只要我们尽心、尽力、尽责，我们就会无愧于我们的工作。新的一年，全体领导干部、教职员工要把"赢口碑"作为本学期、本年度工作的一个"看点"。

俗话说，金杯银杯不如群众的口碑。尽管我们的教学工作还有些许欠缺需要改进，尽管我们的教育工作还有些许不被理解，尽管我们的学生、我们的家长，甚至我们单位、部门的职工还存在这样或者那样的差距，但是我要说，问题之所在，正是我们去努力改正的目标之所在。

每一位学生、每一位教职员工都是四中的主人，我们头上顶着的是潍坊四中的光环，我们走出去代表着潍坊四中的形象。某种程度上来说，不怕家中有丑，就怕家外有丑。

家中有丑是自己丑，家外有丑是丑上加丑。所以，我们的每一位领导干部、每一位教职员工一定要在以身作则、率先垂范的前提下教育和影响我们的学生说文明话，行文明事，做文明人。维护学校的形象不是哪一个人的事，也不是哪一个部门的事。

工作上有"看点"，赢口碑，首先要从"灭家丑"开始。新学期伊始，各单位、各年级、各班级要敢于亮丑，把不文明的现象摆一摆、亮一亮，未雨绸缪，防微杜渐。

工作上有"看点"，赢口碑，还要从踏踏实实干好每一件事开始。举例来说，一个班主任，是不是班里每天的学生出勤情况能够清楚？就拿学生抽烟、打架问题来说,是学生顽固不化还是我们的工作不到家?作为学生的一些不良习惯,我不相信没有纠正不了的,所谓束手无策就是没有下深水去做。不愿担事、怕出事就永远成不了事。

学生管理不仅仅是班主任一个人的事,但是班主任要做学生管理的"大班长"。自己经验不足,可以求助于年级领导,可以求助于任课老师,可以求助于校长,如果我们五个人、十个人、一个学校都不能转变一个学生,那我们还办什么学?学生有问题,我们可以谈,班主任谈,任课老师谈,年级领导谈,做学生的工作,做学生家长的工作,一天不行两天,两天不行一个礼拜、一个月,盯上、靠上、抓上,怎么会不行呢?年轻班主任在班级管理上要学会求助,任课教师在学生管理上要拥有责任与热情,齐抓共管应该成为一个作业组、一个教学部、一个年级的工作风气。

对个别学生,班主任,尤其是年轻班主任可以一鼓作气,但不能再鼓而衰,三鼓而竭。转变一个学生,要有不达目的决不罢休的硬气。无论是一个班主任还是一个教学部、一个年级、一个部门处室的领导干部在树立部门形象的过程中都不要"护短",问题会越捂越多,遮遮掩掩会害了整个集体。

工作上有"看点",赢口碑,要创造实实在在的工作业绩。一个学期下来,一年下来,一个部门处室,一个年级,一个学校,要有拿得出家门、摆得上桌面的工作成绩。

这个成绩我们不光能在家里跟自己比,还能走出去跟兄弟学校比,跟其他县市区比。举例来说,"山东省人民政府教学成果一等奖",这就是我们的口碑;国内各大媒体对我校办学经验的推介,这就是我们的口碑,我们的学生走向各类大赛的前台,展现靓丽的信心风姿,这就是我们的口碑;我们的信心教育研究带动了区域教育的发展,这就是我们的口碑;我们的老师走出校门,走上边远贫困地方的学校支教,展示四中人的大爱,这就是我们的口碑;我们的分层次教学、分类培养,成就了学生,赢得了家长的认可,这就是我们的口碑;我们的教育教学改革吸引了来自省内外的教育同行,慕名而来,切磋交流,共同提高,这就是我们的口碑;我们的一位位优秀的老师不断成长自我,成为了坊子区、潍坊市的教学能手,优秀班主任,这就是我们的口碑;"中国校园媒体建设百家示范校""全国优秀楹联教育基地",这就是我们的口碑。

　　学校工作，部门之间，年级之间，处室之间，都有自己的不同分工，也都有自己的特色，更有自己创新工作的突破口，我们期待着在新的一年里，有更多的单位、更多的教师员工在自己的工作岗位上创造更多的优秀业绩，让本人、让本单位出彩。学校发展需要实实在在的工作，更需要实实在在的骄人业绩。我们追求教与学的卓越，我们拒绝四平八稳的平庸。

看提升

　　回顾几年来潍坊四中的发展，我们很欣喜地看到学校在发展的路上一年一个新台阶，办学条件逐年改善，教学质量逐年提高，升入大学的人数逐年增加，教师的专业素养逐年增强，几年的稳定、发展、提高，已经让潍坊四中具备了成为齐鲁名校的条件，争创全国名校的优势。

　　硬件设施可以在一定程度上制约一所学校的发展，但是，先进的教育思想、科学的管理理念一定会带领一所学校弥补教育发展的短板，走出一条适合自己发展的成功之路。

　　我们潍坊四中的教育教学条件虽然相对落后了，但是，我们有先进的教育思想，有"我一定能行"的信心和勇气，时间已经证明了我们能够成为更好的自己，做最好的学校。新的一年，全体领导干部、教职员工要把"看提升"作为本学期、本年度工作的一个"着重点"，让学校各项工作在提升中向前发展。

　　我们既要有"我能行"的自信，也要有"我确实能行"的证明。光说不练是嘴把式。那么应该怎么练？"内练一口气，外练筋骨皮。"教学工作要在课程改革、课堂教学改革、课程教研等方面练好内功；学校后勤服务工作要在科学管理、勤俭节约、精通业务、保障服务等方面练好内功；政教工作要在优化教育环境、细化教育管理、丰富校园生活、保障校园内安全等方面创新管理工作；办公室工作要做到内通外联，上传下达，协调左右，杂而有序，要上得了厅堂，下得了厨房，出好金点子，玩好笔杆子，练好嘴皮子，转好脑瓜子，补好大台子，闯好新路子，塑造好窗口形象。

　　"门门有学问，行行出状元。"学校工作千头万绪一盘棋，良好的整体形象要靠各环节、各归口的齐心协力、齐头并进。

课堂教学工作既要出成绩，也要出名气，既要出名师，也要出名生；教研工作既要立足当下，又要着眼校内外、着眼未来，既要有研究行为，又要有研究成果；学生的校园生活既要有关起门来自娱自乐的特色文化，又要有手捧奖杯、光灿灿的前台社会形象。

后勤工作既要有甘为人梯的奉献精神，又要有熟知一线教学工作规律，能够协调前后勤两台戏的能力。日复一日，年复一年，走过的是匆匆时光，留下的应该是充满了荣耀的记忆。

我们不能满足于一学期、一学年的工作没有纰漏，没有失误，我们要在提升上想办法，找路子，要通过个人工作能力的提升带动处室、年级的提升，要通过处室、年级的提升带动学校的提升。学校要把工作实绩、单位工作水平的提升幅度作为考核依据之一，以此促进学校整个工作的发展。

真抓实干

工作惟其"真"才能方向明确，工作惟其"实"才能少走弯路。师生要成长，学校要发展，绝非一日之功，也不可能一蹴而就。我们有长远的发展规划——争创全国名校，我们有实际的行动——信心教育小课题行动性研究，为的就是将教育教学工作脚踏实地地走在求真务实的发展之路上。新的一年，全体领导干部、教职员工要把"真抓实干"作为本学期、本年度工作的一个"落脚点"。

真抓，抓什么？抓课堂教学工作的有效性，抓教育教研的成果性，抓学生管理的长效性，抓教师专业发展的提高性，抓后勤保障工作的及时性，抓校园管理的安全性，以此来提高学校发展的整体实力，提升教育发展的满意度。

实干，怎么个实法？各年级、各处室要有对本部门现状的清醒认识。我这个年级，整体实力在城区是个什么位置？在全市是个什么位置？哪几科是优势学科，哪几科是薄弱学科？哪些老师强，哪些老师弱？我们不能关起门来造车，要在知己知彼中取长补短。一个处室也是这样，过去的一年，哪些人是能干活的，哪些人是会干活的，哪些人是不干活的，哪些人是添乱子的；哪些人是课上课下心系学生、心系教学，工作为重，成绩突出的；哪些人是晚到十分钟，早走半小时，每天踏着点晚来早走，无视管理制度的？

潍坊四中有一大批以工作为重、事业心强、有大局观念的好干部，好教师，好员工，他们是四中的脊梁，是值得敬重的人，也是支撑学校发展的坚强基石和顶梁柱。三十年的寒来暑往、年近半百的体力透支成就了四中的发展与辉煌，我们在向这些人致以崇高敬意的同时更应该见贤思齐。在今天，越来越多的人已经把有工作看成了生活的一种幸福，看看我们身边众多的下岗工人，看看我们那些已经毕业又待业的学生，审视眼下严峻的就业形势，珍惜工作岗位应该是现代人的一种智慧。无论从哪个角度讲，我们都应该真抓实干，尽我们的所能，发挥我们的聪明才智，助推学校更好地发展下去，不光是为社会，为教师这份职业，也是为我们自己。

老师们，同志们，新的一年，新的气象，新的学期，新的作为。让我们牢记学校对每位领导干部、每位教职员工的期盼，以"讲效率"为工作支点，以"有创新"为工作亮点，以"赢口碑"为工作看点，以"看提升"为工作着重点，以"真抓实干"为工作落脚点，再加努力，开创2015年潍坊四中工作新局面。

第十三讲：
爱心，是好老师最基本的条件

（2015年8月在教职工开学大会上的讲话）

> 爱心指喜爱之情。
> 老师是一种职业，且是一种特殊的职业，这种特殊的含义就是有爱。无爱的教育，是对受教育者的摧残。

【引子】选择题

A. 男生：18岁考入北京大学物理系，毕业后进入美国著名大学攻读研究生。28岁获得博士学位……

B. 男生：贫寒农家子弟，以优异的成绩考入省重点高中，成绩优异，被评为省三好，后考入省属重点大学……

C. 男生：初中体育成绩优异，凭借长跑特长，进入重点高中，高一时七门功课不及格，退学……

D. 女生：7岁父母离异，成绩优异，组织能力强，升入省重点高中，从初中直到高中毕业担任班长，省优秀学生干部，考入澳门科技大学……

E. 男生：4岁入选申奥形象大使；4岁学习钢琴，师从中央音乐学院著名钢琴教授韩剑明；8岁学书法，师从清华大学方志文；获奖无数，10岁加入国家冰球队，读人大附中并留学美国……

这几个学生你最喜欢哪一个？按照你喜欢的程度做一下排列，为什么？站在什么角度排列的？

第一名是卢刚（1991年11月1日就读于美国爱荷华大学的中国博士留学生卢刚开枪射杀了3位教授和副校长安·柯莱瑞以及一位和卢刚同时获得博士学位的中国留学生山林华，在枪杀五人之后，卢刚随即当场饮弹自尽）；第二名是马加爵；第三名是韩寒；第四名是一所重点中学的学生，跳楼自杀；第五名是李双江之子李天一。

思考：我们应该给孩子什么样的教育，我们教师需要修炼什么样的教育的智慧，才能让孩子幸福快乐、健康成长？今天就来谈谈我心目中的好老师什么样。

一、好老师的教育责任

1. 对自己负责。

教师最大、最好的责任感，就是发展自己，成为一名成熟的具有专业水准的教师。

好老师常常追问自己：

我的教学个性、优势和专长究竟在哪里？

我如何从教学的个性和特色出发，寻找到专业发展的宽广路径？如何通过专业阅读促进我的成长？

要从我的专业偶像身上吸取和借鉴哪些元素？怎样才能把自己打造成名师？

2. **对学生负责。**

好老师尊重每一位学生，平等地对待每一位学生，最大限度地影响学生，发掘每一位学生的潜能，让每一位学生都能幸福健康快乐地成长。

大家算一算，一年教两个班，如果仅仅影响10个学生，20年你能影响200个学生。从个人来说200个学生很少，但是整个教师队伍加起来是相当大的。

3. **对家长负责。**

家长的期望就是我们的努力方向，对家长负责，还家长一个健康，快乐，积极乐观的孩子，是好老师必备的素养。

4. **对学校负责。**

教学不是统一模式，教师的工作量不可能一刀切。好老师都有"学校是我的"的责任意识，能自觉地站在学校的角度去思考问题，顾全大局、理解学校、听从领导、服从分配，不会拈轻怕重，斤斤计较。

好老师经常进行换位思考：

如果我是校长，是否满意今天的工作？

如果我是家长，是否满意今天的工作？

如果我是学生，是否满意今天的工作？

调控情绪，健康身心，让阳光照亮每一个角落。

5. **好老师会及时消除下述消极心态。**

（1）"发展抵触"情绪。

即对成长和发展持不由自主的抵触。

"教育理论，有鬼用啊？""上公开课，还不是假东西。""天天就是这些事，能反思出什么东西？""你不过早毕业两年，有什么资格教我？"

（2）"低调做事"的错觉。

"班级不出问题，成绩也不算差，过得去就行了。""每天都好忙好辛苦啊，哪有时间读书写作啊。"

"学历职称什么都有了，保持这个状态便已经够好了。"

限制本人能力发挥的信念："在全校老师面前发言？我可不敢。""全市优质课比赛，哪有可能是我？""我有一个创意，可是轮不到我跟校长说啊。""万一没选中怎么办，我可丢不起这个人。"

（3）责任外推的习惯思维。

"中国的教育体制问题，我有什么办法？""这个孩子一直这样，没办法。""班级成了这个样子，我只能叹息！""我说了很多了，他们不做，我也没办法！"

没有资格、自愧不如的信念："我哪会有那么幸运得到表扬？""从来没有想过成为什么学科带头人、骨干教师之类的。""我就是这样的一个人，没有欲望，我很低调的。"

消极思维者总是在关键时刻怀疑自己，自我设限，生活在负面情绪当中，不能享受教育的乐趣。

好老师都是积极思维者，改变自我，完善自我，及时消除不良情绪，让自己永远积极乐观，不断激发自身潜能，时刻享受教育的乐趣。

诺贝尔生理学奖得主伊丽莎白等总结出的长寿之道是：人要活百岁，合理膳食占25％，其他占25％，而心理平衡的作用占到了50％！

好老师善于管理好自己的情绪，以豁达开朗、积极乐观的健康心态对待学生、对待教学工作。他们的言行、底蕴、心灵总是像阳光一样纯洁、公正、热情，让学生时时处处感受到温暖。

优秀教师善于以目标激发活力。现代研究发现：梦想、目标能激发生命活力，对健康有益，因为生活中是否有追求，这决定了一个人的心态，进而决定其生理状况。英国科学家在40—90岁的人群里做了7年的追踪调查，结果发现：没有明确生活目标的，比有明确生活目标的，病死或自杀的人数，足足高了1倍，患心脑血管疾病的人数，也多了1倍。

好老师都有较强的目标意识，大到几年的目标，中到一学期的目标，小到一节课的目标，清清楚楚，明明白白。

二、好老师最懂得享受教育之乐

张志勇在《教师三乐》中写道：得天下英才教育之乐——你只有去爱每个孩子，去培育每个孩子，你才有机会发现英才。

一乐：得天下英才教育之乐。你只有去爱每个孩子，去培育每个孩子，你才有机会发现和培育天下英才。

二乐：分享儿童生命成长之乐。作为一个优秀教师，要走进学生的心灵，关注学生生命的成长与进步，善于蹲下身子倾听儿童生命拔节的声音。

三乐：探求教育未知之乐。要唤醒教师的生命活力，永葆教育之青春与活力，没有别的道路可走，只有永葆一颗教育的好奇之心，用自己的全部心血去探究儿童生命成长的奥秘！

三、好老师总是微笑面对学生

我们对学生微笑，生活就会对学生微笑，学生也会微笑着面对生活。对于教师来说，微笑就是一种欣赏，一种简单，一种坦荡，一种宽容，一种幸福的体验，一种诗意的享受，一种激励、鼓励和关爱。

懂得感恩，激发潜能，提升学生学习内驱力改变是一扇从里面打开的门。要想让学生真正喜欢学习，必须激发他的内驱力。抱着你自己10公斤重的孩子，你不觉得累，是因为你喜欢。抱着10公斤重的石头，你坚持不了多久。当一个人不喜欢做某件事，就算他才华横溢，也无法发挥。

好老师善于通过梦想激发学生内驱力。钱伟长是依靠历史和语文考了满分进入清华的，他的物理只考了五分，但是他却成了中国近代物理学的奠基人。为什么？日本人入侵中国了，他要报效祖国，就毅然放弃了中文，改学了物理。这说明情怀和境界是决定人生和事业高度的重要因素，是推动人发展的重要因素。

好老师常常通过感恩教育激发学习内驱力。有一位全国优秀班主任组织了一次看似奇特的活动，要求班级的每位同学带一个塑料袋，塑料袋里装上4公斤黄沙，绑在腰间，上一节自修课，体验妈妈怀着自己的辛苦。之后每一位同学都设计一项让妈妈高兴的活动，然后星期天付诸实施，给妈妈一个惊喜。不定期的插入类似的插曲，可以不断激发学生的学习动力。

"与20年后的父母相遇。"选择这样的资料给学生看看，不仅能激发学生的感恩意识，激发学生学习的内驱力，连我们老师都会被深深感染。

不久前，北京一名20岁女孩突然闯到马路上，横卧路口中央，只因为要爸爸买一部两千多元的手机，爸爸钱不够。民警劝说也不管用，手机店老板表示愿意降低售价，希望双方都满意。最终，父亲为女儿购买了心仪的手机，路口交通秩序及时恢复正常。

这样的学生，即使上了大学，能有什么出息呢？

韩国教育家申相星说：中国孩子的祖辈和父辈们都经历了很多的痛苦，也为孩子们付出了他们的一切，现在的孩子一直在祖辈和父辈的宠爱当中成长，他们都是温室里的花朵，不懂得为别人付出，不懂得为别人牺牲，因此我们更需要对他们进行感恩教育。

四、好老师一般不会跟学生较劲

某中学的某老师上课时，发现有学生在其背后贴了张"我是乌龟，我怕谁"的字条，还在上面配有乌龟形象，某老师觉得受到侮辱，与这名学生扭打起来。教育部门因某老师体罚学生打算将其开除，该县教育局后来做出了新的处理决定，将"开除"改为"职称降一级"。老师动手打学生，不仅不对，而且愚蠢，是无能的表现。老师可以是温文尔雅和善可亲的，但要有起码的威严。好老师大都具备这样的能力——一个表情、一个眼神即可控制局面。要不然，根本无法与学生有效打成一片。

好老师会像曾国藩说的那样："以菩萨心肠，行霹雳手段。"行"霹雳手段"，前提是有一颗爱生如子的"菩萨心肠"。

好老师对调皮捣蛋常有的态度和做法是这样的：既然来到我班，都持欢迎态度。

要有特殊的评价尺度。不能用同一杠杆来衡量他们。迟到早退了，自习课讲话了，玩手机了，看课外书了……继续以表扬为主，让他们愧疚，心里一愧疚，自然就想变好了。

不唠叨，不揭伤疤，不斗狠；借助同班同学的力量；交给调皮学生管理权，自我管理；发挥家长作用。家长配合，提升效果；锻炼自己刚柔相济的性格；把班级建成学生温馨的家。

五、好老师不会以惩罚为主要手段管理学生

有个年轻人不小心将酒店的地毯烧了三个小洞，退房时服务员说根据酒店规定，每个洞要赔偿100元。年轻人：确定是一个洞100元吗？服务员：是。年轻人点燃烟头将三个小洞烧成一大洞。如果学生犯错就一味惩罚学生，学生会像这个年轻人一样，有许多对付你的办法。

六、好老师善于通过学生的力量带动学生

雷夫·艾斯奎斯，美国最佳教师，他在长达25年的时间里坚守第56号教室，创造了轰动美国的教育奇迹。让我们一起来看看他的管理策略。

中国教师问：世界上总是存在着所谓的"好学生"和"差学生"，我们对那些"差学生"常常感到无能为力。遇到这些差学生您是怎么做的呢？

雷夫：在我眼里，学生分三种，我称为孩子一、孩子二、孩子三。孩子一是天才，聪明，爱上学，爱老师，出身好，有他们在我的班级里真的很幸福。孩子三，不喜欢上学，每次考试都不及格，非常憎恨老师。我们大部分老师都把时间花在孩子一和孩子三身上，而我呢，就把时间花在普通的孩子二身上，让他们做得更好，他们就会转化成孩子一，当孩子三在那里找麻烦的时候，他们就会找不到捣乱的伴。让孩子二来影响班级，就会形成良好的班风，安静，和谐。对于所谓孩子三，老师的任何办法都不会奏效，我们只有为他们创造更有趣的课程，让他们产生兴趣，才能改变他们。

七、好老师都很聪明，尤其懂得"忽悠"学生的艺术

43岁的河南高中班主任梁国顺被称为"高考战神"。他的教学利器——

"跟老梁，有肉吃；信老梁，差生强；顺子班，狼王梦"，正是这三招"忽悠"，把差生"忽悠"强，把优等生"忽悠"得更牛。

能忽悠起学生的学习积极性，就是真本事。

学学"辣椒女"的忽悠本领。

买主问："辣椒辣吗？"卖辣椒的妇女很肯定地告诉他："颜色深的辣，颜色浅的不辣！"买主信以为真，挑好辣椒付过钱，满意地走了。也不知是怎么回事，大部分人都是买不辣的，不一会儿，颜色浅的辣椒所剩无几了。又一个买主来了，问："辣椒辣吗？"卖辣椒的妇女看了一眼自己的辣椒，信口答道："长的辣，短的不辣！"果然，买主就按照她的分类标准开始挑起来。这一轮的结果是，长辣椒很快告罄。当又一个买主问"辣椒辣吗？"的时候，卖辣椒的妇女信心十足地回答："硬皮的辣，软皮的不辣！"结果所有的辣椒都卖光了。

八、撒播师爱，用心倾听，构建良好的师生关系

1. 在细节中展示爱心。

师爱是一种力量、一种品质，是教育成功的秘诀。如果没有爱，教师的工作就失去了意义和价值。好老师善于在日常教育中去播种这份爱，在每一个平淡而平凡的教育细节中留下深深的感动。

学生有病了，热情相助；学生迎面走来问好，投以亲切的微笑；每天认真装扮好自己，以最佳形象出现在学生面前；对课堂上答不出问题的学生给他一个台阶让他不失尊严。

面对"早恋"的学生，尊重学生的心灵，走在学生情感发展的前面，以高远的志向激励学生。

……

教育的手段是多种多样的，老师多一些爱心，并不意味着教育就是随意迁就学生，也不是放弃严格的要求和纪律。好老师总是春风化雨，顺其自然，不急不躁，从容不迫。如同种庄稼，无非就是年复一年地做着同样的事，该播种就播种，该施肥就施肥，该锄草就锄草。

2. 给予后进生更多的耐心。

好老师不会这么想：后进生犯错误是故意的。后进生学习成绩上不去，是由于自己不努力。给后进生谈一次半次话就能解决问题。后进生什么都不行。后进生受处分就变好了。他们也不会这么做。不给后进生显露的机会。常常用惩罚手段取得长期效益。冷遇、讽刺、挖苦、放弃后进生。诱逼后进生留级、转学、休学，甚至辍学。一出问题就向后进生家长告状。

好老师转化后进生最常用最有效的办法：建立良好的师生关系。不会让西红柿结出苹果来。西红柿就让它结西红柿，苹果就让它结苹果。

3. 在激励中展示爱心。

美国一位著名企业家曾说过："世界上有两件东西比金钱更为人们所需——认可与赞美。"打动人最好的方式就是真诚的欣赏和善意的赞许。一个经常得不到激励的人潜能仅能开发到20%－30%，一旦得到激励，潜能将会开发到70%－80%。

在一列火车上，一位作家问一位农民父亲："您把两个孩子都送进了重点大学，请问有没有什么绝招啊？"农民父亲的回答出人意料："其实也没啥绝招，我只不过是让孩子教我罢了！"

原来，这位农民父亲小时候家穷没念过书，自然也就没什么文化教孩子了，但他又不能由着孩子瞎混，于是就想出一个办法：每天等孩子放学回家，他就让孩子把学校老师讲的内容跟自己讲一遍；然后孩子做作业，他自己也跟着在旁边做作业，弄不懂的地方就问孩子，如果孩子也弄不懂，就让孩子第二天去问老师。

好老师也常用这种办法激励学生，让学生有成就感。让孩子自己讲题，本身就是最大的激励与赞美。

4. 给学生更多说话的机会。

有一位心情郁闷的女孩以每小时500美元的价格去看心理医生，见到心理医生就放声大哭一小时，第二次又哭一个小时，第三次还是哭……也就是说她花了 1500 美元就为了到心理医生那儿哭了三次。到了第四次，她不哭了，对心理医生说了一句话：你是世界上最理解我的人！

心理医生并没进行什么心理治疗却得到了她的认可，因为心理医生满足了她倾诉情感的需要。

我们的学生在学习过程中也会遇到苦恼、困惑，这些苦恼、困惑得不到宣泄，于是就会产生一些"副产品"。好老师会像那个美国的心理医生一样多听听学生的倾诉。

还有一个类似的研究。美国国家研究委员会组织研究小组，在霍桑工厂开展了一个"谈话试验"，用两年多的时间，找工人个别谈话两万余人次，并规定在谈话过程中，要耐心倾听工人的各种意见，并做详细记录，不准反驳和训斥。工人由于受到额外的关注而感到心情舒畅、干劲倍增，引起绩效的提升。心理学家将这种奇妙的现象称之为"霍桑效应"。

现在的学生个性十足，越来越难管，根据不同学生的情况采用不同的方式谈心，很多难题就会迎刃而解。如果教师不注意方式方法，就会伤害学生的自尊和感情，学生与教师的关系必然僵化。

好老师特别懂得倾听学生心声的重要性，总是给学生更多说话的机会，深入了解学生的内心世界，从而更好地教育学生、帮助学生。

5. 创设情境，激发兴趣，让学生热爱你的学科。

对学生来讲，如果热爱一个学科，学好就是一项使命，一种幸福；如果不喜欢这个学科，学好就是一种被动，一种强迫。

对教师来讲，如果学生爱上你的学科，那你就麻烦了，上课积极提问的此起彼伏，下课有人缠着你不让你走。

可是，如果你的学生没有喜欢上你的学科，你就更麻烦了。上课你讲你的，学生思绪飘忽不定，东张西望，大睡特睡，全不把你放在眼里，只盼望你早点下课。

九、好老师知道学生什么时候学得最好

好老师会在备课上下足工夫，用富有创意的教学法吸引学生并以此为乐。

有一位老师讲刘禹锡的七律,"沉舟侧畔千帆过,病树前头万木春",要求学生用创意的形式记住这首诗。

一个小男孩,把橡皮筋撑开,挂上许多笔,制成快板,打着节拍读诗;第二个同学,邀请同桌搞男女生二重唱;第三个用流行歌曲的语调来记;第四个转换角色,替作者来了段内心独白;第五个用京剧来唱出……

这个班的学生用21种创意记住了这首诗。这位老师,课真牛。

十、好老师经常让学生享受成功的喜悦

人人都嗑过瓜子,无论人们喜欢与否,很容易拿起第一颗瓜子;一旦吃上第一颗,就会吃第二颗、第三颗……停不下来。优秀教师会想办法让学生像吃瓜子一样愉快地完成学习任务,享受到成功的喜悦。每嗑开一颗瓜子,马上就会享受到一粒瓜子仁,还有一堆瓜子皮,很有成就感。

十一、好老师能熟练应用现代教育理念,把主动权交给学生

好老师在课堂上会以"相信学生、解放学生、利用学生、发展学生"为宗旨,能让学生学会并且会学、乐学。学生掌握着主动权,学生的"学"和老师的"教"有机地结合起来,逐渐实现由"抱着学生走"到"扶着学生走",并最终实现"让学生独立行走"。

在我看来,觉得当教师不幸福实在是身在福中不知福。

没有哪个行业的钱是好赚的;只有先改变自己的态度,才能提升自己的人生的高度;只有先改变自己的工作态度,才能提升自己的职业高度;让人迷茫的原因只有一个,那就是本该拼搏的年纪,却想得太多,做得太少。

即使你不喜欢当老师,只要你无法改变职业,单单为了健康长寿地活着,也应该千方百计做个好老师。

多一份努力,得千份收成。

成功人士和不成功人士最多的差别在于良好的心态,明确的目标。

愿老师们在新的一年里不断充实自我,提升自我,修炼自我,完善自我。努力做一个"三有"教师——教育有情,教育有法,教育有智。

努力打造好老师的特质,用激情感染学生,用热情追求教育,在平凡的

教育细节中给学生深深的感动，管理自己的情绪，以豁达开朗、积极乐观的心态对待学生，倾听学生的心声，设身处地地感受学生的喜怒哀乐，及时赞美学生。成就自我的同时成就学生。努力做一个学生爱戴、领导赞叹、学校需要、家长喜欢、社会公认的好老师。

谢谢大家！

第十四讲：
品牌，人人都充满正能量的标签

> 品牌，是无形资产，用抽象化的、特有的、能识别的心智概念在人们的意识当中占据一定位置的综合反映。
>
> 当您创出自己的教育品牌，那么，您就是当之无愧的专家。

教育案例引起的思索

去年4月，网上热评，在上海，学生为老师打伞一事。

一位导游正带领一队学生观光，队伍后方背着书包的一短发男孩则在给一名长发女子撑伞，该女子戴着墨镜。此后，女子坐在长椅上，男孩依然为其撑伞。

上海市教委相关负责人告诉南都记者，该委已要求各区县教育局积极排摸、确认事实，同时要求各区县教育局加强师德师风的教育宣传，积极营造师生相互关爱的和谐氛围。

上海接受学生撑伞的女教师流泪致歉：我错了！

热评：教书育人需以师德为先

作为一名老师，应该拥有教书育人的使命感和责任性。老师的一言一行往往对成长中的学生有着潜移默化的影响。

21世纪教育研究院副院长熊丙奇表示，学生如果主动给老师打伞，从好的层面上体现出对教师的敬意。但如果在所有学生都没有打伞的情况下，独有一名学生给老师打伞会在观感上显得有些突兀。正如网友所担心的那样，其他学生会不会认为打伞是在讨好老师？

即便是学生自愿打伞，老师当时最好也阻止。"除非老师身体不适，学生打伞出于照顾老师。"熊丙奇说，但这些细节需要教师和学生做出回应。

"单从图片来看，孩子打伞与教师的行为有些不和谐。"中国教育科学研究院研究员储朝晖表示，老师表情悠闲"与教育情景不相符"。"在这种情况下，提出批评意见是有道理的，但不应该对老师进行人身攻击。"

"如果学生主动要求，老师可以把伞拿过来和孩子一起打。"储朝晖表示。

中国教育在线基础教育负责人陈福宽认为，老师的行为有悖于师德，固然不当，但人生道路上每个人都会犯错，如果得到相应的惩罚，并真诚道歉，社会应当给予宽容和谅解，给当事人一个改过自新的机会。

面对新的机遇，新的挑战，社会对老师的要求越来越高，家长对老师的期望越来越高，当一个好老师真的不容易。作为老师，我们有什么样的心态？

鲁迅版——进了学校，办公桌上有两堆本子，一堆是作业，另一堆也是作业。初夏已经颇热，脊背上却一层又一层冷汗。班主任例会照例是不会少了，优秀班主任排名榜全然没有我的名字。责任似乎并不在我，譬如使惯了刀的，这回要我耍棍，能行么？

仓央嘉措版——上与不上，课时都在那里，不多不少。批与不批，作业都在那里，不增不减。让我的努力走进你的四十五分钟里，或者你把四十五分钟递进我的手心里，默然，焦虑，寂静，哭泣。

最炫民族风版——静静的课堂是我的爱，一份份作业慢慢打开。什么样的老师是最呀最无奈，心里绞痛得无法释怀……

一、新时代教师标准

上得了课堂，跑得了操场。批得了作业，写得了文章。开得好班会，访得了家长。劝得了情种，管得住上网。解得了忧伤，破得了迷惘。Hold得住多动，控得住轻狂。受得了奇葩，护得住低智商。查得了案件，打得过嚣张。还有一点是，忍得住工资不涨。

以上各类教师调侃的成分多一些，但是也反映了一定的现状，那就是，不少老师在外人眼里是幸福得不要不要的，但自我感觉工作任务不小，工作压力不小，负能量也不少，格局也不大，幸福指数也不高。

美国科学家最新惊人发现：癌细胞最怕爱，癌细胞最怕正能量！

美国著名医生大卫·霍金斯博士发现，人人都是一个磁场，磁场最高的振动指数是1000，最低的指数是1。当能量很高的人出现时，他的磁场会带动整个万事万物变得美好祥和，而当一个人有很多负面意念的时候，伤害的不仅是他自己，也让周围环境磁场变得不好。

霍金斯博士做过百万次案例，在全球调查过不同人种，答案都是一致的。只要振动频率低于200，这个人就生病。200以上的就没有病，200以上的意念有哪些？喜欢关怀别人、慈悲心、爱心、行善、宽容、柔和等等这些都是高的振动频率，达到400—500。

相反，喜欢嗔恨、发怒，动不动指责、怨恨、嫉妒、苛求他人，凡事自私自利，只考虑自己，很少考虑他人感受，这些人振动频率很低，这些低的振动频率也是导致癌症、心脏病等种种病的原因。

他从医学角度告诉我们，意念真的是不可思议，意念对人的健康有很大影响。疾病源自我们身体内在对爱的匮乏和缺失，而疾病也终将在无条件的爱和爱心中被清理和治愈。癌细胞最怕爱。

日本大提琴家夏恩患癌后，试图与疾病斗争，但感觉越来越糟。他调整心态，决定爱身体里的每一个癌细胞。他视癌症剧烈的疼痛为"叫醒服务"，致以祝福和感谢。他发现这种感觉很好。接着他决定爱生活的全部，包括每个人、每件事。一段时间后，出人意料的是癌细胞竟全部消失了。后来他成了在日本家喻户晓的治疗师。这便是生命的本质——爱。

充满爱的正能量连癌症这个世界难题都能攻克，还有什么解决不了的教育问题呢？

面对新的机遇，新的挑战，既然选择了老师这一行，我们就应该拿出应该有的姿态，拿出应该有的心态，拿出应该有的状态，拥抱正能量，创造大格局。

《拥抱正能量，创造大格局》，这就是我今天讲话的主题。拥有正能量，才能幸福自己的同时幸福别人。如果感到此时的自己很辛苦，那我告诉你，容易走的都是下坡路！伟大都是熬出来的，坚持住，你一定会到达人生的巅峰。

二、凝心聚力，打造狼一样的团队精神

人心齐，泰山移。一个老师是否优秀，一个管理者是否优秀，首先要看他爱不爱自己所在的团队。过去的一年里，纵观成绩好的备课组、教研组、作业组，无一不是发挥团队合作的力量；纵观管理好的年级、处室，无一不是调动起了所有团队成员的工作积极性和热情。

狼是群聚之族，攻击目标既定，群狼起而攻之。头狼号令之前，群狼各就其位，各司其职。在狼成功捕猎过程的众多因素中，严密有序的集体组织和高效的团队协作是其中最明显和最重要的因素。

教育理论上有一个很著名的教育思想：整体团队作用远远大于各部分之和。团队精神是集体智慧的结晶，是教育教学和科研战斗力的体现。在团队之中，各个成员之间可以形成优势互补，相互激励，共同提高，更有助于获得战胜困难的勇气和精神。

没有团队教师整体打磨，优质课不能算是真正优质；导学案不能达到最佳导学；骨干教师发挥不到最佳作用。没有一支精诚合作、勇攀高峰的团队，个人的小才就没有用武之地，就不会变成大才。

新的一年，我们每一位老师，都要真正热爱自己的团队，不仅热爱本部门、本年级，更要顾全大局，热爱大四中，更注重团队的协作，学校评价也将更注重团队评价，促进教师整体水平的提高。

我们倡导精益求精的进取精神和积极、主动的合作交流态度；我们倡导集体研讨教学方法和课程标准，提高自身驾驭课堂的能力。

我们倡导集体交流与合作，为个人成长及时充电，为团队的成长积累实践经验。

我们倡导人人搜寻相关教育教学方法指导，为团队不断注入新鲜血液；我们倡导在竞争与合作中保持平和的心境，善待学生、善待同事，等于善待自己。

我们倡导欣赏团队每个人的优点，善待团队每个人的缺点。

我们倡导各个部门协同作战，步调一致，顾全大局，凝心聚力。

一个学校的教学质量是教师集体智慧的结晶。高质量的学校都有一个团结向上、善于合作的教师群体。

请记住：没有完美的个人，只有完美的团队。

三、点燃激情，打造优质高效的课堂

热爱学生的老师都富有激情。拥有正能量的老师都会把课堂视为生命活动的一个重要场所，全身心地投入：投入理想，投入信念，投入人格，投入情感，投入个性，投入热情。因而他的格局越来越大。

建立融洽的师生关系。苏联著名的教育家赞可夫经过多年的研究，得出这样的一个结论，课堂教学质量很大程度上取决于课堂之中及课堂之外师生关系的好坏。融洽的师生关系有助于创造和谐的课堂气氛。每一个眼神与动作都潜藏着彼此的心意与情意，让学生感觉到课堂就像温暖的家，轻松自如，自由发挥，从而去创造高效的学习氛围。

充满激情与活力。教师在课堂上只有保持生动活泼、有意思、有激情、有活力，才能吸引学生的注意力，从而提高课堂的高效性。

遵循学科规律，探究高效教学方法。按照学生"学"的规律进行教学。即：学生"应该怎样学"，我们就"应该怎样教"，而不是单纯按照自己"教"的思路进行教学。尤其注意学生思维的出发点、落脚点，注意培养学生的问题意识，鼓励学生大胆创新。

合作探究，"练"出学生的真水平。注重引导学生生动地活动，既可以是个体活动、组内活动，也可以是全班学生的互动，调动学生积极性。

四、精益求精，打造精细科学的管理艺术

拥有正能量的老师不仅仅是教学高手，也是管理高手。上一学年，我们在管理上采取了一系列得力措施，取得了重大突破。新的学年，我们要继续加大三级督导管理力度，继续发挥专项督导、教学督导的作用，人人成为管理高手，争取全面更大提升。

管理要达到高层次，人的因素是第一位的。若学校部分教师工作缺乏热

情、积极性不高，我们管理者首先要明确，问题关键不在于教师，而在于管理者没有及时化解，缺乏沟通，缺乏交心，缺乏开诚布公的赤诚相见。教师心中的怨气没处释放，越积越多，心中的疙瘩没法打开，越系越紧，自然表现在工作上敷衍了事、出工不出力。作为管理者，必须付诸情感交融，心灵的碰撞，言语的沟通。其次要公平公正地处理问题，解决问题。譬如同样出现打架问题，同样扣分，有的班主任找你你就不再扣分，有的班主任不找你你就扣分。同样出现请假条不规范问题，有的督导扣分有的督导不扣分，有的班级扣 5 分，有的班级扣 20 分，这种不公平不公正的管理方式肯定会挫伤教师和班主任的积极性。再次，管理制度要不断完善，如果管理的细则存在漏洞，得不到大家的广泛认同，老师就容易产生抵触情绪，久而久之，必定影响教育教学质量的提升。

作为管理者，我们一定要坚持这样的理念：学校发展的第一资源是教师，教师强则学校强、质量高。我们要最大限度激发教师的工作热情和聪明才智，绝不能把教师置于管与被管的关系，只有这样，才能为学校可持续发展借智聚力，积累后劲。

我们要努力践行这样的常规管理理念——要有严密的管理措施和计划：

把每件简单的事情做好就是不简单。

把每件平凡的事情做好就是不平凡。

对学生严格管理要严而有理、严而有度、严而有方、严而有恒。

无论课堂管理还是闲暇管理，积极组织独特的教育活动，使孩子终身难忘。

一双洁净的袜子，促使人们去换一双新鞋。

而鞋的更新会引起人们更新裤子的愿望。

而裤子的更新之后，上衣就成了人心中的痛。

上衣的改变会使得人注意面部的洁净。

不久，一个人的形象就变了。

在日常的三级督导管理以及班级管理工作中，我们要通过扣分发现问题，更要通过督导发现亮点，树立一些良好的榜样，通过一双双"洁净的袜子"，来促使班级促使学生发生良好转化，使班级形成一个积极向上的氛围。在几十个人的班级中，免不了会有后进生，我们要善于发现他们身上的"洁净袜子"，还要引导学生发现自身潜在的"洁净袜子"。从多方面寻其亮点，有意识去扩大，以期点燃更多的亮点。

我们要努力践行这样的后进生管理理念——

管理后进生首先要管理好自己的情绪。

多把孩子看成好孩子，让他跟着你去干；少把孩子看成坏孩子，让他和你对着干。

多让学生活得愉快和开心，少让学生生活得丢脸或悲惨。

多发现学生的优点表扬鼓励发扬它，少发现学生的缺点讽刺挖苦强化它；多给学生留面子，少让自己下不了台。

多顾及孩子的自尊心，少用言语伤害他；多控制自己的情绪，少大发雷霆。

多用幽默和机智化解矛盾，少用生硬冰冷的招式制造矛盾；多沟通了解，少简单对待。

我们要努力形成正确的学生观：要给学生留有余地，不能把学生的错误与学生的人品人格混为一谈。

尽力善待学生的缺点和错误，并努力通过优点的发现去促进学生成长。

允许学生犯错误，不等于纵容学生犯错误、干坏事。

应通过适当的方式激发学生内在的能量去认识和改变自己不适当的行为。

要努力减少老师自己不合适的言行，但如果出现了，要知错敢认、知错能改……

让学生学会自我管理是最高级的管理。

五、勤学苦研，为明天做最好的投资

有目标的人在奔跑，没目标的人在流浪；有目标的人感恩，没目标的人抱怨。教育的生命只有走出来的精彩，没有等待出来的辉煌。

纵观全国的名师，基本不存在没有科研成果的"名师"。可以说，没有科研成果永远不可能成为真正意义上的名师。这么多好处，为什么我们需要三令五申地动员呢？

操千曲而后晓声，观千剑而后识器。磨刀不误砍柴工，读书会让我们遇见更好的自己，让视野更加开阔，让心灵更加充实，用强大的正能量武装自己，不断重塑我们的长相。

我们要通过研究让自己保持工作的激情和动力。我们三五年做一件事，时间长了，就厌倦了，疲劳了。不断研究，会让我们发现新风景，看到新风景，并且坚信最美的风景就在远方。这样，你就会保持激情，就会产生动力，就会有不断前进的欲望。

六、铸造师魂，打造独一无二的自己

优秀的教师都有一身正能量。老师最大的正能量就是师德。优秀的师德，就是每位老师最好的品牌。

1. 优秀教师的"十点"与众不同。

衣着美一点，精神振一点；微笑甜一点，说话实一点；观察细一点，思考勤一点；方法巧一点，情绪稳一点；表扬多一点，批评少一点。

2. 班主任更要有品牌意识。

与班干部和学生一起群策群力策划和营造，建立品牌管理制度，让每个学生明确知道应该做什么，不应该做什么。有一个小和尚担任撞钟一职，半年下来，主持宣布调他到后院劈柴挑水，原因是他不能胜任撞钟一职。如果小和尚进入寺院的当天就明白撞钟的标准和重要性，他也不会因怠工而被撤职。"名牌"集体一旦形成，学生自身便拥有一种成功的喜悦，会以在这样的班级而感到自豪。

3. 优秀教师最突出的师德是热爱学生。

当老师的，没有人承认自己不爱学生。但，冷眼相对，面无表情，羞辱歧视，这种打了幌子的爱，我们宁可不要！

4. 热爱学生的老师懂得微笑的力量。

一名品学兼优的中学生面对记者关于"假如你是教育部长"的提问，这位同学回答:"我要开除那些不会微笑的老师!"

是的,微笑是一种胸怀,更是一种艺术。当你和学生促膝谈心时,微笑是一种气氛;当你让学生回答问题时,微笑是一种鼓励;当你指出学生错误时,微笑是一种谅解;当你表扬一名学生时,微笑是一种奖励;当你帮助学生解决困难时,微笑是一种力量。

全国著名教育家于永正曾经介绍他的秘诀:我经常看到这样的现象:某某学生,为了引起老师的关注而故意犯错误。其实,每个学生都十分在意老师是否注意他。如果你的行为并不说明你喜欢他们,那你无论多么喜欢他们都没有用。但是,如果你的行为表现出你喜欢他们,那么,无论你是否真的喜欢也无关紧要了。其实,做出喜欢学生的样子很简单,可以是一个动作,一个微笑,一句话,一件小事,一件小礼物……

总之,一定是"行为"。

尤其要学会控制自己的情绪,不然一句话可能学生会记恨你一辈子。有一个女孩一上飞机,见自己的座位上坐着一男士。她核对自己的票,客气地说:"先生,您坐错位置了吧?"男士拿出票嚷嚷着:"看清楚点,这是我的座位,你瞎了?"女孩仔细看了他的票,不再做声,默默地站在他的身旁。一会儿飞机起飞了,女孩低头轻松地对男士说:"先生,您没坐错位置,您坐错飞机了!"有一种忍让,叫做让你后悔都来不及,如果嚎叫能解决问题,驴早就统治了世界!

无论发生什么事情,都请牢记:控制情绪,温柔说话。

再好的教育方法也比不上拥有自己的教育之道,再多的财富也比不上拥有强大的正能量,再优秀的个人也比不上团队的力量,再好的教育也比不上孩子的内力觉醒,再好的心态也比不上行动,再好听的语言也比不上拥有自己的品牌。

老师们,理念决定思路,思路决定出路,创新决定发展,机制决定成败。面对高端大气的新学校,站在新的起点上,我们相信大家都能成为拥有正能量的人,都能够不断完善自我,提升自我,创造属于自己的品牌和格局。我真诚地希望,学校各部门要服从"服务于教学"这个中心工作,进一步树立为教学第一线服务的意识,进一步树立每一个学生都很重要的意识。作为四中人,始终把"老师"作为第一身份,始终把"育人"作为第一要务,始终把"治学"作为第一追求，始终把"师德"作为第一标准。用自己高尚人格影响学生、感化学生，使学生的身心健康成长。

新的一年，让我们以教育教学质量的提高为核心，人人都做正能量的人，努力打造学校核心竞争力，放大格局，开阔视野，凝心聚力，锐意进取，勇于担当，追求卓越，争创一流。

第十五讲：
意志，成就永远不会倦怠的教师

（2016年8月在教师开学大会上的讲话）

> 意志是决定达到某种目的而产生的心理状态。意志是一种生命的力量，它可以成就人，也可以成大事。

心为意之母，心之所发谓之意，而意之所存谓之志。克服职业倦怠还讲究一个心到意到，心意合一。

干本职工作一心一意。过去我们常讲干一行爱一行，说的就是一种敬业精神。人可以选择职业，但职业操守讲究坚贞不渝。

1. 不应该有任何摇摆。

干好本职工作的前提是喜欢这项工作。如果说选择一项职业是谈恋爱，那么从事这项职业就是居家过日子，一旦入行，现实的工作境遇一定会和当初的想象存在不少的反差，就像一个小孩刚开始学走路的时候其目的一定不会是为了跌倒，但现实是必须通过无数次的跌倒才能掌握行走的技巧。如果没有这样的思想准备，那就主动"难为"一下自己，在勉为其难中坚持让自己适应环境、适应工作、适应困难。不要企图去让工作和环境适应自己，心中常念这样一句话：既然选择了远方，便只顾风雨兼程。心猿意马，挑肥拣瘦，这山望着那山高，其最后的结局一定是一事无成。

2. 为单位发展全心全意。

如果说单位是一池水，我们个人就是那池中的一尾小鱼。单位的存在为我们提供了工作的空间，单位的工作为我们搭建了发展的平台，我们惟有珍爱这一潭清水，珍惜这个工作平台，方能乘着单位的快车去旅行。衣服有里表，工作也有分内与分外，人穿衣服都是里表一起穿，干工作何不分内分外也兼顾？能者多劳，努力学会喜欢、珍爱自己的单位——就像珍爱自己的家庭一样，你就会觉得在这个"家"中，你有许许多多的"活"要去做，有许许多多的工作要去完成，而且会乐此不疲。设想一下鱼儿跳出池塘落到地上的结局，你就会懂得如何为自己所在单位的发展尽心尽力。

3. 规则、职责面前不随意。

很多时候，所谓的工作倦怠其实是来自于将制度与职责抛之脑后的无所事事。人，无论是"闭门造车"还是"众人划桨"，都摆脱不掉的是规则与职责。所谓的无趣就是对规则与职责的无视，对照一下我们的工作，按照规则要求，没有最好；按照职责要求，只有更好。挑担：十斤，累；五十斤，也是累；一百斤，更累。躺在路边睡上三天，感觉还是累！教学：一个班的课，累；两个班的课，更累；三个班的课，还是累。一个月的假期，出去玩一圈，回来的感受一样是累！所以，疲劳感往往来自于对工作职责的漠视与懈怠，一个单位对工作质量的衡量标准也往往会影响到每一位员工的倦怠指数。

4. 对工作和同事怀有深深的敬意。

"在貌为恭，在心为敬。"所谓敬畏，是人们对待事物的内心想法和表现出来的态度。敬，即尊重、敬重。对工作和同事怀有深深的敬意，你就会发现在他们身上，还有许多我们望尘莫及的东西。你就会见贤思齐，就会奋起直追，哪还有时间顾及烦恼与郁闷。只有将对同事、对工作的敬意深深植根于心底，才能迸发出无尽的工作热情与激情。"灿烂星空谁是真的英雄，平凡的人们给我最多感动。"

5. 自觉主动地磨练自己的意志。

睡觉需要躺下身子，吃饭需要张开嘴巴。世上的事情再简单也要通过做才能去实现其结果。审美存在疲劳，这不违背科学。因此，保持职业青春常在的秘诀就是自觉主动地去磨练自己的意志。工作中，知难而上；生活中，加强体育锻炼；工作之余，适时的从事一点体力劳动；更多的了解一些成功人士的创业历程；这些，都有助于增强我们的毅力与意志。人生就是从一个驿站奔往下一个驿站，而脚力决定了你能走多远。很多时候，毅力远远重于体力，意志，就是我们的脚力。"把握生命里的每一分钟，全力以赴我们心中的梦，不经历风雨怎么见彩虹，没有人能随随便便成功。"

6. 专业技能努力追求最高意境。

"平芜尽处是春山，行人更在春山外。"人外有人，天外有天。千古不变一哲理，悟透玄机须深思。努力追求专业技能的最高意境是克服职业倦怠的最佳途径。世上活得最累的是懒汉，世上活得最忘我的是那些致力于最高专业境界的孜孜以求者。当一个人投身到自己钟爱的事业中的时候，一切疲劳将不复存在。会者不难，难者不会。工作为什么会难？会头疼？因为不会。时间倒流回一百年以前，有人说，我能上天，大家都会说他是个傻子，为什么？很难，难到不可能。现在有人说，我能上天，大家会说，这个人真能，是个人才。为什么？他有这样的专业技术，他实现航天这项专业技能的最高境界，他是人中豪杰，是大家膜拜的对象，他在专业发展的道路上实现了自身的价值，找到了成功感。人不是累死的，是懒死的。

7. 工作状态保持意气风发。

暮年不可怕，暮气最杀人。人可以有暮年，但不可老气横秋。早晨起床，敞开门来，晴也一天，阴也一天；苦也一天，乐也一天。"莫听穿林打叶声，何妨吟啸且徐行。"向着既定的工作目标，前进，前进，一往无前，只要相信自己，你终究成为最后的胜者。状态决定成效，意气风发的工作状态不只是激发灵感，更能驱赶倦怠，让人始终在最佳的心态与频率中高效的调动各种感官投入工作。快意的工作总有快意的享受，拥抱困难，拥抱成功，定是"回首向来萧瑟处，也无风雨也无晴"。

8. 生活不乏些许意趣。

人不是生活在真空里，你，我，他，也绝非不食人间烟火之圣人。凡人自不可免俗，生活少不了意趣。陪陪孩子，陪陪爱人，陪陪父母。抽时间约一二知己好友，清茶一杯，浊酒一盏，吹吹牛，聊聊天；闲看庭前花开花落，漫随天外云卷云舒；随分随缘天地里，心与江山不老。闭上眼睛，无视忧愁烦恼，笑口常开，多看前景美好。养养花，种种草，做做义工，护花惜木，行善养德，坦然怡然，倦从何来？怠自何生？

9. 随时随处，心中装有"大家"与"小我"的意识。

思想半径的大小决定人生舞台的面积。以"我"为圆心做端点的半径是一条线段，以"大家"为圆心的半径产生的是一条直线。线段远没有直线的发展空间大。无论做什么工作，只有搞清楚了"大家"与"小我"的区别才能天高任鸟飞，海阔天高的发展空间来自于正确的自我定位。没有正确的定位，人生难免失意、落魄、茫然。

10. 成败与否讲究一个乐意。

凡事尽最大的努力，做最坏的打算。有成功，就有失败，何况"失败乃成功之母"，前人已经为我们的已经或未然的失败做了最好的诠释，我们就不必过多地难为自己。事业的历程上，也许一帆风顺，功成名就，也许壮志难酬，英雄迟暮。咱不是英雄，虽没有"三十功名尘与土，八千里路云和月"的轰轰烈烈，但偶尔来点"老骥伏枥，志在千里"的豪迈还不算沽名钓誉。成也罢，败也罢，得也好，失也好，凡事讲究个乐意，讲究个无怨无悔。只要心中常念：我要努力；回过头来看一下，我在努力！那，你就是一个快乐的人，一个幸福的人，一个永远不会倦怠的人。

第十六讲：
求真，避开教育教学中的假象

（2016年8月在教师开学大会上的讲话）

> 求真是追求真理及尊重事物发展的客观规律。
> 弄虚作假充斥教育，结果只能是学生和家庭无法弥补的损失，克制虚假，只能用"真"。

金无足赤，准备再充分、组织再严密的课堂教学也难免存在瑕疵，教学内容的确定性和课堂学情的不确定性注定了教育教学过程永远是一个遗憾中的完美，我们唯一能做的就是不断去发现昨天的缺憾，然后在今天的工作中修正过失，弥补缺憾。

常见课堂教学假象及预防策略：

1. 小组学习中的假合作及预防策略。

合作交流学习是学生学会交往、学会合作，培养团队精神和竞争意识的有效方式，学生单纯坐在一起的，为了渲染气氛而合作的，或者学生还没有进入探究状态就迅速合作的，以及学生正处于欲罢不能的探究状态时教师突然叫停的，都不是高效课堂需要的合作。

预防策略：不"惟合作而合作"，合作交流应侧重知识的应用性探究；不"惟合作而课堂"，消除无合作不课堂的思维，根据教学内容确定合作交流与否，灵活省却累赘式的合作交流；强化公开课、示范课、优质课评选过程中"课堂教学合作交流环节"的评价分析标准，学会针对教学内容科学评价教学环节中合作交流的当与不当，取与舍，需与求。有时，没有合作交流的教学过程也是美。

2. 学习过程中的假目标及预防策略。

高效课堂的目标制定要遵循一定规则：学习内容多少适中，语言表述具体、适宜，关注学生的个别差异，目标出示得体得法等等，不然就容易造成假目标。不少人认为，知识容量越大的课堂就越是"高效课堂"。这个观点值得我们警惕。譬如语文老师教诗词，在还未读懂文本的情况下，匆匆忙忙链接一大堆与文本或近或远、或密或疏的其他诗词，结果煮了一大锅夹生饭。开发课程资源的意识是好的，但不是滥开发，不是喧宾夺主，一定要目标明确，恰当有效。

学科之间牵强"综合"常常也偏离目标。如果音乐老师上《春天在哪里》，只花十余分钟时间教唱，然后花更多时间让学生为春天作画，为春天写诗。这不是音乐课堂，而是大杂烩。

预防策略：教师须加强教材研究，把握课程宗旨，吃透教材精神，上有准备的课，充分发挥集体备课优势，议一议，争一争，论一论，集思广益，当讲则讲，能少讲不多讲，删繁就简，树立课堂重点意识，树立课堂时间意识，树立精品课堂意识，力戒追求热闹，力戒贪多嚼不烂。

3. 自主学习中的假自学及预防策略。

自主学习是发展潜能的桥梁，更是高效课堂倡导的主要学习方式。如果教师对学生的自学过程不能进行有效的组织和调控，不能让学生经历由不会到会的过程，体验疑惑的痛苦与顿悟的愉悦的过程，不能采用多种方法培养学生自学能力，都不是真正意义上的自主学习。

预防策略：课堂教学的引领是关键，问题的设计是桥梁，教学设计过程中要建立由易到难、由浅入深的"思维体系"，让学生有思考的途径与方向，通过"大问题化小"实现"问题化了"，因此，一个成功的自学过程需要老师为学生准备无数"成功"的思考题。

4. 学习交流中的假展示及预防策略。

目前我们不少老师的课堂展示环节是这样的：首先布置练习学生独自完

成，之后老师引导学生依次订正答案，老师问学生答，期间没有生生、师生之间的交流和质疑的过程。像这样只有部分学生参与的课堂是"假课堂"。还有的老师为了营造好的展示氛围，设计的任务、问题等越简单越好，耗时越少越好，这也不是真正的高效课堂需要的展示。

预防策略：课堂展示应是教师精力高度集中的一个环节，在这一过程中，教师的注意力不是那个正确的答案，相反，应该把主要精力放在那些错误的答案上，要注意发现"错非错"现象。所谓"错非错"的表象有多种，这里面，教师尤其应该注意那些"假错"现象，例如：有的是结果错了但思维过程没错，这种情况下教师不要对结果做简单的否定，要在努力肯定学生的正确思维过程中让学生找到自信，提升学生探究学习的内动力；还有的是"假错真对"，这类问题多出现在人文自然类的知识探究中，教科书上的答案可能只有一个，但是，能够诠释答案的思想却是多维的，教师要善于发现富有前瞻性的思维和思想。"文似看山不喜平"，能力的培养是在允许、鼓励学生的多维度思考中实现的。课堂上，教师不单要让"假错""变对"，还要把"真错""变对"，在这一过程中，问题焦点不要聚集在答案上，要通过师生互动发现导致学生错误结论的"错误思维"，对学生思维的剖析是教学过程的重中之重。

5. 集体备课中的假研讨及预防策略。

高效课堂的关键是课前备课，尤其是集体备课。所以我们要求老师把精力放在课前或者课后。就像做菜一样，你如果不能提前买好菜，采好原料，怎么能炒出好菜来？那是拿着铲子在空锅里瞎炒。

不少的集体备课常常流于形式，有的除了主讲教师主讲，其他老师很难提出有价值的教学建议；有的偏向知识点，而教学资料的整合、教学方法的改进、学生能力的提高及对学生学法指导等方面的内容偏少；有的具体操作缺乏实用性等等，这些都需要改进。

预防策略：集体备课要在备课内容上有完整的计划性，有明确的分工，这一个月、这一个学期、期中检测前、期中检测后，各时间段要有完整的时间规划与内容规划，对计划要有执行力。集体备课中要多给教学经验不足的教师展现、陈述的机会，在教学研讨中，逆水行舟中的发现问题远比顺风顺水的过河随大流更能提高工作效率，行家里手的包办代替只能使问题越积攒越多，而教坛新生代的小马过河往往会让失误越来越少，让经验越来越多。放手大胆地用新人不仅是暴露问题的过程，也是提升教育科研水平的必须。有诊断方能开处方，集体备课的目的就是把问题在课堂之外格式化。

6. 教研活动中的假评课及预防策略。

评课是教学、教研工作过程中一项经常开展的活动。如果老师评课只是局限于说说某某老师上课的一大堆优点，或者泛泛听，泛泛评，评完之后没有什么实际效果，问题依然出现在自己或者他人的课堂上，这就是假评课。

预防策略：要改变传统的评课模式，要学会必要的红红脸、出出汗。都是同行，优点有目共睹，而缺点可能只有旁观者清，不把缺点及时指出，长此以往，缺点可能就成为了一个人的风格。因此，讲评课的重点要放在对这堂课所存异议的各抒己见上。不是极具代表性的某些教学创新，优点可以避开不议，在评课环节中可以集中时间让听课老师发表对这一堂课所讲授内容的不同处理建议。

7. 常规管理中的假检查及预防策略。

为了提高教学质量，应该先从过程管理抓起。有了过程管理的严、精、细、实，才能收到理想的教学效果。应付式的检查只能算作形式主义的假检查。

预防策略：教学常规检查要有的放矢，要奔着在教学中出现的问题去检查，是一个寻根求源的环节，"根"是"问题"的根，"源"是"问题"的源。常规管理要"不畏浮云遮望眼"，发现教学成绩有问题，我们不光要分析一个教师的备课和作业批改，我们还要分析他的课堂。常规检查，检查的是教学常态，不能让一本备课本、一套作业掩盖了教学过程中存在的问题，一位教师，也许他的备课本是最规范的，他的作业批改是最及时的，但为什么成绩是最差的？找到这个问题的症结才是真正的常规检查。所以，常规管理检查不要只盯住备课本、作业本，要重在教材分析能力、教材处理能力、课堂驾驭能力、学生智力培养能力的水平性分析上。

只要我们不为形式性的东西所羁绊，避开课堂教学中的假象并不难。

第十七讲：
赏识，发现天才学生的先决条件

（2016年8月在教师开学大会上的讲话）

> 赏识是看中人的才能或了解作品的价值并予以赞赏。天才之所以被称为天才，是因为天才是与生命相伴而来的天赋，教育的职责是发现并呵护它。发现与呵护的最强力量是常识。

天才是"看"出来的。

要想实现把学生培养成天才的梦想，首先要学会以看待天才的目光看待自己的学生，于平常处发现他们身上那不引人注意的潜在优势，点燃其智慧的火花。当三尺讲台上有了一双爱的慧眼，爱的光环下，一只小板凳的背后有可能是照亮整个世界的电灯泡。

曾几何时，在国人的心目中，"天才"是一个非常敏感的字眼。那么，到底有没有天才？如果有的话，又如何界定？我觉得，这些问题其实并不重要。所谓天才其实就是人身上某一方面的能力特别突出而已。从脑科学和心理学的研究结果看，人在不同潜质上都存在着天才的因子，如果教育得当，即使是看起来很平常的学生也可能取得辉煌的成就。最重要的是，如何把看似平常的孩子培养成天才。这是一个非常诱人的目标，也是一个永恒的教育命题。但是，真正达到这个目标的毕竟是凤毛麟角。也正因为如此，如何才能更多地培养天才这个命题便显得更加艰难而富有魅力。

如何才能达到把普通学生培养成天才的目的？仁者见仁，智者见智。我通过自己的研究与实践，摸索出了一孔之见：天才是看出来的。

天才怎么会是看出来的？这需要从老师的职责说起。多年来我们一直认为，传道、授业、解惑，是为师者的基本职责。尽管教育改革的步子这些年迈得很大，教育方法和手段日新月异，但是总起来看，并没有跳出传道、授业、解惑这个范畴。在这个大前提下，教师的基本功能就成为"传授知识、培养能力"，在方向上这无疑是非常正确的，但我们不能回避的一个问题是：由于学生的知识基础、家庭环境以及行为性格的差异，其接受知识以及消化和运用知识的能力也各不相同，隐藏在他们身上的种种优势，并不一定都能够在老师的引领中得到表现，而且这得不到表现的种种优势，就很可能是天才的苗头。在高等教育的人才筛选模式面前，在基本还是淘汰制的教育体制下，这些优势不能及时发挥的学生，便逐渐成为学困生，沦为平庸人，而且，这部分人所占的比例还不在少数。

如何突破这个困局？首要的任务就是改变教师观念，把"最大限度挖掘学生潜能，为学生终身发展负责"作为教师义不容辞的责任，从而使大部分学生的潜在优势都得到充分的发挥，使他们的天赋不再被埋没在生命的角落里。

怎样才能达到这个目的？这就要求教育者要具有一双常人所难以具有的慧眼，能够看到普通学生身上不引人注意的潜在优势，能够发现学习困难的学生在日常行为中偶尔闪现出的天才的火花，然后紧紧抓住这些优势和火花，因势利导之，化"腐朽"为神奇，变庸才为天才。

这，就是看的学问。

因势利导是早已被大家公认的良好的育人手段。但我们常常忽视了这句话的深刻内涵，特别是忽视了"势"的含义。这个"势"，就是体现在不同学生身上的优势与劣势。人，都存在着自己的优势和劣势。有的孩子上学伊始就体现出比较浓厚的学习兴趣或者热情，这证明他们具有感知新鲜事物的强烈的兴趣优势，面对这种优势，老师喜欢，家长高兴，鼓励、表扬加栽培，一路"利导"下来，一个优秀生或者天才就这样炼成了；反之，对学习找不到感觉的孩子就缺乏必要的兴趣和积极性，老师无奈，家长担忧，鞭策、批评加指责，一个"庸才"或者"笨蛋"就这样出现了。

问题的根本在于：这些在学习上没有找到感觉的孩子，并不一定是甚至一定不是没有成为天才或者优秀的"势"，而是他们的这种"势"隐藏在不引人注意的地方，老师、家长和他们自己也感受不到这种"势"的存在。诺贝尔化学奖获得者奥托·瓦拉赫在开始读中学时，父母为他选择的是一条文学之路。不料一个学期下来，老师为他写下了这样的评语："瓦拉赫很用功，但过分拘泥，这样的人即使有着完美的品德，也绝不可能在文学上发挥出来。"此时，父母只好尊重儿子的意见，让他改学油画，可瓦拉赫既不善于构图，又不会润色，对艺术的理解力也不强，成绩在班上是倒数第一。

面对如此"笨拙"的学生，绝大部分老师认为他已成才无望，只有化学老师认为他做事一丝不苟，具备做好化学实验应有的素质，建议他试学化学，父母接受了化学老师的建议。这下，瓦拉赫智慧的火花一下被点着了，"不可造就之才"一下子变成了公认的化学方面的"前程远大的高材生"，在同类学生中，他遥遥领先。后来，瓦拉赫在化学上取得了举世瞩目的成就。

于细微处见精神，这句话蕴涵着教育的真谛。面对这样一个各门功课都学习困难，且似乎与"天才"一点也不沾边的"学困生"，化学老师却从他的"用功"与"拘泥"上看出了天才的苗头，从而激发出了他智慧的火花。遗憾的是，我们往往很难做到这一点，对于那些资质看似平常的学生，总认为他们就是禀赋一般，在这种"平庸"的眼光背后，于是泯然众人者多矣。

说到这里，让人想起一句道理不俗的俗语："没有老婆的不怕老婆，没有孩子的会教育孩子。"这话搬到讲台上，有的老师便把它演绎为"没有老婆的不怕老婆，没当过老师的会教育学生"，言外之意中隐含着对自己学生的诸多无奈。

由此可见，在为数不少的老师眼里，自己的学生中，大有前途的可造之才还是少的，因为多数学生的表现，看起来的确是天资平平的，于是，教育便在这平庸的光影里一天天过着平庸的日子。

我们很少注意到，这种平庸其实是因为我们的目光有问题或者说是为师者缺少一双欣赏的眼睛。点石成金的背后应该是一腔爱的慈情为意念的，俗话说：孩子是自己的好，庄稼是人家的好。什么时候当私心变作了爱心，相信视野之中，整个世界都是美好的。换言之，当我们用欣赏的目光去观察我们的学生，你就会发现，每个孩子都是一棵天才的苗子。"爱自己的孩子是人，爱别人的孩子是神"。

由此可见，拥有一颗爱心对人才的培养是多么的重要，而这颗爱心对于我们教育工作者来说应该就是事业心。大爱无疆，当成就教育大业的旅途上有了爱心做伴，你就成了一个造就天才的智者，一块能撞击出孩子身上无数智慧火花的燧石。

精诚所至，金石为开，如何做一个独具慧眼、能把学生"看"成天才的人，至诚至纯的情愫更为重要。不带有色眼镜看学生，不带任何偏见剖析学生个性，把培养学生良好习惯与挖掘学生独特个性有机地融合在一起，两条腿走路，齐头并举，尊重学生成长中的正常个性特点，在教育的引导下让学生的潜能升华为人类智慧的光芒，这，是我们师者的责任。

学校是人才培养的大舞台，学生群体是一个性格迥异的大花园，"雾里看花，水中望月"，摇曳多姿中分辨出变幻莫测的潜质禀赋需要有一双慧眼，更需要有一种恒心与毅力，需要始终如一地把尊重、真诚、信任和赞美送给每一位学生，把爱的阳光洒遍校园的每一个角落。阳光的教育理念应该是在学生成为天才之前，首先以看待天才的目光看待学生。

相信他们就是未来的天才，是学业和事业上的佼佼者，这样我们就不会再产生面对学困生的无奈，而是更多地享受发现和造就天才的快乐。

当然，这里我们说天才是看出来的，并不是否定天才是培养出来的，优秀的潜质与恰到好处的外界刺激永远是造就天才的一对共价键，发现天才的苗头，捕捉住优秀的火花，这是具备了造就天才的前提，除此之外，还有一个后天培养的过程。

·学生卷·

第一讲：
信心，创造震惊世界的人间奇迹

（2008年秋季开学典礼大会上的讲话）

> 信心指相信自己的愿望或预料一定能够实现的心理。
>
> 同时，真正的信心也是一种信仰，所有发明创造，所有卓越贡献，无不是信心所催生。

在举国上下共同欢庆百年奥运梦圆的时候，在我们为奥运健儿取得百枚奖牌而尽情欢歌的时候，又有一股新鲜血液注入了潍坊四中。我们也迎来了充满希望和挑战的新学年，这是我们真正实现南北校区大整合的一年。在此我代表全校教职工对加入这个大家庭的新老师新同学表示由衷的祝贺和热烈的欢迎！

回首过去的一年，全校师生奋力拼搏，积极创业，进一步发展了"育人为本、因材施教、全面发展"的教育理念，提出了"热爱学生、严格管理、严谨治学"这一新的治学理念，明确了"争创齐鲁名校、铸造潍坊四中更加靓丽的品牌"的办学目标，形成了具有潍坊四中鲜明特色的育人目标——培养具有"自强精神、科学态度、人文情怀、淑女风范、绅士风度、国际视野、世界胸怀、领袖气质"的学生；构建了科学化、规范化、精细化、人文化的三级督导管理体系。

在此基础上，我们的教育教学取得了令人瞩目的成绩。

1. 高考成绩实现飞跃。

2008年我校本科过线达1452人，占考生总数的60%，其中单文理重本就有 192 人，是去年的两倍多。文化课成绩过省军检线的学生达 372 人，合格率、优秀率均是 2007 年的两倍多，目标完成率列潍坊市城区各校之首。其中，有 4 名学生已经被录取为海军飞行员，占全市 1/6 以上，学校再次被评为全国招飞先进单位。

2. 素质教育不断深化。

高一年级杨雪、杨晓田等 7 名同学在"全球华人风尚大典"比赛中获潍坊赛区金奖，高三学生张晓源、王凯两名同学在第 10 届"院校杯"中国国标舞比赛中取得了第二名的好成绩；获得高校专业合格证的学生达 732 名，创历史最高水平。

3. 学校知名度越来越高。

上学期，教育部及山西晋中地区、淄博市、肥城、河南、内蒙古等地教育考察团 200 多人到我校参观考察、交流，教育部课程改革中心曹志祥主任、省教育厅教研室王京华主任及有关专家 30 余人到我校考察课程改革情况，我校还和浙江大学、山东大学、北京体育舞蹈学院、韩国艺苑艺术大学、海之魂艺术学校建立了友好合作关系，扩大了我校的影响力，提升了学校的办学水平。

成功来之不易，它饱含全校师生的辛勤汗水。今天，我们又站在了新学期的起跑线上，进行一次从零开始的"马拉松"竞赛。目睹当前的大好形势，我有充分的理由相信：我们一定会以实际行动珍惜已有的成绩，创造出更大的辉煌。

高一同学，进校以后，"我将以什么样的姿态、什么样的面貌、什么样的形象成长于四中，三年以后，我将交一份什么样的毕业答卷？"希望同学们今天就要认真思考这个问题，要用自己的实际行动去解答、去论证、去完成。在刚刚结束的军训中，你们冒着酷暑经历了军事化的演练。我相信，你们在今后的学习生活中一定会继续发扬军旅作风，吃苦在前，奋力拼搏，创造佳绩！

高二同学，你们刚到南校区，就以崭新的面貌让家长让老师眼前一亮，为之一振，耳目一新，大吃一惊。我相信，在这承上启下的关键日子里，你们一定会抓住重新塑造自己的契机，书写出新的人生篇章！

高三同学，此时的你们，汇集了老师们更多的目光，倾注了家长更多的心血。屈指可数的日日夜夜，紧紧张张的分分秒秒，这是改变自己命运的最佳时机。我相信，你们一定会紧紧扼住命运的咽喉，成为自己命运的主宰！潍坊四中的全体同学，我相信你们，也请你们相信老师，相信学校。老师是你们信心的激励者，是你们激情的点燃者。学校会尽力为同学们创造良好的学习条件，为大家创设一个"安全、稳定、文明、有序、和谐"的学习环境，让大家生动、活泼、主动地融入到这个良好的学习氛围中。

为了实现我们共同的育人目标，在这大喜的日子里，我要表达对你们深深的祝福。

（1）祝你们信心百倍。

当你遇到困难的时候，请记住：困难与人生相比，它只不过是一种颜料，一种为人生增添色彩的颜料。只要有信心，什么困难都会败倒在你的脚下。

第29届奥运会刚刚在北京画上圆满的句号，在这场全人类的体育盛宴上，你们知道中国体育代表团共获得多少枚金牌吗？（生会齐答：51枚）多少枚？我听不清，47枚？NO！NO！（故意说错，用手遮耳朵听他们的回答，并将话筒指向他们，生大声齐答：51枚），YES！51枚金牌，我们五星红旗在嘹亮的国歌声中高高升起了51次！

每当国旗升起的时候，我总是无比的激动和自豪，相信所有同学的心情也和我的一样。谁能告诉我获得金牌的运动员的心情是怎样呢？（估计有学生答：激动！我重复一遍）还有？（生：自豪！）YES！还有呢？（生：高兴！）YES！你们的回答让我似乎又看到了他们夺取金牌的那一刻。是啊，他们努力奋斗了四年甚至更长的时间，在训练中不知流了多少汗，为的就是能够站在世界最高领奖台上为国争光。汗水浇灌的鲜花最美丽，心血熔铸的金牌最可贵，那一刻，他们脸上的微笑和泪水说明了一切。

所以在这里，我要送给同学们的第一句话就是：只要坚定信心，好好学习，努力奋斗，就一定会在学习上取得优异的成绩！

在这次奥运会上，有一位从绝症中走出的王者——荷兰人范德韦登成了北京奥运会男子 10 公里马拉松游泳的冠军；南非残疾人选手纳塔莉·杜托伊特创造了单腿游完 10 公里的奇迹；伟大的母亲丘索维金娜在 33 岁这样的年龄摘得了跳马项目的银牌；波兰"独臂女侠"帕尔蒂卡参加乒乓球女子团体赛，她的每一次出现都能赢得现场观众热烈的掌声。如果不是信心百倍，他们怎么会创造出震惊世界的人间奇迹？

现在，我再问同学们第二个问题：奥运会的每个项目只有一块金牌，参加奥运会的有很多运动员，当他们面对失败时会怎么想呢？（生：从头再来！生：不放弃！……）说得真棒！不放弃，永不放弃！面对那些强大的对手，他们敢拼敢斗，不到比赛的最后一刻决不认输。虽然很多人在失败后流下了伤心的泪水，但他们没有因此而放弃自己对体育事业的追求，相反却发誓，到 2012 年再见。这种永不放弃的精神是多么的难能可贵！所以我送给同学们的第二句话就是：遇到困难和挫折不要轻言放弃，要相信自己，坚持就是胜利！借用西蒙诺夫的一句诗，那就是"坚持到别人都不再坚持的时候"，你就坚持出成果了。

要想充满自信，我教给你一个秘诀，请从今天开始，每天在心中默念：

相信自己行，才会我能行；

别人说我行，努力才能行；

今天若不行，明天争取行；

能正视不行，也是我能行；

不但自己行，帮助他人行；

争取全面行，高考才能行。

要坚信，你就是一颗金子，你就是要闪闪发光；你就是一只雄鹰，你一定能展翅高翔！

当然，坚持的前提是选对适合自己的方向，如果方向迷茫，明明五音不全，非要选择当歌唱家，那你的努力很可能就是瞎子点灯白费蜡，你的付出也只能是竹篮打水一场空。

（2）祝你们毅力超群。

追求先贤成才路，浩瀚人间，我们将发现，40 岁的辉煌来自 18 岁的志向和 20 年的血汗。许多成大事、立大业的人，成功的根源就在于求学时所拥有的信心和毅力。信心和毅力是人一生中最不能丢的东西。

毛泽东年轻时就以"贵有恒，何必三更睡五更起；最无益，只怕一日曝十日寒"为自己的座右铭；李嘉诚先生说自己成功的秘诀很简单——比别人努力两倍；曾访问我国的美国女国务卿赖斯，从一个备受歧视的黑人女孩成长为世界著名外交家，她成功的秘诀是"付出了超出别人八倍的辛劳"；鲁迅成功的秘诀是把别人喝咖啡的时间都用在写作上。亲爱的同学，祝愿你们人人都有顽强的毅力！

（3）祝你们养成好习惯。

成功与失败的最大分野来自不同的习惯。好习惯是开启成功的金钥匙，坏习惯则是一扇向失败开启的门。"习惯决定性格，性格决定命运"，同学们一定要养成各种好习惯。

单就学习习惯来讲，我热切地渴望你们尽快养成十二个好习惯：

● 记忆习惯。

● 演讲习惯，会表达自己的思想，演讲是现代人应该具有的能力。

● 读的习惯，读中外名著或伟人传记，包括语文课本中的美文，这是与高层次的思想对话。

● 写的习惯，坚持写日记。

● 定计划的习惯，凡事预则立，不预则废，后进生的毛病在于计划性不强，让人家推着走，而优秀的学生明白自己想要干什么。当然自己的计划一定服从老师的基本计划。

● 预习的习惯，请老师们把讲的时间让出一部分，还给学生，学生自己去看一看，想一想，做一做，预习预习，自学自学。

● 适应老师的习惯，从现在适应老师，长大了适应社会，不会稍不如意就埋怨环境。这是成功的一大秘诀。

● 大事做不来，小事赶快做的习惯。海尔总裁张瑞敏先生有句话说得好："把每一件简单的事做好就是不简单，把每一件平凡的事做好就是不平凡。"人生最可怕的就是大事做不来，小事不肯做，高不成，低不就，上的去，下不来，富的起，穷不起。所以愿你们凡事从小事做起。

● 自己留作业的习惯。

● 整理错题集的习惯,力争题不二错。
● 自出考试题的习惯。应该觉得考试不神秘,应该会出高考试题。
● 深入思考及时总结的习惯。

(4) 祝你们刻苦勤奋。

伟大的科学家爱因斯坦说:"在天才和勤奋之间,我毫不迟疑地选择勤奋,她几乎是世界上一切成就的催产婆。"同学们,高中阶段是学习任务最繁重的阶段,学习是辛苦的,但"不经一番寒彻骨,哪得梅花扑鼻香"?在上学期校会上我曾说过:高一能刻苦,高三不辛苦;高二能刻苦,高三不痛苦;高三能刻苦,一辈子不会苦。这句话是在告诉我们,勤劳一日,可得一夜安眠;勤劳一生,可得幸福长久。同学们,你热爱生命吗?那么就别浪费时间,因为时间是组成生命的材料;你想成为幸福的人吗?那你首先得学会吃苦,因为自古以来学有建树的人,都离不开一个"苦"字。特别是在全面实施素质教育的今天,你们有大量自由支配的时间,刻苦勤奋显得尤为重要,谁把握住了时间,吃得起苦,争取了主动,谁就更能成功。

(5) 祝你们学会感恩。

学会感恩会让你更快乐,更有爱心,更有动力,更容易走进成功的殿堂。北京奥运会上,为了对父亲的承诺,为了让父亲高兴,为了让父亲战胜病魔,中华台北苏丽文跆拳道赛铜牌战十一次倒下再起,奋战精神感动全场;奥运举重冠军,德国的马蒂亚斯·施泰纳满怀感激与怀念之情携亡妻照片登上领奖台,成为北京奥运会上感人至深的一幕;已50岁并长期与肾下垂疾病作斗争的栾菊杰1984年就夺取了中国第一枚击剑奥运金牌,今天,她怀着对祖国的感激之情又来参赛,就为了说一声"祖国好"!

同学们,你最感激的是谁?你感激父母吗?你用心去爱过父母吗?你很关心他们的健康吗?你常分担他们的劳动吗?无论过去你是怎样的,让我们从今天开始,从感激父母开始,学着感激老师,感激同学,感激班级,感激学校,感激社会,感激家乡,感激国家。我们会因为感激而更关心,因为关心而更拼搏,因为拼搏而更成功!

(6) 祝你们更会做人。

潍坊四中会在你的生命中打下不可磨灭的烙印,潍坊四中将成为你将来任何一次填写简历时的一段重要的生命历程，所以，我相信你们一定会用实际行动来为学校增光添彩。多一点文明礼貌的意识，以塑造自己的绅士淑女形象。我们要关心他人，互助友爱，文明礼貌，德才兼备，团结合作，遵纪守法，讲究卫生，爱我校园。让不文明行为在校园无处藏身，人人争做文明礼仪标兵。

祝你们拥有强健的体魄和良好的心理素质。掌握基本的生活技能，培养健康的审美情趣，发展特长，为将来的发展打下良好的基础。

同学们，我们的新校训是："厚天地之大美，达万物之至理。"我们所追求的是：给你一部历史，让你翻阅；给你一种文化，让你感受；给你一些时间，让你安排；给你一个舞台，让你表演；给你一些机会，让你创造。"在潍坊四中这一片蓬勃的热土上，老师会用"伯乐"的眼光去发现你的优点，会用人格的力量去影响你的人生，会用雕刻家的技艺去雕刻你的未来。总之，在新的学年里，学校会尽力为你们搭建全面发展的平台，你们将充分地享受每一个快乐的45分钟，你们将有更加丰富多彩的课外活动。

同学们，猎物就在眼前，你们就是那盘旋在空中的雄鹰；三年犹如一张弓，你们就是这弓弦上的箭，要尽一切可能把这张弓拉得最满，这样你们才能被射得更远。

老师们、同学们，奥运圣火虽已在"鸟巢"熄灭，但奥林匹克精神将生生不息，点燃我们四中新的希望，我们六千名师生心相连，手相牵，凝心聚力化为六个字：我们是四中人！

四中人要有自己的理想，我们作为潍坊四中的正式成员，应当把自己和学校紧密联系在一起，休戚相关，荣辱与共，肝胆相照。

四中的奋斗之路要靠我们一起走，四中的荣辱历史要靠我们大家书写。让我们把握现在，放眼未来，向着我们理想中的育人目标不断奋进！

让我们在教育改革之路上策马扬鞭，以饱满的热情迎接新的挑战，为共同创造齐鲁名校而努力奋斗！

让我们在鲜艳的五星红旗下共同祝愿：鲜花和掌声永远与四中相伴，四中的明天更加壮丽辉煌！

第二讲：
雄心，克服任何困难的最大动力

（2009年5月期中考试总结大会上的讲话）

> 雄心指伟大的理想和抱负；是求胜之心。
>
> 雄心是引领各种心态的领袖，而强有力的领袖，无疑可扫荡艰难，成为赢家。

伴着飞花，踏着新绿，迎着骄阳，五月携着春天的祝福向我们款款走来。在这鲜花盛开、绿树成荫的美好日子，我们在此举行期中模块考试表彰大会。优异的成绩见证了同学们不懈的努力，也见证了老师们辛勤的工作。在此我代表学校向所有的老师和同学表示衷心的感谢！对在本次考试中取得优异成绩的同学和班级表示热烈的祝贺！同时，也向在本次考试中没有获奖，但在成绩上取得了进步的同学和班级表示衷心的祝贺和殷切的期望！

半个学期以来，在同学们德智体全面发展的同时，我们学校也捷报频传：在今年1月份的全省美术联考中，我校高三美术考生合格率高达95.7%（300人仅有13人不合格），大大高于全省平均80%的比率；在全国76所重点大学组织的自主招生、小语种招生中，我校高三学子成绩突出，中国人民大学、中央财经大学、中国政法大学、上海外国语大学、北京交通大学、北京林业大学、厦门大学、华中农业大学等，都有我校入围的考生。

我校体育专业学生在今年的专业考试中喜获丰收，共有57名同学获得体育专业合格证，过线率达89.5%，超过全省过线率近20个百分点。

骄人的成绩引起了社会各界的极大关注：2008年先后有100多个考察团前来参观考察。在北京"中美高中特色办学研讨会"上我们的"信心教育法"

得到了教育部领导、中外专家的极大关注，并在中国教育电视台中国教育报道栏目播出；近一个月又有兖州、重庆、铁岭、盖州等地的以及美国教育考察团等前来我校参观考察。

5月3日，我们成功举办了首届潍坊四中学校文化观摩研讨会暨庆"五四放歌四中"文艺晚会，演绎艺术经典，点燃学生自信，令观众享受了一次高级视听盛宴，得到了市区领导及社会各界的极大赞誉。

5月4日，日本教育考察团前来我校进行考察访问并与我校签订了建立友好合作协议书……

成绩的取得来之不易，我们一定要好好珍惜！这次考试更不是学习的终点，而是学习的"加油站""维修站"。为了取得更加优异的成绩，今天，我要问你们五个问题，请你们认认真真地回答我。这些问题，有些是前面我送给你的法宝和秘诀，看看你真正应用了没有；有些是新问题，看你重视了没有；有些问题，主要是针对高三，但如果高一从现在开始就重视这些问题，那么，该考上潍坊学院的就能考上清华大学。

问题一：考试结束，你认真反思了吗？

有的同学终日劳累，这次考试却没有明显的进步，其中一个原因就是缺少反思，还未认识到自己学习中的"短处"。如果这些同学忙中偷闲，时时反思自己的"短处"，力求一份耕耘两份收获，那么下次的成功一定属于你！

同学们，考试就像捕鱼，每一次反思你都会发现渔网上的漏洞。经过一次次的修补，一次次的捕捞，你的知识与能力编成的渔网才是牢不可破的。考试后的反思让我们得到一次升华自我的机会，这正是我们最大的收获。

考试之后，我们还要及时反思我们的目标确立得是不是合理。在学习的过程中，每个阶段性目标的实现都关系到总体目标的实现，所以需要不断反思自己的目标并进行合理的调节，制定出切合实际、通过努力能够达到的目标。

我相信，考试之后同学们一定会确立好近期新的目标，一天的目标，甚至一节课的目标都要确立好。在不断的进步中超越自我，成就自我。

问题二：平时学习，你非常相信老师吗？

有的学生，不喜欢跟着老师的教学路子走，特别是高三的学生，感觉时间紧任务重，满头的虱子没处拿，喜欢自己复习。有自己的学习计划是好的，但一定要在老师的总计划完成之后实行自己的计划。

我们的老师，半学期以来，认真实施了"自主合作、优质高效"课堂模式教学，决心向课堂四十分钟要效率，要质量。

下半学期，老师们会精诚团结，通力合作，为同学们营造出安静祥和的学习环境。老师将更加关心同学们的身心健康，更加关注你们学习上的每一个小小的进步。

老师们会刻苦钻研，潜心备课，多方搜集名校资料，认真研究考试大纲，勤于交流，借他山之石，攻我校璞玉。

老师们多年的丰富的经验以及实用有效的解题绝招都融会在每节课中，他们片言只语便会道破天机，让你豁然开朗，茅塞顿开！

请相信，老师们将尽力施展"点石成金""化腐朽为神奇"的教学艺术，演绎生命中最精彩的华章。

所以，请相信老师！相信老师才能快乐地学习！

问题三：面对成绩，你的心态摆正了吗？

如果说平时的知识储备是考试成功必不可少的硬件，良好的心态则是考试成功必不可少的软件。我们要调整好心态，善于从考试的过程中体验克服困难的快乐，体验取得成功的快乐。

我们四中的学生要拥有这样的心态：拥有世界胸怀。

"会当凌绝顶，一览众山小！"我们潍坊四中的学生，就是要有这种成大气候，成大学问，有大出息者的胸襟与抱负。我们要无视一次考试中暂时的自得自安，我们不会在短暂的满足中自娱自乐，我们要勇往直前，愈挫愈坚，以一种磅礴的气势和胸怀，去不断铺开人生的大追求，去展开人生的大境界！

正确看待分数。期中考试尘埃落定，俗话说"种瓜得瓜，种豆得豆"，有的同学却哀叹自己种的是希望，是奋斗，收获的却是跳蚤，是心伤，于是茶饭不香,睡觉不安,还说,都是考试惹的祸!

亲爱的同学,请你用积极的心态对待分数吧!把精力花在攻克学习难关上,花在总结失败原因上,这样才能让自己尽快从考试不利的阴影中走出来。如果单单在考试的分数和名次上空发浩叹,情绪低落,失掉的那将不仅仅是本次考试,还有下次和下下次的考试。

消除过分紧张。我们的紧张,来源于父母那殷切的期盼,来源于老师那谆谆的话语,来源于亲友那关爱的目光。有了这份紧张,我们就能产生必要的压力,继而拥有相应的动力;我们的思维就会变得更敏捷,我们的表现才会更出色,我们蕴藏的潜力也就能得以充分的发挥!有点紧张是好事。

我们要消除的是过分的紧张。只要有足够的耐心、高度的细心、坚定的决心、必胜的信心和一颗淡化自己的平常心,就完全能够把紧张、焦虑、害怕、不安、悲观、失望抛在脑后,向着梦想的舞台前行,燃烧自信,燃烧希望,成就梦想。

问题四:平时学习,你的方法做到科学高效了吗?

学习要有好的方法。优秀学生在学习上大多注意做到"三先三后""三戒三倡"。这"三先三后"的学习方法是:先预习后听课;先复习后做作业;先独立思考后请教别人。"三戒三倡"是:一戒把学习当作是苦差役,缺乏学习兴趣,提倡对知识的追求,对智慧的启迪;二戒过多地、单纯地死记硬背,提倡以掌握事物本质和规律的理解记忆为主;三戒解题模式化,提倡勤于思考,提高思维的灵活性。实行这些学习方法可以真正培养自学能力、独立思考能力和解决问题能力,它将使你受益无穷。

讲究方法,提高效率,还要在紧跟教学进度的同时,根据个人实际,将自由支配的时间主要用在薄弱学科、薄弱知识点、考点的攻克上;要协调各科,全面发展;还要重视知识的归纳梳理、比较辨析;要认真归纳各种题型的解题思路、方法、技巧……

而对于高三的同学来说,要根据高考要求,高考试题特点,脚踏实地认真细致地去攻克一个个知识堡垒。高考题中低档难度的占80%以上。立足夯实基础,做好这些题考大学绝对没有问题,所以千万不要好高骛远。当然对于学有余力的同学则要努力争取更高分,但也应在确保基础题不失分,中档题能拿 80%－90%分数的前提下去钻研较灵活的题。千万不可钻牛角尖,把时间精力用在偏题怪题上。

问题五:冲锋的号角吹响了,你准备好了吗?

高考已经近在眼前,冲锋的号角吹响了。亲爱的高三同学,你准备好了吗?高考将翻开你生命中崭新的一页,它会让你的梦想绚丽如画,让你的前程灿烂如星,让你的生命完美如歌,而这一切的可能,都离不开一个字——拼!人生能有几回搏,此时不努力更待何时,让我们勇敢起来,勤奋起来,向青春的天空发出我们的最强音:全力以赴,奋战到底,顽强拼搏,永不放弃!

人生就是一场比赛,既要有万米长跑的耐力,又要有百米冲刺的速度。1000 多天我们从风雨中走来了,在这最后的冲刺阶段,我们决不能松懈。30 天挥洒的汗水,可以滋润一片沃土,催开成功之花;30 天拼搏的全力以赴,可以换来一生的无怨无悔。

而作为高一高二的同学,如果现在就做好充分的准备,抓紧分分秒秒,那么我可以毫不夸张地告诉你,你想去什么大学就去什么大学!

让我们以最饱满的热情,最昂扬的斗志,最刻苦的精神,最坚韧的毅力,努力拼搏,奋勇向上。

让我们师生共同努力,带着从容的微笑,去夺取高考的胜利,实现人生的跨越!

亲爱的同学们,刚才我的五个问题,你的回答都是肯定的吗?如果是,那么恭喜你!今年的成功一定属于你!

我寄语尖子同学:敢立壮志到名牌大学摘星,共谋大业到重点大学揽月!寄语中游同学:你们是潍坊四中的主力军,相信奇迹无处不在,相信天生我材必有用,一切尽在变数中,力争本科冲上游!寄语下游同学:过去的挫折就好像秋天的落叶,昨日的凋零,是为了今春更好的吐绿!只要努力,相信今年的黑马就是你!

现在,请所有同学举起你的手,跟我宣誓:

30 天，让我们以无尽的斗志冲破极限！

30 天，让我们以无限的勇气决战命运！

我将用智慧培育理想，不负父母的期盼！

我将用汗水浇灌希望，不负恩师的嘱托！

我将用信心铸就目标，不负母校的愿望！

不做懦弱无能的退缩，不做毫无意义的彷徨，

我将带着从容的微笑，奋战 30 天，

让飞翔的梦在六月张开翅膀！

奋战 30 天，让雄心和智慧在六月闪光！

亲爱的同学，潍坊四中就像神舟飞船的发射场，而你们，就像一枚枚蓄势待发的神舟火箭，矗立在巍峨的发射塔架上。你们将呼啸着、轰鸣着、升腾着飞向理想的远方！衷心祝愿所有的同学都能成就自己辉煌的梦想！谢谢大家！

第三讲：
责任，形成高贵品质的最大动力

（2009 年 9 月在开学典礼大会上的讲话）

> 责任指应尽的义务和分内应做的事，以及应承担的过失。
>
> 本分是责任的体现。一个学生应做的事，就是学生的本分。有本分，才能风生水起，海阔天空。

在金风送爽、硕果飘香的美好日子里，我们带着太多的憧憬与渴望，隆重召开开学典礼暨庆祝第二十五个教师节大会。首先，我代表全校教职工对

加入这个大家庭的新老师、新同学表示热烈的欢迎！向全体教职员工表示节日的祝福和诚挚的问候！向参加这次大会的各位领导、各位来宾表示衷心的感谢！向关心支持我校发展的各位领导、各位来宾和社会各界人士表示衷心的感谢！

回首刚刚过去的一学年，拼搏与收获同在，我们潍坊四中全体师生坚持"以人为本"的教育理念，凝心聚力，共同奋斗，大力实施信心教育和素质教育，采取了一系列卓有成效的措施。

一抓学生全面发展。

我们积极探索新课程改革的课堂教学模式，设立了专门的心理咨询室，成立了几十个学生社团促进学生全面发展。我们在全市率先实施"分层教学"、走班选课制度，使学生个性特长得到充分发挥。

二抓名师队伍建设。

我们利用各种机会促进名师成长，两年来学校先后派100多名骨干教师参加市级以上部门组织的培训。我们积极开展课堂大比武活动，上一学期有79名教师在比赛中获奖。9月6日，有12名教师荣获区级以上优秀教师、优秀教育工作者等荣誉称号并受到表彰和奖励，他们分别是韩晋城、刘增刚、王瑞玲、张显生、孟军、高云、李秋霞、岳勇、宋智英、辛红、刘伟贞、段正。今天，又有105名教师荣获校级优秀教师、优秀班主任、优秀教育工作者等荣誉称号。让我们以热烈的掌声对本次教师节获得表彰和奖励的教师表示热烈的祝贺！

在此我要特别声明，有的老师认为谁评职称就应该给谁优秀，这种认识是非常错误的，这样评选优秀是起不到模范带头作用的，优秀永远是为踏实能干、积极开拓、成绩突出的老师准备的。德才兼备永远是我们选拔人才奖励人才的不二标准。

三抓学校科学管理。

学校全面实施规范化、科学化、人文化、精细化的"三级督导"管理模式，使得学校的学风、班风、校风发生了根本转变，学校先进的管理模式在潍坊市教育创新项目评选大会上得到推广。

四抓学校文化发展。

一年来，学校先后聘请20多位专家前来作报告；我们与美国康州中学、日本和歌山县外国语学校等成为友好学校；今年庆"五四"文艺晚会上，著名京剧表演艺术家刘长瑜副主席与学校师生同台演出并被聘为潍坊四中名誉校长，促进了坊子文化事业的进一步发展……

得力的措施换来的是丰盈的果实。

2009年我校高考成绩重点本科上线比去年提高20%，普通本科上线比去年提高40%，在高校自主招生、小语种招生、艺术专业招生等方面也都取得了优异成绩。

学校先后荣获潍坊市政府教学成果集体一等奖、山东省教学示范校、全国招飞先进单位等几十项荣誉称号，今年5月，学校又被评为山东省教学示范学校。

随着我校知名度的不断提高，两年来，先后有100多个考察团前来我校参观考察。在坊子区委区政府的大力支持下，我校办学规模一再扩大，通过资源优化组合，我校的学生数量从原来的5000多人扩大到目前的8000多人，成为由三所高中和三所初中合并而成的名副其实的大校，更多的农村孩子享受到了优质的中学教育。

更令人欣喜的是，师生们的精神面貌发生了很大变化：老师们敬业乐群，行胜于言；治学严谨，积极创新；牢记使命，视生若子。学子们信心百倍，毅力超凡；习惯优良，志存高远；静专思主，潜心求学。为学校赢得了良好的社会声誉。

如今，我们深知学生和家长对我们的要求更高了，各级领导对我们的期望更高了，社会各界对我们关注的目光更多了，四中人肩负的担子更重了。为了不辜负社会各界对我们的殷切期望，9月6日，我专门给老师讲了信心教育是大理念和优秀教师十大优良品质。下面，我将送给同学们五大优秀品质，希望大家运用潜意识的力量和实际行动不断强化这些优秀品质，成就自己的靓丽人生。

1. 坚定信念，相信自己。

首先要坚定地相信：我是最棒的，我一定会成功。有个名叫亨利的法国青年，30多岁了依然一事无成，整天躲在家里唉声叹气。

一天，一位好友告诉他，拿破仑的一个失散的私生子的特征几乎和他一样。从此以后，每当遇到困难时，他总是这样对自己说："在拿破仑的字典里没有'难'这个字！"亨利凭着自己是拿破仑孙子的信念，克服了一个又一个困难，仅仅3年，他便成为一家大公司的总裁。

"相信就会发生"——就这么简单。亨利因为觉得自己是拿破仑的孙子，以此为自己的人生信念，使自己走向了卓越。

同学们，请记住："当你相信时，它就会发生！"你期望自己是最优秀的，你就能成为最优秀的。要想充满自信，我教给你一个秘诀，请从今天开始，每天在心中默念：

相信自己行，才会我能行；别人说我行，努力才能行；今天若不行，明天争取行；能正视不行，也是我能行；不但自己行，帮助他人行；争取全面行，高考才能行。

要坚信，你就是一颗金子，你就是要闪闪发光；你就是一只雄鹰，你一定能展翅高翔！当然，坚持的前提是选对适合自己的方向，如果方向不对，那你的付出很可能是竹篮打水一场空。

其次，要坚定地相信："成功一定有方法。"有一个著名的案例：回形针有多少用途？（让学生猜）日本有一个科学家，宣称已列出回形针2400种用途。南京有一位学者宣称，他能列出3万种！

一根小小的回形针就有这么多用途，那解决一个难题，怎么就不会有"无数种"方法呢？正如魏书生老师常说烧开水有100种方法一样，只要我们用心去研究，解决问题的方法就会有许多。

有一个故事。

在一位农夫的果园里，紫红色的葡萄挂满了枝头。面对高高的葡萄，狐狸们是如何应对的呢？

第一只狐狸很聪明学着农夫的样子爬上去,顺利地摘到了葡萄。

第二只狐狸一看够不着就想,这个葡萄肯定是酸的,吃了也很难受,不如不吃。于是,它心情愉快地离开了。

第三只狐狸,"有志者事竟成"的信念支撑着它,却不知道结合具体问题寻找方法,盲目地不停地跳跃着摘葡萄,最后累死在了葡萄架下,献身做了肥料。

第四只狐狸心态不正,一看到葡萄架比自己高,愿望落空了,便破口大骂,撕咬自己能够得到的葡萄藤,正巧被农夫发现,一铁锹把它拍死了。

第五只狐狸是悲观主义者,它想:我的命运怎么这么悲惨啊,想吃个葡萄的愿望都满足不了,越想它越郁闷,得了抑郁症,郁闷而死。

第六只狐狸报了一个研究生课程进修班给自己充电,学习采摘葡萄的技术,最后如愿以偿吃到了葡萄。

还有好多狐狸有好多的做法,你从中悟出了什么道理呢?请同学们相信:成功一定有方法!只有用科学的方法指导你的行动,才会让你一步步走向真正的成功。

2. 懂得感恩,学会尊重。

同学们,懂得感恩,懂得尊重别人,你会活得更潇洒,更爱学习,更爱生活,更爱别人,更爱班级,更爱学校,更有团队意识,更有亲和力,从而赢得别人的尊重。

生育你的人、教育你的人、关怀你的人、帮助你的人、钟爱你的人,你应该感谢他们;打击你的人、挖苦你的人、欺骗你的人也要感谢他们。你会想:他嘲笑我,那是因为他想激励我;他挖苦我,那是因为他对我的期望更高;他欺骗我,那是因为他想告诉我将来如何防止被欺骗!有了这样的心态,当然是人人都爱你了,人人都会来帮你,你能不成功吗?

同学们,在你的生命中最贵最贵的人是谁?

请用心想一想,多年以来,当你最需要帮助的时候,是谁总无私地向你伸出援助之手?当你最高兴的时候,是谁比你更高兴?当你最痛苦的时候,又是谁比你更痛苦?是你的父母!所以,要永远对父母怀着一颗感恩的心。

最懂得感恩父母的学生肯定学习上很勤奋，因为他起码懂得，如果自己不好好学习不争气，就无法报答父母的养育之恩。

尊重老师同样是一个不老的话题。不仅仅是教师节才倡导尊重老师。因为老师就像父母一样也是你生命的贵人。懂得感激老师尊重老师的学生才会真正成为德才兼备的人。

同学之间也要互相尊重、互相友爱、互相宽容。

同学们大都来自不同的村庄、不同的乡镇、不同的社区，常言道，有缘才能修得同船渡。是一种师生之缘，同窗之缘，将我们联系在一起，让我们相聚于潍坊四中这艘大船上，所以为了到达理想的彼岸，这就需要我们齐心协力、同舟共济。同学之间，千万不能为一点儿鸡毛蒜皮的小事闹矛盾，更不允许以大欺小，以强凌弱。凡事要大度些，要学会与他人沟通，学会宽容别人。

3. 小事做起，尽心尽责。

一个人如果想跨进成功的大门，就必须持有一张门票——责任心。责任心是把一座道德大厦连接起来的钢筋，如果没有这种钢筋，人们的善良、智慧、正直、爱心和追求幸福的理想都难以为继。如果一个人有了责任心，他的生命就会闪光，就拥有了至高无上的灵魂。因此，我们要树立责任意识，从点滴做起，从小事做起，时时处处严格要求自己，规范自己的行为，做一个有责任心的好学生。我很欣赏台湾优秀校长高震东的一句名言："天下兴亡，我的责任！"在这里我再加上一句："天下兴亡，我的责任；四中兴亡，我的责任。"有了这个思想，我们的国家才有希望，我们的学校才能腾飞。

"勿以善小而不为，勿以恶小而为之"，天下有大事吗？大家看哪次飞机失事是翅膀和头一齐掉下来的？都是一节油管不通、一个轮胎放不下来才失事的。所以，小事都是大事。集小恶则成大恶，集小善则为大善。如果今天开完会之后，操场上一片废纸都没有留下，这就是有责任心。

如果教室很脏，老师问："怎么回事？"你说"老师，对不起，这是我的责任"，而不是说"今天是张三的值日"，然后你马上去打扫。宿舍灯泡坏了，你学生看见了，自己掏钱去买一个安上；窗户玻璃坏了，你马上买一块换上它。

校园里有废纸，你看见了马上拣起来，不管是不是打扫卫生的时间，也不管是不是自己的卫生区，这就是有责任心，这就是我们新学期期盼的四中人的新形象。

校园脏了，是你的责任；水龙头漏水，也是你的责任。一般人最坏的毛病是：打开水龙头后，发现没水，又去开第二个，第二个也没有，又去开第三个——这就是没有责任心，第一个没水，第二个会有吗？你就没想到水会来吗？

许多学生是为兴趣而读书，对哪一科没兴趣，就不学或者少学，结果造成严重偏科，该考上山大却上了三本，这太可惜了。其实，达到学习目标不应该靠兴趣，而是靠责任，可以在责任当中找到兴趣，但不能用兴趣代替责任。

缺乏责任感的学生是不可能成为品学兼优的好学生的。优秀学生与平庸学生的最大区别就是：做应该做的事情，而不是只做自己喜欢做的事情。我希望你们能明白，自己的事情应该自己做，家里的事、别人的事应该帮着做，要对自己的行为负责。我不希望我们的学生只是学业出色，我更希望你们明礼诚信、富有责任感，能将我们中华民族的优良道德传统与现代理念、现代意识有机地融合在一起。

4. 把握今天，立即行动。

英国诗人布莱克曾经说过："成功是一架梯子，双手插在口袋里的人是爬不上去的。那些做了决定就立即行动的人，才是我们这个社会真正的赢家。"心理学家威廉·詹姆士也说过："要改变人的一生，第一，立即行动。第二，满腔热情地去做。第三，没有例外。"

有人曾经问一个非常成功的高人的秘诀是什么，高人说："马上行动！"

又问："当你遇到困难时，你到底如何处理？"高人回答："马上行动！"

又问："当你遇到挫折的时候，你要如何克服？"

高人说："马上行动！"

又问:"当你和妻子吵架的时候,你如何解决?"

高人说:"马上行动!"

又问:"假如你要分享你成功的秘诀给全世界每一个人,那你要告诉他什么?"

高人说:"马上行动!"

同学们,请牢记,人生最昂贵的代价之一就是:凡事等待明天。

所以,请不要把希望寄托在明天,希望永远都在今天,希望就在现在。

请立即行动!只有行动才会让我们的梦想变成现实;只有大量的行动,才会让我们不断超越对手,超越自己。

5. **坚持到底,决不放弃。**

同学们,你想成为一个很成功、很出色、很幸福的人吗?如果真想,那就请你有一颗永远不冷不死的心!有一股任何困难都打不垮的意志!如果你的心像玻璃杯一样容易破碎,那你能成就什么事业?

片酬高达3000万美金的好莱坞巨星席维斯·史泰龙,年轻的时候在好莱坞跑龙套,一天只挣1美金。为了生活,他又到拳击馆去当陪练,每次都被打得鼻青脸肿,后来,他立志要当影星,四处自我推销,居然被人拒绝了1850次还没有放弃。最后,他终于在电影《洛基》中担任主角,从此,他一炮走红,并成为"自我超越,顽强拼搏,个人奋斗"的美国精神象征。

肯德基快餐店老板山德士上校,65岁开始创业,起初他是向人推销他的炸鸡秘方,没想到,推销了1029次都没卖出去!最后,干脆自己创业。因此,就有了今天的肯德基神话。

在成功者的字典里,没有"失败"二字,只有"暂时还没有成功",只要坚持到底,决不放弃,就一定能成功!

同学们:新学年,新高度,新挑战,坚定信念才能有收获;新学年,高标准,严要求,师生共进,真心行动方可成大才。如果你从今天开始,在心中常常默念成功人士的这些优秀品质,在行动中时时体现优秀品质,每天坚持进步一点点,形成良好的思维习惯和行为习惯,你将会拥有成功人士那样的状态,最终实现自己的人生价值和理想。

最后，衷心祝愿全体同学在高中这场马拉松比赛当中，信心百倍，静专思注，乐学会学，创造出新的辉煌。

衷心祝愿潍坊四中全体教职员工，在新的学年里，敬业乐群，行胜于言，以一等的品行为根基，成就一等的学问和事业，让人格的山越垒越高，让能力的树越长越茂，实现自己新的教育梦想。

愿每一个四中人都坚定地相信：明天的自己更精彩！明天的潍坊四中更靓丽！明天的信心教育更卓越！新的学年，四中人必将以崭新的姿态出现在社会各界面前！

第四讲：
信念，通向人生成功的心灵灯塔

（2010年9月在开学典礼大会上的讲话）

> 信念是自己认为可以确信的看法和有信心或信赖的一种思想状态。信念是信心的一种，必有回响。信心的动力经过持久重复，可助人创造奇迹。

云淡风轻，秋高气爽。在这硕果累累的金秋，我们带着喜悦的心情迎来了新学期开学盛典。在此，我代表全校教职工对加入这个大家庭的新老师、新同学表示热烈的欢迎和祝贺！向参加这次大会的各位领导、各位来宾表示衷心的感谢！向关心支持我校发展的各位领导、各位来宾和社会各界人士表示衷心的感谢！

过去的一年，是我校实现飞跃式发展的一年。学校先后荣获"省级艺术教学示范学校""山东省文化发展先进单位"等近十项荣誉称号，近日又将通过省级规范化学校验收。在"山东省教育科研优秀成果"评选中我校教师共有42项获奖，本次教师节荣获校级以上荣誉称号的教师100多人。特别是今年我校高考成绩更是实现了历史性的大突破，本科上线近900人，文理两科重点本科纯应届生突破了120人，在市区高中绝对数列第二名，提高率第一名。应届重本比去年提高了48%，王爽同学以文科669分的好成绩顺利被清华大学录取。

优异的成绩仰仗着上级领导和社会各界的鼎力相助，仰仗着同学们不懈的努力，仰仗着老师们辛勤的工作，仰仗着学校采取的一系列有效措施。特别是我校信心教育的全面实施让全体师生的精神面貌发生了显著变化：老师们敬业乐群，行胜于言，辛勤工作，踏实能干；学生们信心百倍，毅力超凡，静专思主，潜心求学，为学校赢得了良好的社会声誉。"三级督导"管理模式提升了师生工作学习的主动性；导师制、课堂大比武、骨干教师先期上课制等措施的实施进一步促进了教师的专业化成长；演讲教育机制、学生社团建设、评选"刻苦学习，遵守纪律"标兵、建立综合测评光荣榜等措施的实施大大激发了学生的斗志；科研带动、文化交流让四中人越来越具有国际视野和世界胸怀。

新的学年里，老师们将精诚团结，敬业乐群，视生若子，刻苦钻研，精益求精，全面深入开展信心教育，为把同学们打造成具有"自强精神、科学态度、人文情怀、淑女风范、绅士风度、国际视野、世界胸怀、领袖气质"的高素养高品位的人而不懈努力。

几天前刚刚来我们学校参观的山东师范大学的钱教授为我们学校题词说："信心是人生的根基，信心教育是教育的基础。"拥有自信心的人和没有自信心的人的思想观念、思维方式和行为方式的差别不是一般的大。

哪怕微软破产了，比尔·盖茨也绝不会失业，他坚信自己可以东山再起。相反，一个乞丐，哪怕他中了百万大奖，也很难成为真正的富人。因为他不自信，患得患失。

要培养信心，必须做到精神健康。专业不过硬是次品，身体不健康是废品，如果精神不健康，那就是危险品了。危险品是无法做到信心百倍的。今天，我将送给老师和同学们每人"五千万"，让人人成为信心百倍的精神富翁，共同实现我们四中人的育人目标！

1. 千万要驾驶好信念这艘万吨油轮。

信念是我们生命的灯塔，没有它，就会迷失前进的方向。它不是空虚的语句，而是需要在实际行动中落实。

今年 3 月 28 日，山西一家煤矿发生特大透水事故，153 名施工人员被埋在几百米深的地底下。经历了 8 天的焦急等待之后，115 位矿工终于成功获救。正是因为他们有着一定要活下去的坚定信念，才敢于吃煤块、喝人尿去创造出生命的奇迹。照顾瘫痪女友 34 年的苏州市民韩惠民靠着坚定的信念，三十四年的光阴流逝，青丝转成白发，真情永不变。深受美国人民爱戴的罗斯福总统，自小生性懦弱，有人高喊一声，他的双腿就会发抖。他 16 岁的时候开始有一个"我一定要成功"的强烈信念，信念激发了他无穷的智慧和力量，帮助他打开了通往成功的大门。

我们一般人常常拥有的信念是什么呢？是我没有能力、我没有办法、我没有资格。这些信念像紧箍咒一样，束缚着我们的思想和行动，让一个个成功的机会从我们身边溜走。其实我们每个人都是上帝咬过一口的苹果，或多或少都有缺陷。有缺陷不可怕，可怕的是没有信念。信念是鸡蛋，如不及时孵化，就会腐败变臭。作为四中的学生，我希望你起码要树立这样的坚定信念：若干年后，干到不要让随随便便的人或单位能请得起你！作为四中的老师，起码要树立这样成功的信念：五年成为潍坊市骨干教师。

2. 千万要做一个主动出击的特级拳击手。

要想信心百倍，就要有胆有识，主动出击。

主动出击的第一个要素是脸皮厚点。常言说：人要脸树要皮，但是在做学问方面，还是脸皮厚点的好。作为学生，要多向学习好的同学虚心请教，见缝插针地向老师请教，即使骂你是蠢猪是笨驴，你也还是勤学好问。作为老师，多虚心向老教师骨干教师请教，多去听课，脸皮越厚进步得越快。死要面子活受罪。脸皮厚一点，问得多一点，你就离成功近了无数点！当然脸皮厚还要以诚心、礼貌为前提，因为精诚所至，金石为开。

主动出击的第二个要素是行为疯一点。不要总是看人家在干什么。当别人说你是疯子的时候,你就离成功不远了,要敢于争当"学习疯子""教研疯子",人家跪着你站着,人家度假你读书,人家闲谈你背单词,人家在幻想你在行动,人家妥协你坚持,人家跌倒趴下了你跌倒了再爬起,人家顾虑再三你破釜沉舟,这样才能掌握成功的主动权。

成功是一把梯子,双手插在口袋里的人是爬不上去的。愿兄弟姐妹们还有孩子们好好利用主动出击这一关。

3. 千万要管住自己这尊最伟大的菩萨。

自信的人是最善于自我管理的人,所以我们要战胜惰性管住自己这尊最伟大的菩萨。对自己越苛刻,生活对你越宽容,生活处处为你开绿灯,你将会越来越自信;相反,对自己越宽容,生活对你越苛刻,你将处处碰壁,也将越来越心灰意冷。

一个穷人相当穷,一个富人见他可怜就想帮他致富。富人送给他一头牛,嘱他好好开荒种田,秋天就可以远离那个"穷"字了。

可是没过几天,牛要吃草,人要吃饭,日子比过去还难。穷人吃不了这苦,没了信心,就把牛卖了,买了几只羊,先杀一只吃,打算让剩下的生小羊去卖。只是吃了一只羊之后,小羊迟迟没有生下来,日子又艰难了,又没信心了,忍不住又吃了一只。后来又把羊卖了买成鸡,觉得鸡生蛋的速度要快一些,但是日子并没有改变。终于杀到只剩一只鸡时,穷人的理想彻底崩溃了。他想,致富是无望了,还不如把鸡卖了,打一壶酒,三杯下肚,万事不愁。当春天富人兴致勃勃来送种子的时候,发现穷人正就着咸菜喝酒。

外人的帮助只是一种机遇,属于外因,能否改变命运最终还是要靠自己。假如不能够战胜惰性,总是像穷人那样管不住自己,为自己的不努力找借口,找退路,最终还是竹篮打水一场空。

同学们,40天的漫长假期,你的生活是怎样度过的呢?你的时间是不是都花费在看电视连续剧上了?从十七岁的小燕子一直看到七十岁的老燕子,你是不是"偷菜"偷到晚上一两点?这就是管不住自己。"百年才能修得同船渡",我们能在潍坊四中成就同学情谊师生情谊,最少也是999年修来的缘分啊，可是你不该出手时也出手，这也是管不住自己。

人生是一艘单程票的航船，真正自信的人，一定是最能够管住自己的人。管住自己最简单实用的方法就是展开聪明的自我谈话。

自我激励：你是最棒的，你一定行。

自我期望：你将来一定是大企业家。

自我要求：你一定要努力，加油干。

自我表扬：你真是好样的。

自我欣赏：你真行。

自我关心：你要注意身体。

自我奖励：祝贺你，这份礼物送给你啦！

自我批评：你不该这样。

记住：每天自我检讨三次才是成功之始。

自我惩罚：这件事是你不对，罚你去做好事，补偿一下。

自我提醒：成功者是不会轻言放弃的。

自我开导：你应该想开点！何必计较这些小节。

自我安慰：你没有失败，只是暂时还没有成功而已。

自我总结：做得对，继续干。

4. 千万要用好积极心态这把尚方宝剑。

纵观古今中外那些信心十足的成功的案例，大多数是那些最初拿了一手坏牌、拥有积极心态的人创造的。我们注定不可能都成为伟人，但每个人都可以成为内心强大的人。只有内心强大，才能稀释一切痛苦和哀愁，才能让你无所畏惧地走在人生的大路上，才能真正拥有自信。

四川青城山上有一副对联写道：事在人为，休言万般皆是命；境由心造，退后一步自然宽。高中的三年不都是鲜花和掌声，同样也布满了荆棘和困难。如果你的心眼大了，交的朋友就多了，就越重视自省和反思了，就越爱好读书和学习了，对自己要求就更严格了，使命感和责任感就越来越强了，受人尊重的程度就越来越高了。相反，心眼小了，交的朋友就少了，牢骚就越来越多了，看到的就常常是别人的缺点了，脸色也越来越难看了，体力也就逐渐下降了，素质也就越来越低了，成绩也就越来越小了，受人尊重的程度也就越来越低了，你的人生就成了恶性循环了。

希望同学们从现在开始，让积极打败消极，让高尚打败低俗，让真诚打败虚伪，让快乐打败忧郁，让勤奋打败懒惰，让坚强打败脆弱。对待同学之间发生的那些鸡毛蒜皮的小事，学学猫头鹰，睁一只眼，闭一只眼。更不要动不动就动手动脚。哲人说得好，"不要把痰吐在井里，哪天你口渴的时候，也要来井边喝水的。"

只要你愿意，你完全可以一辈子都做最自信的最棒的自己！

5. 千万要让感恩与责任伴你一路同行。

感恩的心和责任心是打造自信心的两块基石。学会感恩，我们才可以消除内心所有的积怨与不满，我们的内心才会变得豁达开朗，我们的生活也才会变得快乐自信而幸福。

最应该感谢的就是我们的父母。因为有了父母才有了我们，才使我们有机会在这五彩缤纷的世界里体味人生的冷暖，享受生活的快乐与幸福。因此，不管父母的社会地位、知识水平以及其他素养如何，他们都是我们今生最大的恩人，是值得我们永远去爱的人。北京某中学的抽样调查显示：有近50％的学生竟不知道自己父母的生日，更谈不上对父母的生日祝福。假期里和父母在一起的时间比较多，听说有的同学玩疯了，爸爸说你几句，不高兴，摔门就走；妈妈说你几句，不高兴，反嘴驳斥。我觉得这也是不懂得感恩的表现。

刚刚开学，不按时报到，在厕所里面偷偷抽烟被老师抓住，和异性交往过密，老师三令五申依然我行我素，这些行为都是不懂得感恩的表现，不懂得感恩学校感恩老师，让学校让老师在管理方面花费过多的精力。如果所有同学都懂得感恩老师，就会体谅老师的辛苦，让老师少把心思放在这些方面，老师也会有更多的精力潜心研究教学，同学们也会从中得到更大的益处。

同学们，让我们学会感恩父母感恩学校感恩老师吧！用一颗感恩的心去对待父母，用一颗真诚的心去与父母与老师交流。学习上也不需要像古人那样"头悬梁，锥刺股"，就完全可以得到让父母让老师倍感幸福和欣慰的结果。

下面，请你深深地吸一口气，吸进一口志气，一口勇气，让力量在你的脚底升腾。双手举过头顶，大声地跟我说：让苍天作证，大地作证，老师作证，同学作证：我不认输，我会是你们的骄傲，我是一个最懂得感恩的人。

感恩的同时要有责任心。一个人如果想跨进成功的大门，就必须持有责任心这张门票。天下兴亡，匹夫有责；四中兴亡，在座的人人有责。譬如环境卫生问题，校园里有废纸，人人都来拣，这就是责任心强，你即使不拣，起码可以做到不乱扔。

同学之间比谁更爱学习更守纪律更讲文明更讲卫生更有道德，谁习惯更学好，谁为良好开端做的贡献大，谁更爱读书，即使没有钱钟书"横扫清华图书馆"的气魄，至少有五年读300本书的目标，这都是责任心强的具体体现。

我相信，将来四中走出去的每一个学生都能成为一个为祖国、为家乡、为父母、为我们自己，勇敢地肩负起责任的人，有责任心的人必定能够"自信人生二百年，会当水击三千里"！

亲爱的老师们，同学们：今天我们的思想和行为将决定我们三年后的生活。在新的学年里，愿每一个四中人都变成拥有"五千万"的精神富翁，从而让你的胸怀与众不同！让你的眼界与众不同！"天上不会掉馅饼，守株待兔饿死人"。让我们全体四中人坚定信念，自我鞭策，健康心态，群策群力，把握现在，放眼未来，为共同创造全国名校而作出不懈努力！

最后，衷心祝愿四中所有的教师都能从容地在教育这片圣地上演绎自己的梦想！

衷心祝愿每一个同学都有到大学摘星揽月的豪气，坚信只要努力，自己就是四中最大的黑马！

衷心祝愿我校从此走向繁荣富强！

第五讲：
本领，实现人生梦想的铺路基石

（2011年9月在开学典礼大会上的讲话）

> 本领指才能和能力，即顺利完成某一活动所必需的主观条件。
>
> 本领，又是综合素质的核心成分，是一个人的竞争力所在，本领是练就的，是意志与汗水的结果。

金风送爽，硕果飘香，秋菊溢彩。在这个充满收获的美好金秋时节，我们带着喜悦的心情迎来了新的学年，同时也迎来了新学期的开学盛典。在此，我向全校师生致以新学年最美好的祝愿！对同学们又激情饱满地开始新的学习生活表示诚挚的祝贺；对新加盟我校的新老师和2100多名新同学表示热烈的欢迎！

回首上一学年的工作，我们倍感自豪和骄傲！我们全体四中人用真情和汗水演绎了一曲自强不息、奋发有为的动人赞歌。学校在各级党政领导的关怀下，在社会各界的大力支持和帮助下，在教育春风的沐浴下，全校师生在传承的基础之上，本着事实求是的科学发展态度，以实施"信心教育"为突破口，凝心聚力，锐意进取，取得了一系列辉煌的办学业绩。学校各项工作可谓节节攀高，首先高考录取捷报频传，高考的过线人数再创历年的新高，再一次实现了历史性的跨越。此外，学校先后顺利通过了省"规范化学校"和"山东省教学示范校"的复验，还成功举办了全国教育科学"十一五"规划教育部重点课题子课题的全国结题会，在教育界赢得很高的赞誉。还有，我们学校还是山东省艺术教学示范学校、山东省文明单位。学校不仅涌现出了一批兢兢业业、无私奉献、业务精良、师德高尚的模范教师、模范班主任及模范教育工作者，而且还涌现出一大批自强不息、顽强拼搏、善于钻研的优秀同学，每一位同学都取得了学业的进步和道德的提升。这一系列成绩的取得和各领域的重大突破，得益于广大家长朋友对学校发展的关心和支持，凝聚着全体四中人的辛勤劳动和智慧。同时全体教职员工随着学校开展的一系列名师培训工程，骨干教师先期上课制度，三案导学，"六步探究"的课堂教学改革和分层走班教学的探索，及全员导师制的开展，已经把教育职业升华为一种追求，把职业道德升华为一种职业精神。大家齐心协力，精诚团结，一门心思向着一个目标，敬业奉献不计得失，视生若子，以校为家，在教书育人中享受着这份职业幸福。在此我再次感谢家长朋友们的支持，感谢老师们的付出，感谢同学们为学校争得了荣誉，也对大家创造的佳绩表示祝贺！

老师们，同学们，走进新的学期，迎接新的开始，面临新的任务，就应该有新的构思和行动。（我们这一学期明确提出了"追求教与学的卓越"的口号）每一位老师都需要勤奋学习，努力工作，去提高新水平，去创造新成绩，去追求新境界；都需要发展内涵、丰富人格、促进自我的和谐和持续发展。借此机会，我要向同学们，尤其是新同学们说几句话。你们选择潍坊四中，从此就迈向了人生的新起点。我们学校有一支非常优秀的教师队伍（仅硕士就有66人），有从教数十载的老教师，他们严谨勤奋，博学善教，用爱心作清泉；也有富于生气的青年老师，他们执著追求，勇于创新，在三尺讲台上，燃烧着自己无悔的青春。我坚信，全体教师和教育工作者齐心努力，将会为同学们创造一个最适合读书的环境。同学们要珍惜时光，在人生发展的重要阶段上，刻苦学习，勤奋实践，努力积攒个人的基础知识，不断提高自己的综合素质，实现自己的人生价值。

老师们，同学们，当你们分别从事教育和接受教育的时候，有没有总结出，实际上，我们大家所围绕的教育中心其实归根结底就是传授和接受四样本领：一是学怎样做人；二是学怎样做事；三是学怎样读书；四是学怎样与人相处。不仅在高中阶段是这样，在人的一生中从家庭、幼儿园、小学、初中、大学甚至是社会这所学校里，值得我们学的也是这四样本领。

首先我们先谈谈如何学会做人。俗话说得好："立功立言必先立德，成功成才必先成人"。有德有才是精品——提拔使用；有德无才是次品——培养使用；无德无才是废品——慎重使用；无德有才是毒品（危险品）——坚决不用。学会做人是我们接受学校教育最重要的任务。学会做人，首先必须学会感激，感激自然的恩赐，感激社会的给予，我们更应该感激父母，他们不仅仅给予你生命，还用心血为你的成长奠基（父母之恩有三种：一种是生育之恩，二种是养育之恩，三种是给予之恩。第一种恩应以心报答，第二种恩应以情报答，第三种恩应以爱报答）。我们还应该感激老师，是他们用生命感动生命，是他们用心灵影响心灵，你们的健康成长就是他们的最大快乐。他们的辛勤付出，你们当感激不尽。

学会做人，还必须学会欣赏，既要用欣赏的眼光去看待自己的每一点进步与成功，更要用欣赏的眼光去看待社会和别人。万万不可嫉妒别人，莫妒他人长，妒他人的同时，暴露己短，莫护己短，越护越短（你被别人嫉妒，说明你优秀；你嫉妒别人，说明你无能）。

学会做人，还要学会充满希望和自信。人生短暂，转瞬即逝，坎坷、挫折、失误、不幸，往往冷不丁就给你一击，会让你痛苦、流泪、倦怠、绝望。此时，你们要学会忍耐，成功往往就在再坚持一下的努力之后。你可以稍作调整，但决不可颓废不振。试想，什么景色最壮观？是飞流直下的瀑布、波涛汹涌的大海。之所以壮观，那是急流在跌落险滩，潮汐在遭遇暗礁。雄鹰被卷入长风时奋力演绎一幕幕不屈不挠、奋力拼搏的壮歌！所以说，造化注定给生命以劫难，要让生命充满色彩，我们要做的就是让人生充满希望和自信，相信我们每个人都是一道属于自己的亮丽风景，比如我们有些男生虽然外形上不够帅，但不自卑，因为我们有内在的男性魅力，这才是最重要的。我们完全可以通过自己的努力，使自己变得更刚毅、更坚强、更勇敢、更有学问、更有内涵。同样，我们有些女生，可能外貌上也许存在先天不足，但我们照样很靓丽，一个女人可以长得不漂亮，但是一定要活得漂亮。无论什么时候，渊博的知识、文明的举止、优雅的谈吐、博大的胸怀，以及一颗充满爱的心灵，一定可以让人活得足够漂亮。活得漂亮，就是活出一种精神、一种品位、一份至真至性的精彩！

这里有一首诗歌《你也是一片风景》送给大家：

也许你想成为太阳，可你却只是一棵星辰；

也许你想成为大树，可你却只是一颗小草；

也许你想成为大河，可你却只是一泓山泉；

于是，你很自卑。

很自卑的你总以为命运在捉弄自己。

其实你不必这样：欣赏别人的时候，一切都会；审视自己的时候，却是很糟。

你和别人一样，你也是一片风景，也有阳光，也有空气，也有寒来暑往，甚至有别人未曾见过的一颗春草，甚至别人未曾听过的一阵虫鸣……

做不了太阳，就做星辰，在自己的星座发光；

做不了大树，就做小草，以自己的绿色装点希望；

做不了伟大，就做实在的自我，平凡并不可卑，关键是必须做最好的自己。

不必总是欣赏别人，也欣赏一下自己吧，你会发现，天空一样高远。大地一样广大，只要我努力，自己一点也不比别人差！走向超越的只有靠自己！

只有充满自信的人生才会有机会享受春天的生机，夏天的执著，秋季的财富和冬季的品格。

现在我们谈谈如何学会做事。学会做事，首先要有个做什么事的原则。损人利己的事，不能干；损人不利己的事，也不能干；损人又损己的事，更不能干！我曾经多次对我们的中层领导讲"相互拆台谁也唱不了台，相互补台才好戏连台"。此外，你们要学会为他人着想，急他人所急，解他人所困。

这里有一个发生在英国的真实故事。有位孤独的老人，无儿无女，又体弱多病。他决定搬到养老院去。老人宣布出售他漂亮的别墅。购买者闻讯蜂拥而至。别墅底价8万英镑，但人们很快就将它炒到了10万英镑。价钱还在不断攀升。老人深陷在沙发里，满眼忧郁，是的，要不是健康情形不行，他是不会卖掉这栋陪他度过大半生的别墅的。一个衣着朴素的青年来到老人眼前，弯下腰，低声说："先生，我也好想买这栋住宅，可我只有1万英镑。可是，如果您把住宅卖给我，我保证会让您依旧生活在这里，和我一起喝茶，读报，散步，天天都快快乐乐的。相信我，我会用整颗心来照顾您！"老人颔首微笑，把别墅以1万英镑的价钱卖给了他。由此我们看出，咱们同学们做事也应该多从他人角度考虑，多为公众着想，多换位思考，利人利己的事要干，利人不利己的事更要多干。最终我相信，你们不会吃亏的。

其次是什么时间做事的问题。有一个著名的三八理论：八小时睡觉，八小时工作或学习，每个人大都一样。我们知道还有八小时的业余时间，人与人之间的不同，就是在于这八小时的业余时间怎么度过。时间是最有情，也最无情的东西，每人拥有的都一样，非常公平。拥有时间的人不一定都成功，但善用时间的人才会成功。有这样一个例子：

有三个人要被关进监狱三年，监狱长给他们三个，一人一个要求。美国人爱抽雪茄，要了三箱雪茄。

法国人最浪漫，要一个美丽的女子相伴。而犹太人说，他要一部与外界沟通的电话。

三年过后，第一个冲出来的是美国人，嘴里鼻孔里塞满了雪茄，大喊道："给我火，给我火！"原来他忘了要火柴了。

接着出来的是法国人。只见他手里抱着一个小孩子，美丽女子手里牵着一个小孩子，肚子里还怀着第三个小孩。

最后出来的是犹太人，他紧紧握住监狱长的手说："这三年来我每天与外界联系，我的生意不但没有停顿，反而增长了200%，为了表示感谢，我送你一辆劳施莱斯！"

当然这可能不会真在监狱里发生，但同学们，从这我们不难看出，"什么样的选择决定什么样的生活"，我们今天选择在这八小时里干什么，将决定我们三年后的生活。

世间四季，周而复始；人生的春天，只有一次。我们是不是应该抓住人生唯一的黄金期，求得学业和思想的快速成长呢？请大声回答我！做人像水，做事像山。做人像水尽量往低处走，能方能圆，能适应各种环境；做事像山一样有宏伟的奋斗目标，有看得见摸得着的真实业绩。人生发展，目标定位是很重要的，只要定位正确、百折不挠、勇往直前，一定会取得惊人的结果。

要成功，必须珍惜时间，今天应做的事勿拖明天，自己应做的事勿推别人，从青少年时代的每一天开始。

谈到怎样学会读书，我要先给大家介绍两句读书名言：

"一个人不读书,命运会惩罚他";"一个民族不读书,历史会惩罚它"。

苏霍姆林斯基说:一个真正的人应当在灵魂深处有一份精神宝藏,那就是他曾通宵达旦地读过一二百本书。

人们经常说"读书改变命运"。我认为这句话有两层含义。第一层含义,这个"读书"是指上学。一个文盲与一个接受过高等教育的人,前景是不能同日而语的。一定意义上我们可以说,现在多一个本科生,就是将来多一个小康之家。

"读书改变命运"第二层含义中的"读书"是指阅读书籍(首先读好课本)。今天,我所言学会"读书",更多的是指这个层面上的意思。两个同样学历的人,其区别在哪儿?在于他们除了教科书,所阅读的书籍的不同。他们阅读的书,有量的不同,更有质的区别。瑞典名人费得里克·阿恩说过,创造力=人×(信息+知识),当拥有知识和信息的人越来越多时,社会上就会更需拥有想象力和创造力的人才。显然读书多的人会具备更多的信息和知识,那他就会具备更强的创造力。

多读书将会给人带来不同的人生状态,人是如此,一个民族更是如此。

众所周知,犹太民族是聪明富有的民族。之所以聪明,那就是因为他们拥有全民阅读的优秀传统。每一位犹太母亲在自己的孩子出生后不久,就会在书本上涂抹上蜂蜜,让孩子去用手抓,然后当手指吮吸到嘴里时,孩子自然会品尝到蜜的甘甜,以此让孩子知道,书是甜的。另外,犹太人的卧室里没有什么也不能没有书橱,书也是床头的必备品。据统计,犹太人平均每年阅读64.5本书,而我国的年人均读书只有4.5本。这表明,中国人的读书习惯远没有形成。根据这个统计数据,我们只有惊叹,只有惭愧。读书的事情说有多重要就有多重要。有一句话说得好:校长读书,老师读书,学生读书,滴水穿石,积淀百年,方能成为书香校园;父母和孩子一起读书、买书、藏书,持之以恒,历经几代,才能成为书香门第。

读书需要刻苦,大凡有出息有作为的都很刻苦,人吃点苦磨练磨练有好处,"知识"可以通过学习获得,而"成长"则必须通过磨练磨砺才能得到,苦难是人生最好的大学,现在的成功人士90%是苦出身,70%是农民,所以同学们今后读书学习不要怕吃苦,我真诚地希望刻苦读书能够成为我们潍坊四中每一位老师、每一位同学一辈子的一种爱好和一种生活方式。让读书滋养你们的人生，使你们将来生活得更为充实，更有深度，更具意义，更加幸福，以此也能推动我们民族的快速发展吧！

谈到学会与人相处，首先来听一个故事。从前，有两个饥饿的人得到了一位长者的恩赐：一根鱼竿和一篓鲜活硕大的鱼。其中，一个人要了一篓鱼，另一个人要了一根鱼竿，于是他们分道扬镳了。得到鱼的人原地就用干柴搭起篝火煮起了鱼，他狼吞虎咽，还没有品出鲜鱼的肉香，转瞬间，连鱼带汤就被他吃了个精光。不久，他便饿死在空空的鱼篓旁。另一个人则提着鱼竿继续忍饥挨饿，一步步艰难地向海边走去，可当他已经看到不远处那片蔚蓝色的海洋时，他浑身的最后一点力气也使完了，他也只能眼巴巴地带着无尽的遗憾撒手人间。

又有两个饥饿的人，他们同样得到了长者恩赐的一根鱼竿和一篓鱼。只是他们并没有各奔东西，而是商定共同去找寻大海，他俩每次只煮一条鱼，他们经过遥远的跋涉，来到了海边。从此，两人开始了捕鱼为生的日子，几年后，他们盖起了房子，有了各自的家庭、子女，有了自己建造的渔船，过上了幸福安康的生活。

同学们大家说，后面两位饥饿的人得以生存和生活下去的法宝是什么？正确！就是"合作"！合作的目的就是使目标和资源共享，方法和经验共享。当前合作式学习正是现代社会所必需的学习方式，同学们之间要以此故事为鉴，互相依靠、互相协作、互相帮助，交流学习经验，只有这样，才能促进知识的共同增长，能力的共同提高，才能形成竞争与合作并存的人际关系。

同学之间要讲团结，不要打架，不要冲动。

自古以来，只要看一个人的涵养和行事的风格，就知道这个人是否可以成为可塑之才，是否有大将之风，因此要成为优秀人才，除了常识与能力，全视其能否将情绪操控得当。

情绪处理得好，可以将阻力化为助力，帮你解危化险、政通人和。情绪若处理得不好，便容易失去控制，产生一些非理性的言行举止，轻则误事受挫，重则违法乱纪。

有一位大企业家，素以行事稳健著称，几乎没有犯下过什么致命性的大错。在退休茶会上，记者们问他这几十年来的成功秘诀，他只笑笑说：其实我没什么特别的秘诀，我之所以能成功，是因为我懂得在愤怒的时候少说话、少做决定，所以我不容易坏事。

无论一个人现年几岁，当他在气急败坏之时，思虑不成熟，情绪一发不可收拾，言语不知节制，面貌失态等等，仿佛就像一个5岁的孩子一样幼稚。乃至所讲出的话，所做出的决定，往往都会坏事。诚如那位退休的企业家，他之所以能够一路顺达，主要不在于他有什么样的特殊手腕，乃是他懂得在愤怒时少说话、少做决定，所以他不容易出错。

同学们，你期待自己的人生能更平顺，更少出错，更优秀，更讨人喜欢吗？那么请务必常常提醒自己：人在生气时，智商只有5岁！尤其是那些为了鸡毛蒜皮的小事就喜欢对同学大打出手，甚至打群架的同学，请时时告诫自己：盛怒不行事，冲动是魔鬼！

我相信，我们潍坊四中的学生经过三年信心教育的熏陶，都能磨练成有修养的人，都能带着绅士风度和淑女风范离开母校，在母校深刻的记忆里，在老师深刻的记忆里，你是一个非常懂事的孩子。

希望同学们在今后的学习、生活中加强团队合作、互助交流，使我校的每个班级成为团结融洽、平等和谐的班集体。大家说有信心没有？

说到与人相处，在这，我不得不提一提存在于同学们中个别男女生交往过密的问题。同学们，你们现在的年龄根本还不懂真正"爱"的涵义。爱情不只是甜言蜜语和海誓山盟，爱是长久的守候和全心的付出；爱情不只是有福同享和携手散步的浪漫，更是共同抵御命运的暴风骤雨的勇气。最厚重的爱是用一生去实践爱的承诺——我愿意！这是值得我们所有人仰望的平实而不平凡的爱情！所以，亲爱的同学们，我建议大家，当你们还没有学业有成，事业有成的时候，请不要随便寻找自己的爱情，更不要随便牵住异性的手，更不要轻易说出"我愿意"！否则只会耽搁自己的前程，甚至错过自己将来的真爱！大家说是不是？中学生，谈恋爱这件事，根本不是这个阶段的工作学习重点。为什么呢？

其一，现在谈恋爱了，专注于一个人了，交友圈必然缩小，等于关闭了交友之门，别人不便也不敢介入你俩的圈子。损失可大了！

其二，你们天天卿卿我我，不在一起时还要牵挂对方，还要揣摩对方心理，那你还有多少时间用于学习，用于发展自己？损失可大了！

其三，中学生谈恋爱违反中学生守则，你不得不有所顾忌，既怕老师批评，又怕家长知道，你还能做到专心致志，聚精会神吗？损失可大了！

其四，爱情是人类情感中高尚的神圣的情感。高尚的情感可以张扬，应当受到祝福，但你可以张扬吗？可以领他回家吗？家长、亲友会真诚为你祝福吗？损失可大了！

也许你本来就不想太认真，只是玩玩，那你就太不自爱了。如果恋爱中把握不了自己，铸成大错，恐怕会伤害两代人，造成终身遗憾！损失可大了！

我说不赞成早恋，但不是拒绝男女交往，男女同学之间大可以大大方方、光明磊落地正常交往（等距离、群体性、公开性），但不是卿卿我我，花前月下。为什么不能让那份纯真的情感在岁月的等待中发酵一下呢？人生的每个阶段都有每个阶段的责任和使命。伊甸园的爱情之果，是精神之果，幸福之果，中学时代，"情不自禁也应禁"。

老师们，同学们，关于这四样本领的传授和学习，不仅贯穿于我们短暂的高中生活，它更需要大家用一生去挖掘它们的内涵和演绎它们的魅力！

亲爱的老师们，同学们，新的学期蕴含着新的希望、新的机遇；同时，也面临新的挑战！在新学期里，让我们全体四中人坚定信念，自我鞭策，健康心态，群策群力，把握现在，放眼未来，以更新的姿态为共同创造全国名校而作出不懈努力！

最后，衷心祝愿四中所有的教师都能从容地在教育这片圣地上演绎自己的梦想！

衷心祝愿每一个同学都有到大学摘星揽月的豪气，坚信只要努力，自己就是四中最大的黑马！

第六讲：
从"心"开始，做命运的主宰

（2012年9月在开学典礼上的讲话）

> 恒心指持之以恒的毅力，达到目的的决心，持久不变的意志。
> 世界是心灵的外显，有什么样的心灵，就生活在什么样的世界。

告别愉快的暑假，我们带着喜悦的心情又回到了熟悉的校园！在这里，请允许我代表全校师生对高一新生及今年新调入我校工作的老师表示热烈的欢迎和诚挚的问候！对在过去的一年里锐意进取的全体师生表示衷心的感谢！

过去的一年，是我校信心教育、高考成绩、教师队伍建设、学生发展、校园建设、课程改革等各方面工作取得重大突破的一年。特别是今年我校高考成绩更是实现了历史性的大突破，本科上线近1000人，文理两科重点本科纯应届生257人，在潍坊市提高率名列第一。

一年来，老师们敬业乐群，"乐教会教，视生若子"，学生们"乐学会学，学以致用"，学风教风越来越好。学校的社会声誉越来越高，在家长满意度调查中，我校满意度达99.37%。

学校先后获得了山东省教育系统"五五普法"工作先进集体、全国中学生生物联赛"金牌学校"、"中国楹联教育基地"等十几项市级以上荣誉称号。先后有来自全国各地的近百个教育考察团前来参观考察。我们的信心教育特色更加鲜明，今天已经成为凝聚在我们每一个四中人身上的精神品质。

成绩的取得，是全体师生共同奋斗的结果，在此，我代表学校领导班子再一次向全体师生表示衷心的感谢和深深的敬意！

高一新同学，感谢你们选择了四中！在刚刚结束的军训中，你们冒着酷暑经历了军事化的训练。我特别想对你们说：好样的！太棒了！我相信，你们在今后的学习生活中一定会继续发扬军旅作风，吃苦在前，奋力拼搏，创造佳绩！

高二同学，感谢你们在过去的一年里为学校为自己的成长立下的汗马功劳，你们在各方面都得到了锻炼和成长，毫不懈怠，提前进入了高三状态，令我和老师们特别的欣慰和自豪！

高三同学，这一年注定是我们高中学习生涯中最充实、最具有创造价值的一年，无数的目光在热切地期待着你们，我相信你们一定不会让关爱你的人失望！

同学们，为了实现我们共同的育人目标，让每一个学生都成为具有"自强精神、科学态度、人文情怀、淑女风范、绅士风度、国际视野、世界胸怀、领袖气质"的人，我们要从"心"开始，马上行动，立即行动，做自己命运的主宰。我把它们凝聚成成功路上最重要的六颗红"心"送给你们。

1. 拥有"天生我材必有用"的信心。

每颗珍珠原本都是一粒沙子，但并不是每一粒沙子都能成为一颗珍珠。只有在内心点亮一盏信心之灯，才能帮助我们梦想成真。

任何人都有无穷的潜能，就看你有没有挖掘潜能的信心。同学们，你是属于把"可能"变成"不可能"的懒汉，还是属于把"不可能"变成"可能"的魔术师？承认自己是懒汉的请举手！是魔术师的请举手！

21天就可以形成一个习惯，只要你愿意，用不了一个月，我们人人都能变成信心百倍的魔术师，再多的艰难困苦，在你面前都只是"摆设"。因为，伟大的信念连生命的奇迹都能创造。

曾有三个放羊的农民，在甘肃地震来临时，他们先后被压在了土石中，而只有第三个农民活了下来。因为他坚信第一个农民肯定是成功地逃生了，而且会很快喊来救援人员。医生说：一个人在那样稀薄的空气中，能够存活半个小时就已经算是个奇迹了。这个农民却支撑了近20个小时。事实上，第一个和第二个农民都没有跑出去就死了。

有什么样的信心就有什么样的选择，有什么样的选择就有什么样的生活！在座的哪一位是贵族的后代？……没有几个吧？这一点是无法改变了。那么我们愿意不愿意成为贵族的祖先啊？不愿意的举手！……这一点完全是由我们自己说了算的！

你听听原高一23班的赵淑玮多么有信心："时光如梭，看我少年信心在胸六月追风去；云帆直挂，展望人生拼搏自强明朝入心来。"

再听听原高一25班的郭孟燕多么有信心："拼十年寒窗挑灯苦读不畏难；携百倍信心背水勇战定夺魁。"

再听听高一30班的于爱成多么有信心："三度春秋思疑解惑尽享春风化雨；四中学子信心教育终获金榜题名。"

像这样的同学还有许许多多，太棒了你们！信心大，决心足。我相信将会有更多的同学拥有这样的信心和决心，帮助自己登上成功的殿堂。

2. 拥有"水滴石穿"的恒心。

人在达成目标前80%的时间和努力，只能获得20%的成果，80%的成果在后20%的时间和努力获得。很多人在追求目标的时候，由于久久见不到明显的成果，于是失去恒心而放弃。只有有了恒心，最后20%的努力才会帮你摘取成功的桂冠。

山东省菏泽市单县农民"大衣哥"朱之文，从六岁开始练歌，除了农忙、打工，自己的大部分业余时间用来练歌，常常把自己关在房间里，对着镜子反复练习。30年坚持不懈，换来了今天的成功。2011年4月12日，他圆满拿到了山东综艺频道《我是大明星》年度总决赛的双料冠军，并登上2012年春节联欢晚会。前一阵来我们坊子区演出，人山人海。他的成功，有老师的鼓励，有天赋，有浓厚的兴趣，有梦想，有勤奋，更多的是坚持不懈的恒心。

"放羊小子"阿宝，从小热爱唱歌艺术，凡是民间唱得好的艺人，他都上门请教。20多年如一日的刻苦钻研成就了自己独特的唱法和风格。如果阿宝只是个平时不努力的"放羊小子"，缺乏水滴石穿的恒心，那么即使星光大道为他提供了舞台，他也只是个匆匆的过客，充其量在上边亮个相而已，更不可能登上春晚的舞台。

3. 拥有"四中兴亡，我的责任"的责任心。

我们活在世上，不免要承担各种大大小小的责任，而我们最根本的责任，是对自己的人生负责。在某种意义上，人世间各种其他的责任都是可以分担或转让的，惟有对自己的人生的责任，每个人都只能完全由自己来承担。

作为潍坊四中大家庭中的一员，我们要有为学校争光的责任意识，即使不能为学校争光，争得多少荣誉，也不能往学校脸上抹黑，最起码的是不能给自己的脸上抹黑。现在有的同学学习得过且过，做事马马虎虎，而且常常逃避自己承担的工作；在班集体中当甩手掌柜"油瓶倒了也不扶"。这样的学生是不是在给自己的脸上抹黑呀？假如你是老板，你会选择这样的人做你的员工吗？

听听原高一30班的王安康同学写的：达至理信心教育传遍华夏大地；厚大美四中学子建设祖国河山。

再听听原高一30班刘越同学写的：齐鲁大地孔子七十二贤士永垂史册；美丽鸢都四中十一万学子辉煌中华。

这些同学对国家都有着强烈的责任心，将来一定是很有出息的。

我相信，在新的学年里，我们所有的同学不仅会树立"四中兴亡，我的责任""家庭兴亡，我的责任"的强烈的责任意识，更会树立"天下兴亡，匹夫有责"的强烈的责任意识。这是成大器的人必备的品质。

4. 拥有"海纳百川"的宽容心。

一个人只有发展、开发、培养、控制自我的积极心态，才能使自我价值目标的航船驶向成功的彼岸。

积极心态最重要的是宽容心。我们要尽量做到：被人误解的时候能微微一笑；受委屈的时候能坦然一笑；吃亏的时候能开心一笑；无奈的时候能达观一笑；危难的时候能泰然一笑；被轻蔑的时候能平静一笑……

缺少宽容心的人动不动就把别人往坏处想，搞得自己狼狈不堪。有这样一则故事。某日，张三在山间小路开车，正当他优哉地欣赏美丽风景时，突然迎面开来一辆货车，一个又黑又胖的司机摇下窗户对他大骂一声："猪！"

张三越想越气,他也摇下车窗回头大骂:"你才是猪!"才刚骂完,他便迎头撞上一群过马路的猪。结果弄了个人仰车翻。

假如你去剃头,师傅割破了你的头皮,你会怎样?看看周恩来总理是怎么说的,他和蔼地对师傅说:"这并不怪你,我咳嗽前没有向你打招呼,你怎么知道我要动呢?"这虽然是一件小事,却使我们看到了周总理身上的美德——宽容。

拥有宽容心的同学不会与同学吵架,不会与父母拌嘴,在他的眼睛里面一切都是美的。像原高二11班赵兴雨一样,眼睛里面什么都好,他写道:"学校好教师好学生好,生好师好教育好;信心增勇气增毅力增,力增气增成绩增。"这样的学生将来走到哪里都受欢迎。

我期盼着每位同学都有海纳百川的宽容心,即使有的同学真的说了你的坏话,或者踩了你的脚,也要学会按捺情绪,以宽容之心对待他人。这才不会做出后悔之事。我们整个校园将会更文明,更和谐,更温馨。

5. 拥有"滴水之恩,涌泉相报"的感恩心。

把感恩刻在石头上,深深地感谢别人帮助过你,永远铭记,这是人生应有的一种境界;把仇恨写在沙滩上,淡淡忘掉别人伤害过你,学会宽容,让所有的怨恨随着潮水一去不复返,这也是一种人生境界。

同学们,你最感激的是谁?你感激父母吗?你用心去爱过父母吗?你很关心他们的健康吗?你常分担他们的劳动吗?你知道父母的生日是哪一天吗?你给父母端过饭碗吗?父母特意给你准备的美食你会与他们分享吗?无论过去你是怎样的,让我们从今天开始,更感激父母感激老师感激同学,更感激班级感激学校,更感激社会感激国家。我们会因为感激而更有爱心,因为爱心而更拼搏,因为拼搏而更成功!

有感恩之心的人一定是很有爱心的。有爱心的人一定是善良的人。因为善良,有时会多一些劳碌,但一定会少一些浮躁,有时会多一些奉献,但一定会少一些冷漠。

有感恩心的人心里永远是甜的,正如原高一36班的陈林涛同学说的那样:"认真苦,努力苦,坚持最苦,苦苦人上人;给予甜,奉献甜,感恩最甜，甜甜心连心。"

下面，让我们把双臂高高地举过头顶，左右晃动活动活动身体，消除疲劳的同时用心感受感恩的妙处。一起跟着音乐唱一段《感恩的心》。（《感恩的心》音乐声起，放一段即可，调节气氛。）

6. 拥有"专心致志"的聪慧心。

（1）善于利用时间。

哈佛有一个著名的理论：人的差别在于业余时间，而一个人的命运决定于晚上8点到10点之间。同学们，我们的闲暇时间是怎样利用的？我们的假期是怎样安排的？是不是像原高二4班李云东写的那样："珍惜时间，少玩两局游戏；把握机会，多看几本书。"

我们不妨认认真真地算一笔账。我们的高中生活也就是1000多天，除去一半的睡觉和休息时间也就只有500多天。相当短暂！时间往往在犹豫中溜走，在拖拉中溜走，在懒散中溜走，在自我原谅中溜走，在不知应做什么中溜走。

要提高时间利用率，就要用信心抓住它，用毅力抓住它，用雷厉风行抓住它，用严格的落实抓住它。抓住了它，制服了它，它就会给你知识，给你智慧，给你成功！

（2）善于养成良好习惯。

一个常年靠乞讨为生的乞丐继承了一大笔遗产。记者采访乞丐："你继承了遗产之后想做的第一件事是什么？"乞丐回答说："我要买一只好一点的碗和一根结实的木棍，这样我以后出去讨饭的时方便一些。"因为乞丐已经习惯了乞丐的生活，任何事都会围着乞讨转了。没有守时的习惯，会浪费时间、耗费生命；没有守信的习惯，会失去别人的信任；没有坚定的习惯，无法把事情坚持到成功的那一天。你很渴望成功吗？如果很渴望，那就必须把那些妨碍成功的恶习找出来，持之以恒地纠正它们。努力养成优良习惯。

（3）善于学习知识与做人。

有聪慧之心的人很善于学习，主要包括：善于寻找适合自己的学习方法；善于总结、调整自己的学习方法；善于学习别人的学习方法；善于把握学习方法的共同规律；善于培养自学能力；善于比较、对比、联想、总结、归纳；善于举一反三，不搞题海战术……

有聪慧之心的人不仅善于学习文化知识，更善于学习为人处世知识，千方百计让自己：学会付出，因为只有付出才能得到回报，虽然付出与回报不总成比例；学会克制，因为冲动是魔鬼；学会改变，因为你不能改变别人，只有改变自己；学会装傻，因为人生难得糊涂……

（4）善于在细节上下功夫。

西点军校前校长潘莫曾指出："最聪明的人设计出来最伟大的计划，执行的时候还是必须从小处着手，整个计划的成败就取决于这些细节。"如果说不拘小节拥有的是豁达的人生，那注重细节、特别细心的人往往会成就非凡的事业。

有聪慧之心的人善于不断反省自己，在反省中不断纠正自己的小缺点，不让小缺点泛滥成灾。愿我们都成为这样的人。

老师们，同学们，学习、工作不好是次品，身体、心理不好是废品，而思想品德不好就是危险品。我们潍坊四中的老师和学生既不能做废品和次品，更不能做危险品，我们要做优质品，做精品，做潍坊四中信心教育的形象大使，因为我们是信心教育的践行者。我们要把自己和学校紧密联系在一起，休戚相关，荣辱与共，肝胆相照。

我相信，只要我们紧紧围绕信心教育这面大旗，携手同心，从精心修炼六颗红"心"开始新的征程，就一定能以更加饱满的激情、更加昂扬的斗志、更加务实的作风、更加出色的工作、更加有力的行动去完成建设全国品牌名校的历史使命。

最后，衷心祝愿全体老师和同学在新的一年里，学习进步，工作顺利，幸福安康，一路辉煌！

第七讲：
高效，通向成功之路的必备状态

（2013年9月在开学典礼上的讲话）

> 高效是指在相同或更短的时间里完成比其他人更多的任务，而且质量与其他人一样或者更好。
>
> 世上富有天赋才华者多，雄心壮志者也不乏其人，之所以大成者少，很大程度上是因为平庸的人不能与高效相伴。

告别愉快的暑假，我们带着喜悦的心情又回到了熟悉的校园！在这里，请允许我代表全校师生对高一新生及今年新调入我校工作的老师表示热烈的欢迎和诚挚的问候！对在过去的一年里锐意进取的全体师生表示衷心的感谢！

过去的一年，是我校特色彰显的一年。在五星级学校评估总结点评会上，专家为我们归纳了特色文化积淀是"一线贯穿，六大积淀"。一线贯穿即信心教育一线贯穿，六大积淀即：多元的课程设置，开放的高效课堂，充实的闲暇教育，全员育人导师制，信心教育小课题行动研究，校—企—校合作模式。学校的办学特色得到了潍坊市普通高中星级学校评估督导中心领导的高度肯定。

特别是今年我校高考成绩更是实现了历史性的大突破。文理科考生重点本科上线人数285人，其中理科216人，文科69人。理科最高分664分，超出了重本线110分，过660分的同学两人；文科最高分650分，超出了重本线80分。国际视野班几乎都过重本线，平行班中理科有两个班重本数分别为11人、10人，文科平行班中有一个班重本数12人。音乐、美术、体育也有历史性突破，其中，中央音乐学院、北京电影学院、意大利公立美术学院录取各一人，可喜可贺！我们相信，明年、后年的高考也一定会更加辉煌！

2013年，我校荣获潍坊市五星级学校等荣誉称号，成绩的取得，是学校领导班子同心同德、凝心聚力的结果，更是全校师生共同努力的结果。在此，我代表学校领导班子再一次向老师同学们表示衷心的感谢！

高一新同学，感谢你们选择了四中！在刚刚结束的军训中，你们冒着酷暑经历了军事化的训练。我特别想对你们说：好样的！太棒了！我相信，你们在今后的学习生活中一定会继续发扬军旅作风，吃苦在前，奋力拼搏，创造佳绩！

高二同学，感谢你们在过去的一年里为学校为自己的成长立下的汗马功劳，你们在各方面都得到了锻炼和成长，毫不懈怠，提前进入了高三状态，令我和老师们特别的欣慰和自豪！

高三同学，这一年注定是我们高中学习生涯中最充实、最具有创造价值的一年，无数的目光在热切地期待着你们，我相信你们一定不会让关爱你的人失望。

新的学年，就要有新的希望，新的梦想，新的历程，新的思路，新的突破。男同学如果不努力学习，将来就有抽不完的低价烟，干不完的苦力活；女同学如果不努力学习，将来就有穿不完的地摊货，逛不完的菜市场。同学们，为了实现我们共同的育人目标，让我们努力养成优秀学习品质，努力打造高效学习状态，做自己命运的主宰。

下面是学习状态不佳的几大类型，请现在自我对照一下你属于哪一类。

①贪玩厌学型。②粗心大意型。③苦学无效型。④过分偏科型。⑤学习盲目型。⑥应试紧张型。⑦习惯不良型。⑧信心不足型。⑨上课走神型。⑩不善思维型。⑪心理失调型。

怎样衡量自己是否进入高效率学习状态？

进入高效率学习状态的人，存在以下明显感觉或特征，请同学们自我对照一下，你时常具备哪几条？

①记忆上有一种超清晰的感觉，能清楚地知道今天比以前多学了哪些新知识。

②每天的学习处在一种亢奋的状态中,遇到疑难问题如获至宝。
③感觉自信心不断膨胀。
④能不断吸收他人长处为自己所用。
⑤感觉没有什么东西可以阻挡自己的学习脚步。
⑥发现问题总期待能在最短时间内予以解决。

下面,我把打造高效学习状态最最重要的六大优秀学习品质作为新学期的第一份礼物送给你们。

1. 用思想改变自己。

目前,不少同学学习无法处于高效状态,最关键的在于你的思想是不是真想把学习搞上去。只要在大脑里建立起高效学习的心智模式,就能保证你天天处于高效学习状态。

高效学习的心智模式关键之一,是任何事情都朝着促进自己学习、帮助成功方面去想。有一个酗酒的父亲有两个双胞胎儿子,二十年后一个孩子成了成功人士,一个则穷困潦倒。记者分别采访他们为什么会有今天,他们的回答竟然一模一样:"没办法,谁让我摊上这样一个父亲呢?"成功人士想的是:现在父亲不如人,我要和别人一样好,自己就要更加努力。失败人士想的是:自己幸福主要靠老爸提供,所以老爸不好,自己自然活得不好。后者建立的心智模式不利于促进自己成功。

高效学习的心智模式关键之二,是想清楚中学阶段什么是想干的事情,什么是该干的事情,然后积极去做该干的事情。如果你想干的恰好是你该干的,那么你的一生将会发展得非常好。如果你想干的恰好是你不该干的,比如说早恋玩手机打架抽烟等等,你该干的又恰好是你不想干的,那么你的一生便会出现严重错位,你的一生将会失去最佳发展时机。

用思想改变一切还需要不断进行换位思考。少问学校为自己做了什么,多问自己为学校做了什么;少问父母为自己做了什么,多问自己为父母做了什么;少问老师为自己做了什么,多问自己为老师做了什么;少问同学为自己做了什么,多问自己为同学做了什么。如果我们常常站在他人的立场上换位思考,我们将永远怀着一颗感恩的心轻松地进入高校学习状态,我们的生活也会幸福快乐得多。

2. 用长远的目标引领自己。

要想努力打造高效学习状态，还必须在心中对自己有一个长远的规划，明确的目标，知道自己到底想成为什么样的人。

有了目标还得落实到行动上。有的同学考试一考不好就埋怨自己的运气不好。努力和运气哪一个重要？当然是运气重要了，但是不努力怎么能知道自己有没有那个运气呢？什么叫运气？运气就是自己的气自己在运。有一个人向上帝祈祷自己可以中彩票大奖，上帝答应了，可是一个月后，他还是没有中，于是他问上帝为什么。上帝说：你至少也买一张彩票啊！所以要想成功，有了目标还必须体现在行动中。

确立目标一定要切合自己的实际。如果你从天安门向正西走，希望去颐和园，你能到达？即使坚持到环绕地球也不能，因为颐和园在天安门的西北边。目标选错了，努力付出也不会有回报，否则和刘德华结婚的就不应该是朱丽倩，而应该是杨丽娟了。因为杨丽娟从16岁开始追求刘德华，把老父逼得捐肾跳海，实在是更加努力。努力的方向错误，比不努力还要可怕。

3. 用名人名言激励自己。

学习时间久了毕竟有些枯燥。真正做到乐学的还是少数。要成就学业，就要时常提醒自己，不断激励自己。

譬如以下这些世界著名大学的名言都可以作为激励自己的座右铭，天天朗读：

哈佛大学——此刻打盹，你将做梦；此刻学习，你将圆梦。今天不走，明天即使跑也不一定跟得上。

加州理工学院——不要抱怨不公平，一切只因努力还不够。

波恩大学——为了太阳升起，我才来到这个世界。

哥本哈根大学——人之所以能，是相信能。

用名人名言激励自己，要注意克服盲目性。听说有的同学常常拿比尔·盖茨激励自己，说人家比尔·盖茨没有读完哈佛就退学，所以现在也想退学或者不学。人家比尔·盖茨退学首先是因为他有一个衣食无忧、不需要自己支持的富裕家庭；其次是当时的大学没有他需要的科目；最关键的是，比尔·盖茨有一个强大的家庭网络，让他能链接上世界上最好的硬件公司。你有类似的退学的资本吗？

还有的同学拿富二代作为自己的榜样激励自己，人家不学习你也不学习。请问人家有飞翔的翅膀，你有么？

激励自己一定要用实际行动磨砺自己，不然就会成为空想家、幻想家。譬如有的同学现在一味贪玩，却总是用这句话自我安慰：只要是金子，总会发光的。

你说，是蕴藏在地壳里面的金子多，还是打造出来的金子多？世界上还有60%的金子没有被挖出来呢。所以你如果是金子，你的常态不是发光，而是不发光！当你被挖掘出来，还要经过很痛苦的碾磨、冲刷、浸泡；让你身上的杂质、不好的习惯、污点被融掉。然后还要成型、打磨、抛光，最后才成为一个很有价值的含金量最高的发光的金子！

4. 用坚持精神鼓舞自己。

努力学习的状态绝不能三分钟热度，必须用坚持精神鼓舞自己。如果池塘中有一朵荷花，每天的面积扩大两倍，30天后就会占满整个荷塘，那么第28天的时候荷塘里会有多少面积的荷花？我们可以算出来：从四分之一面积扩大到整个面积需要两天，也即第28天，荷塘里会有四分之一面积的荷花。对每一朵荷花而言，它们的变化速度是一样的，在第29天到来之前，它们费心尽力，也只完成目标的四分之一；而最后的两天却如有神助，拓展了绝大多数。

我们生活中的许多事情的发展变化都是这个道理。第29天，也许是最困难的时候，但也正是离成功最近的时候，只有对目标锲而不舍地追求，才能迎来荷花满塘。

5. 用良好习惯锻造自己。

高中的你不要幻想一飞冲天，超越的意义在于你的今天比昨天多懂一些，多稳定一些，也多收获一些。当小步的超越成为习惯，你会发现，你离第一天开始学会超越，已经"一飞冲天"了很长一段距离。

我们要努力培养高效学习的习惯。

三种思维习惯：一是站在系统的高度把握知识；二是努力寻求事物之间的内在联系；三是发散思维，养成联想的思维习惯。

三个读书习惯：多读书，注意基础；多思考，注重理解；多重复，温故而知新。尤其要养成善于自学的良好习惯。

三个行为习惯：自觉行动、主动行动、独立行动。包括良好的卫生习惯和良好的学习纪律、宿舍纪律习惯等等。如果中午不能养成很好的午休习惯，晚自习后不能养成快速休息的习惯，就无法保证下午和第二天进入高效学习状态。

6. 让四大问题远离自己。

曾经看到这样一个故事：主人公练书法，开始都是用废纸来写。学了很长时间，一直没有大的长进。一位书法家朋友说："如果你用最好的纸来写，可能会写得更好。"果然，没过多久，他进步得很快。他很惊奇，去问那位朋友。书法家笑而不答，只在纸上写了一个"逼"字。他顿悟：这是让我因为惜纸而逼迫自己写好字。

平常的日子常常被我们不经意地当作不值钱的"废纸"，涂抹坏了也不心疼，总以为来日方长，平淡的"废纸"还有很多。用下列事情来打发的日子就是一些"废纸"。

（1）与异性交往过密。

中学生早恋，到底有什么危害呢？

一是分散精力，影响学习和进步。中学生一旦堕入情网，往往难以克制自己的情感的冲动，占去不少学习时间。对集体产生离心力，和同学的关系渐渐疏远。

二是缺乏基础，尝不到爱情甜果。不信我现在问问那些早恋的同学，你们想过要在一起过一辈子吗？你肯定会说：哎呀！过一辈子，还早着呢！我们只是在一起玩玩，说说心里话而已。所以，特别是女孩子们，别傻乎乎的了，醒醒吧。

三是影响班风，不利于集体的健康成长。

所以，中学阶段，还是该干什么干什么，将来才有资本和富二代们竞争。

（2）上网玩手机。

手机也是时代的产物，这么先进的东西不让使用未免有点可惜。

问题是，你要手机主要就是两个目的：一是满足自己的虚荣心，不能落后于人；二是方便跟同学联系。但往往控制不了自己，一晚上来回几条短信，学习效率就会大大下降。利用手机上网，接触一些不健康的东西，对学习状态的提升就更不利了。

（3）打架斗殴。

全世界近60亿人口，碰上谁也不容易。为了一点点鸡毛蒜皮的事情就大打出手，跟同学闹别扭，与其说是别人让你痛苦，不如说是自己的修养不够。如果你能每天呐喊二十一遍"我用不着为这一点小事而烦恼"，你会发现，你心里有一种不可思议的力量，试试看，很管用的。"冲动是魔鬼。"如果你不注意培养自己忍耐、尊重、宽容、豁达的美德，唯我独尊，就会把你最好的人缘炸毁。高素养的人的伟大之一在于把情绪失控的次数降低到最低。

（4）抽烟。

我就弄不明白，中学生抽烟的害处数不胜数，《中学生守则》也明确规定禁止中学生吸烟，为什么还抽呢？是不是觉得抽烟更男子汉？可个别女生也抽，奇了怪了。

是认识不到吸烟的危害吗？我们中学生身体各系统和器官的发育尚不完善，吸烟会导致更大的伤害，不仅会使学生神经肌肉反应的灵敏度和精确度下降，出现记忆力减退、精神不振，还会影响性发育，使冠心病、高血压和肿瘤的发病年龄提前。而在15岁以前吸烟者的肺癌发病率比不吸烟者高20倍。

人生就像汉堡包。第一种汉堡口味诱人，但却是标准的"垃圾食品"，吃它等于是享受眼前的快乐，但同时也埋下未来的痛苦。第二种汉堡口味很差，里边全是蔬菜和有机食物，牺牲眼前的幸福，为的是追求未来的目标。第三种汉堡是最糟糕的，既不美味吃了还会影响日后的健康。还有一种汉堡又好吃又健康，那就是幸福型汉堡。一个幸福的人，是既能享受当下所做的事，又可以获得更美满的未来。

亲爱的同学们：你想让你的人生成为幸福的汉堡包吗？那我们今天的思想和行为将决定我们三年后的生活是否属于幸福型汉堡包。一切都掌握在你自己手中。在新的一年里，我相信我们每个同学都会千方百计努力养成优秀的学习品质，努力打造高效学习状态，让父母为我们骄傲，让老师为我们骄傲，让学校为我们骄傲！

最后，衷心祝愿四中所有的教师都能从容地在教育这片圣地上演绎自己的梦想！衷心祝愿每一个同学都有到大学摘星揽月的豪气，坚信只要努力，自己就是四中最大的黑马！衷心祝愿我校走向更大的辉煌！

第八讲：
嘱托，行囊中不可或缺的礼物

（2014年5月在高三毕业典礼上的讲话）

> 嘱托指求助、拜托。
> 嘱托与遵嘱相应。不负所托，是人格的高贵，也是成大业的基本要素。

今天，我们隆重举行潍坊四中2014届毕业典礼。再过十几天，同学们就要迎接高考的检验，并且很快就要迈向新的人生旅途。在此，我代表学校，向经过三年拼搏努力、即将成就梦想的同学们表示热烈的祝贺；向为同学们的健康成长，倾注了爱心、汗水和智慧的老师们表示深深的感谢！向一直关心和支持学校发展的各级领导和学生家长，致以诚挚的感谢！

今天是一个百感交集的日子。十几天后，你们即将离开母校，一个个可爱的身影，一张张灿烂的笑脸和一声声"校长好""老师好"的真心问候，将离我们远去，实在是舍不得啊！而今天更是一个扬帆起航的日子，你们即将走入自己心仪的大学，即将奔赴各自新的前程，开创属于自己的新天地，想到这些，我和老师们又是异常兴奋的。

今天也是我和所有的老师特别骄傲和自豪的日子。自从你们踏入潍坊四中的大门以来，学校就捷报频传。先后荣获山东省教学示范校、全国海军招飞先进单位、中国楹联教育先进单位、全国教育创新红旗单位、全国奥赛金牌学校、潍坊市五星级学校等十几项荣誉称号。有国内外400多个教育考察团及教育专家团前来参观考察，"信心教育"研究成果多次被省级以上报刊电台推广。2014年3月，我校的"信心教育助推学校发展"项目被评为省政府成果一等奖，这是全潍坊市高中唯一的一等奖。荣誉的取得，与你们密不可分。

你们不仅是学校发展的见证者、受益者，更是学校荣誉的参与者、创造者。三年来，你们用自己的能力、热情和汗水练就了一身的本领：有的人提笔一挥而就，文采惊艳四座；有的人埋头奋笔疾书，难题迎刃而解；有的是考场上博古通今的学霸；有的是球场上力挫群雄的好手。你们为学校赢得了一个个闪光的荣誉：在区级以上各类大赛中，有300多名师生获奖：第十四届全国"语文报杯"作文大赛中，国家一等奖3人，许皓月同学有两篇文章荣获国家级一等奖；国家二等奖3人；省级特等奖8人；省级一等奖13人；省级二等奖24人；省级三等奖18人；学生获奖合计69人。

高雨菲同学在2012年春节"星耀坊子电视才艺大赛"中，夺得了星耀坊子金星奖，同时在"建设幸福中国"读书演讲比赛中，取得区第一名的好成绩。"梦想中国"演讲比赛中，王安康同学获得潍坊市一等奖。黄相银等同学高二时参加了机器人大赛，获得了山东省第一名的好成绩。

在近几年的全省美术联考中，特别是我们这一届学生取得了优异成绩，包含体育考生在内其过线率均远远超过全省过线比率，在全市一模、二模考试中，文理达一本线的就有近300人。在2014年海军飞行员复检中，高三14班许锡强、16班张高超、22班杨元东3名同学顺利通过复检；在民航飞行员招生中，高三16班禹海洋同学通过体检。成绩骄人，可喜可贺，昭示着今年高考必定又是一个大丰收！

与优异成绩相比，我更为骄傲和自豪的是，你们三年来表现出的人格魅力和优良品质！正是因为你们的到来，才使我们的校园更加充满朝气和希望，使我们的工作更加充满挑战和创造。90后的你们，很坚强、很自信、很有才、很给力！母校的昨天，已经留下了你们不平凡的一页；母校的历史，也将因你们而厚重、光荣！

所以，今天我最想表达的感情就是感谢！感谢你们在潍坊四中的校史上写下的以及即将写下的熠熠生辉的篇章！感谢你们给予老师的无数次深深的感动和喜悦，感谢你们让家长们拥有更多的幸福和期待，更感谢你们在未来的人生之路上为母校赢得的掌声。在此，请允许我代表全体老师向亲爱的同学们深深地鞠躬！

在你们即将踏上新的征途的时刻，我还想表达我对你们深深的牵挂。你们中的一部分人，即将踏入社会参加工作。社会可没有在学校那么简单和纯粹，你既要充分地展示自己，又不能过分地表现自己；既需要尊重领导和前辈，又不必刻意去逢迎；既需要有理想和目标，又不能刻意追求、过于功利；既需要与同事竞争，更需要与他们协作。亲爱的同学，你准备好了吗？我牵挂着。而更多的同学，即将进入大学深造。此刻，你豪情满怀，踌躇满志，中华崛起的蓝图在期待着你们。你在仰望星空的同时，更要注重做到脚踏实地，你们准备好了吗？我牵挂着。

亲爱的同学，其实，牵挂你的人还有很多。你含辛茹苦的父母牵挂着你，你的老师牵挂着你，你的同学牵挂着你……所以，亲爱的同学，在未来的日子里，请不要吝啬你的牵挂。把牵挂给予你的父母、亲人，给予你的老师，给予你的母校，给予你的同学。一个电话，一个短信，就会温暖彼此的心。亲爱的同学，让我们彼此牵挂，直到永远！

亲爱的孩子们，马上就要毕业了，从此，母校将亲切地称呼你为"校友"。与你们一起在信心教育之路上行走了三年，在你们即将离开的日子以及今后的所有日子，我对你们依然是信心百倍的！

——我相信，大家都能够把已经培养起来的感恩之心永远装在自己人生的行囊里。感恩老师课堂上的循循善诱、苦口婆心；感恩老师看到你进步时的喜形于色；感恩老师在你失落时的耐心开导；感恩同学之间的深厚友谊；

感恩父母三年来为你付出的一切。

——我相信,潍坊四中培养的学生都是行动的巨人。"梦里走了许多路,醒来还是在床上。"这绝不是四中学子的形象,四中的学子们一定懂得,在理想中躺着等待新的开始,不仅遥遥无期,甚至连已经拥有的也会失去。四中学子的精神家园里必将充满梦想和信念的阳光,对自己的人生负责;必将充满爱与宽容,勇敢应对荆棘和坎坷,让自己的生活多一点快乐与从容,并将这一切的一切付诸行动。因为,你们是21世纪的青年,生逢时运,得天独厚。在最青春的年华,赶上了中国坚持科学发展、走向现代化、民主化、法制化和国际化的时代潮流。就此而论,我们羡慕你们,同时由衷地祝福你们!

——我还相信,作为潍坊四中的优秀校友,你们一定会继续怀抱诚信,冲浪人海。因为,在校三年,你们尊师爱校、乐学会学、团结互助、顺利完成学业,信守了求学成才的诺言;你们积极帮助有困难的同学、积极参加有意义的活动,信守了热爱生活的诺言;你们批评学校某些管理漏洞、针砭社会弊端,信守了关心学校、关心天下的诺言;你们或努力就业或潜心深造,信守了脚踏实地、自强不息的诺言;同学之间、师生之间相期相许的情义、相扶相帮的友爱,就是潍坊四中盛开的诚信之花。

在这里,我还有几个殷切的期盼。

一是殷切地期盼,我们潍坊四中的每一个学子毕业之后都牢记自己的一份责任!今天你们拿到的潍坊四中的毕业证书,不仅仅是一份荣耀,更是一份沉甸甸的责任,这份责任就是——振兴四中,振兴中华!我知道,在你们告别校园的时候,必有割不断的留恋。潍坊四中已经是你生命的一个重要驿站,关心她,应该是你们乐于担当的义务;炫耀她,应该是你们按捺不住的心思。我更知道,历经三年信心教育熏陶的你们,心中必有振兴中华的伟大的梦想。最近,美国、日本、菲律宾、越南等国接二连三地挑衅我们。5月19日,美国以网络窃密为由宣布起诉5名中国军官,而他们一直做着监视其他国家的勾当;日本两年以来一直为争夺中国钓鱼岛挖空心思;5月6日,菲律宾扣押中国渔船、渔民;5月13日,越南发生打砸抢中资企业事件。所有这些,一方面说明我们强大了,给他们带来了压力,都想来牵制我们的发展;同时也说明我们还没强大到谁都不敢欺负的份上,这个重担即将落在你们这一代人身上。国家的崛起，已经为你们提供了人生最好的舞台。我希望你们，努力学好本领，让你们的人生在为国家、为人民谋福祉的过程中熠熠生辉！因为，18岁的你们是祖国的未来，你怎么样，中国便怎么样；你有未来，中国便有未来！当然，报效祖国，话说得很响亮，但是绝不是每个人都有这个机会和资格的。你如果有心要为家乡为国家出力，你就必须全心全意先为你自己出力，全力以赴为你自己奋斗，全力以赴为你的家奋斗，如果你连自己都不爱不理，连自己的父母都不管不顾，那么家乡和祖国就会懒得爱你懒得理你。

二是殷切地期盼，无论走到哪里，都能把做人当作人生的必修课程。曾经在网上疯传一时的一句话：宁愿坐在宝马车上哭，也不坐在自行车上笑。物欲横流的时代让你们少了不应该少的天真，多了不应该多的看破红尘的少年老成。未来的日子，我期盼着你们，不仅仅做到与人共事要热心，做事要勤奋，对人要尊重。更重要的是，为人一定要高尚——名利可以输给别人，做人不能；财富可以输给别人，做人不能；做官可以输给别人，做人不能。要想做一个优秀的大写的人，有一样东西比聪明的脑袋更重要，那就是人的心灵和意志。一个婴儿生下来，没有人会问是生下一个国家主席还是一个部长；人们只会问：是个男孩还是个女孩。人刚生下都是一样的，要有差别那大体上就只有男女之别。你想在这个激烈竞争的社会成为一个很成功的人，关键在于你有没有一股不管是主观因素还是客观因素都打不垮的意志！

三是殷切地期盼，每位同学都好好珍惜来之不易的大学梦。今天，你们当中的每一个人，都在憧憬着自己的大学时光，但据我所知，很多的学生一到大学，就突然迷失了自己：大一彻底解放，大二无所事事，大三谈情说爱，大四上蹿下跳。四年浑浑噩噩！几年下来，没有认真听过几节课，没有认真读过几本书，没有学到真东西。也有不少同学拿富二代作为自己的榜样激励自己，人家不学习你也不学习。请问人家有飞翔的翅膀，你有么？当大四找不到工作的时候，心里空空荡荡，神情恍恍惚惚，灰心丧气，毫无底气，后悔莫及。孩子们，这样的后悔药咱们坚决不吃，想吃也没地方买。不要说上课听不懂，不要说专业不感兴趣，不要说大学太烂，更不要说个子太矮找女友有点自卑烦恼学不进去。身高很重要吗？古今中外伟大的人物一半是矮个子。亚历山大大帝一米五，路易十四一米五六，金正日一米五五，邓小平一米五，鲁迅一米五八，孙中山一米五八，雷锋一米五四，普希金一米六五，爱因斯坦一米六四，拿破仑一米六五，列宁一米六四，斯大林一米六二，杜鲁门一米六三，周恩来一米六九，普京一米七。男人的身高是从脖子开始算起的！也不要说年龄小不懂得学习的重要性，1917年的北大，有一群教授——梁漱溟25岁，胡适27岁，刘半农27岁，刘文典27岁，林损27岁，周作人33岁，最年轻的是徐悲鸿23岁。这个年龄，搁现在许多人还是"啃老一族"，而前辈们已经成为大师了。所以，堕落不需要理由，只需要借口！学习不是被逼的，是成长的需要；成长不是被动的，主动才有机会！

四是殷切地期盼，常回家看看！沧海桑田，可以改变万物，但永远改变不了我们三年建立起来的师生情谊，母校的发展永远离不开有情有义的你们的爱心和智慧。母校深情地呼唤着你们：常回家看看！对于我，你们可以选择"爱我或者不爱我"，而对于你们，我只能选择"爱你们或者更爱你们"！再过20年，韩忠玉，一位70岁的退休老人，依旧愿意在这里等你们！

五是殷切地期盼，你们在高考冲刺的关键时段，都能保持旺盛的精力和良好的心态；都能发扬亮剑精神，取得理想成绩；都能够克服自卑消极心理，牢固树立"只要努力，我能成功，我必成功"的坚定信心；都能有"别人行，我更行"的豪迈志气。现在请同学们高高举起右手跟我高呼：我无所不能，我攻无不克，我战无不胜，我无人能敌，Power! Yes!

孩子们，"少年智则国智，少年富则国富，少年强则国强，少年进步则国进步，少年雄于地球，则国雄于地球"。今天的毕业典礼，不是一个结束，而是你们人生旅途的一个新起点。你们将从这里起航，去实现更加绚丽的人生梦想。

最后，请接受我衷心的祝愿：

衷心祝愿母校优良的校风、学风伴随终身，同学之间的纯真友情、师生之间的浓浓情谊永驻心田，激励你们不断步入新的辉煌！母校的未来必将因你们而更精彩！

衷心祝愿同学们都能保持强大的信心，用知识来磨砺自己的眼光，成为聪明睿智成功的人。

衷心祝愿家长和老师们万事如意，身体健康！再一次衷心祝愿同学们高考成功，金榜题名！

第九讲：
素养，日积月累的点点优秀品质

（2014年9月在开学典礼上的讲话）

> 素养是由训练和实践而获得的一种道德品质。
>
> 素养非一日之功，高贵非旦夕可成。好的品行，是持久的前行的结果。

金秋九月，大地流金。在潍坊四中建校六十周年这个具有划时代意义的季节里，我们又迎来了新的学年。在这里，请允许我代表全校师生对高一新生及今年新调入我校工作的老师表示热烈的欢迎和诚挚的问候！对在过去的一年里锐意进取的全体师生表示衷心的感谢！

过去的一年，是我校"信心教育"办学特色进一步取得重大成效的一年。特别是今年我校高考成绩更是实现了历史性的大突破。文理科考生重点本科上线人数300多人。可喜可贺！我们相信，明年、后年的高考也一定会更加辉煌！一年来，有近百个教育考察团前来参观考察；有400多名教师荣获校级以上奖励；有350多名学生在区级以上各类大赛中获奖；我们的《信心教育助推学校发展》荣获山东省政府教学成果一等奖，这是潍坊市所有高中唯一的一等奖。近日，学校又被评为全国优秀楹联教育基地。

学校的社会影响力与日俱增。《中国教育报》《山东教育报》《新教育报》《潍坊日报》《创新教育》等报刊多次对我校进行报道。在教育局开展的学校社会满意度电话随机测评活动中，我校社会满意度高达 99.61%。

成绩的取得，是学校领导班子同心同德、凝心聚力的结果，更是全校师生共同努力的结果。在此，我代表学校领导班子再一次向老师同学们表示衷心的感谢！

高一新同学，对于你们来说，今天是你这一生中具有永久纪念意义的一天，因为它是你们人生新起点的里程碑。尤其是在建校六十周年之际，你们的到来为学校增添了新鲜的血液。我为你们感到无比自豪与幸福的同时，感谢你们选择了潍坊四中！在刚刚结束的军训中，你们冒着酷暑经历了军事化的演练。我特别想对你们说：好样的！太棒了！我相信你们会很快进入四中人自信、自立、自主、自强的生活学习状态。

高二的同学们，你们是经过信心教育环境熏陶一年的四中人。我和老师们以及你的同学们都已经欣喜地看到了一年来你们身上发生的巨大变化，你们的思想越来越成熟，你们的学习越来越进步，你们的习惯越来越优良，你们的言行越来越绅士、淑女。感谢你们在过去的一年里为学校为自己的成长立下的汗马功劳！

高三的同学们，你们是等待破茧的蛹，是准备接受 6 月洗礼的海燕。你们已经等待了十多个春秋，最后的一年，不！还有最后的 9 个月，该是你们开始冲刺的时候了。此时的你们，汇集了老师们更多的目光，倾注了家长更多的心血。你们将担负着希望，开始最后的冲刺！此时此刻，你们准备好了吗？请你们拿出"天生我材必有用"的信心，"吹尽黄沙始得金"的毅力，还有"直挂云帆济沧海"的勇气，去迎接人生风雨的洗礼吧！

新的学年，就要有新的希望，新的梦想，新的思路，新的突破。我曾经说过，男同学如果不努力学习，将来就有抽不完的低价烟，干不完的苦力活；女同学如果不努力学习，将来就有穿不完的地摊货，逛不完的菜市场。

要想拥有一个幸福美好的未来，高中这三年，必须要修炼优秀素养。我今天送给大家五张王牌，帮你打造成功人士必备的优秀素养。

1. 拥有伟大的梦想。

孩子们，二十年后，我们能成为什么样的人呢？我们在座的谁是董事长？

谁是总经理？谁是大老板？这就看你今天有没有这个梦想，因为梦想会让你战胜自己。战胜了自己，世界都会为你让路。

俞敏洪连续考了三年大学，不干农活不打工赚钱，村里人谁见了都笑话，并且最关键的是，他在第三次努力的时候，仍然不知道自己能否考得上。第三年，他实现了自己的梦想。

周润发当年当擦车工的时候，因为摸了摸一辆劳斯莱斯的方向盘，被车主扇了一巴掌，告诉他，你这辈子都不可能买得起这种车。这一巴掌扇出了他的梦想。后来，周润发买了六辆劳斯莱斯。

要想梦想成真，就必须有顽强的毅力。芝加哥大学教授调查了 120 个各行各业的精英人物，得到了一个有点令人尴尬的结论：天才无法在青少年时期发现。所有被调查的精英人物，无一不投入大量时间，刻苦练习。有一个大学教授调查发现，柏林音乐学院普通学生练琴时间在 4000 小时左右；优秀学生在 8000 小时左右；卓越的学生没有一个人低于 10 000 小时。他们最后的观点就是：世界上根本没有所谓的"天才"，天才是后天训练出来的。10 000 个小时是成功的底线。咱们有的同学投入很少的精力却想得到比别人好的成绩，你以为你是天才呀！能够过目不忘？

要想梦想成真，还要注意不能好高骛远。有一个女孩，小时候学习成绩不理想。她妈妈一直激励她：如果每次考试都超过一个同学的话，那你就非常"了不起啦"！就这样，在这种理念的引导下，这个女孩考上了北京大学，2001 年又从北京大学毕业，被哈佛大学以全额奖学金录取，她就是朱成。"只追前一名"，就是"够一够，摘桃子"。明确而又可行的目标，才能引领人脚踏实地，胸有成竹地朝前走。

有句话说得好："你可以一辈子不登山，但你心中一定要有座山。它使你任何一刻抬起头，都能看到自己的希望。"真正成功的人生，不在于成就的大小，而在于你是否努力地去实现自我，喊出自己的声音，拥有自己坚定的梦想。

2. 拥有强烈的责任感。

一个人如果想跨进成功的大门，就必须持有这张王牌——责任。

为父母争光是人最起码的责任。电影明星孙红雷，小学四年级时，常常随着母亲外出捡破烂。24 岁时，考上了中戏。34 岁时，他把父母接到了北京，将一把钥匙放到了母亲手心："妈，以后您二老就在这里养老吧，这套房子就算我送给妈的礼物。"有责任心的学生最懂得感恩父母，肯定学习上很勤奋，因为他懂得，如果自己不好好学习不争气，就无法报答父母的养育之恩！

我很欣赏台湾优秀校长高震东的一句名言："天下兴亡，我的责任！"在这里我再加上一句：天下兴亡，我的责任；四中兴亡，我的责任。有了这个思想，我们的国家才有希望，我们的学校才能腾飞。就拿学校卫生来说吧。校园里有废纸，你看见了马上拣起来，不管是不是打扫卫生的时间，也不管是不是自己的卫生区，这就是有责任意识，这就是我们新学期四中人的新形象。

"为振兴中华而读书"也是我们的责任。著名的现代教育学家卡耐基用了一个很浅显的日常生活经历解释了这样一个问题：一个人爬楼梯，分别以六层为目标和以十二层为目标，其疲劳出现的早晚是不一样的。把目标定在十二层，疲劳状态就会晚出现，当爬到六层时，你的潜意识便会暗示自己：还有一半呢，现在可不能累，于是就鼓起勇气继续向上走。把为振兴中华而读书当作我们的奋斗目标，是前进的动力，是进步的内燃机，是我们当代青年的责任。

3. **拥有优秀的学习习惯。**

国际智商协会研究报告显示：智商超过 130 属于智力超常，智商达到 160 的是天才，那是爱因斯坦，智商低于 70 是弱智。智商低于 70 或高于 130 的占所有人群的 2％，在一个 50 人的班级里很难找出一个智商低于 70 或高于 130 的学生，也就是说全班孩子的智商大致相同。

你和尖子生有一样的智商，为什么学习成绩不一样呢？差距主要在于非智力因素。优秀学生的学习习惯有：以学为先，随处学习，讲究条理，学会阅读，合理安排，善做笔记，作业规范，勤于思考、善于思考，学习互助，自我调整。创造巅峰学习状态的七个要素是：目标、欲望、信念、专注、放松、快乐、方法。把这七条都做对了，我相信没有一个学生是不会学不好的。

丁肇忠 49 岁时，为了外交工作的需要，仅仅用一年的时间学好了英语，他就是一句一句地听，一遍听不懂就听第二遍……直到弄懂记住为止。他听一年的磁带装满了一个文件柜。我们年轻的大脑，难道还不如 49 岁的大脑的记忆力吗？关键在于我们缺乏良好的学习习惯，没有创造巅峰学习状态。

优秀的学习习惯养成有赖于对时间的无比珍惜。青春是一场勤奋的较量，与一般人同样的工作量、同样的睡眠、同样的娱乐，你凭什么比别人成功？

优秀的学习习惯养成还有赖于你的行动力。心理学家威廉·詹姆士说过："要改变人的一生，第一，立即行动。第二，满腔热情地去做。第三，没有例外。"

同学们，请牢记，人生最昂贵的代价之一就是：凡事等待明天。

譬如早恋问题。早恋的同学的处境往往是这样的——你偷偷摸摸约会了，老师家长还是知道了，接着是一次又一次的谈话了，考试成绩又降了，最后只剩心烦意乱了，什么甜蜜的感觉都没有了，别人都上了理想大学了，后悔莫及也晚了。

在这里我要借用马云的话训训早恋的学生："你生来就不是豪门，没有王子公主的命就别学只有王子公主才能得的病，人家有时间、金钱去仰望天空，去抑郁彷徨，你没有，你必须奋斗。"真的，同学们，早恋是件奢侈品，过早嘚瑟只能让你亵渎青春！

4. **拥有优秀的品德。**

人骑自行车，两脚使劲踩 1 小时只能跑 10 公里左右；人开汽车，一脚轻踏油门 1 小时能跑 100 公里；人坐高铁，闭上眼睛 1 小时也能跑 300 公里；人乘飞机，吃着美味 1 小时能跑 1000 公里。人还是那个人，同样的努力，不一样的平台和载体，结果就不一样了。我们现在努力培养自己的优秀品质，就是为将来的成功打造平台与载体。

始终处于健康积极的学习状态是杰出者必备的优秀品质。一个杰出的人才，总是会以饥饿的状态，对最新的知识和技术充满痴迷，总是会忘我地投入自己的全部精力。

懂得感恩是做人最起码的优秀品质，尤其要懂得感恩父母。听说有的同学最常对父母说的话是这样的：

好了好了！我知道了，真啰嗦！有事吗？没事我挂电话了。

说了你也不懂。

你那一套早过时了。

叫你别收拾我房间，东西都找不到了。我吃什么我知道，别给我夹。

常说这样的话实在是太不懂事了。孩子，父母是我们最值得尊敬的佛，世界上只有父母心甘情愿地为你付出一切，不求任何回报。父母的爱最无私最伟大，你却连一句好听的话都不愿对他们说，是不是没良心啊？

我们的育人目标中，绅士风度和淑女风范本质就是培养学生的优良品质。绅士风度淑女风范的基本要求是什么呢？彬彬有礼，待人谦和；知识渊博，谈吐文雅；衣冠得体，举止文明；修养高雅，健康向上；尊重他人，懂得感恩；远离不良嗜好；建立良好的人际关系。

上一学期发生了好几起打架斗殴事件，这是我们校规校纪不允许的。喜欢打架斗殴的学生品德一定好不到哪里去。心理学家分析中学生打架斗殴的成因之一，就是心理不相容，缺乏谦让精神和包容之心，当意见发生冲突时，容易意气用事；再就是担心他人嫌弃自己，因而表现出"变态自尊"；喜欢打架斗殴也与从小家庭教育有关。换句话说，你在外面打架斗殴，丢的是你父母的脸。

各位同学，你要知道，许多仇、怨、不平，其实问题是出在自己身上。你更要知道，这世间最好的报复，不是图一时之快，而是运用那股不平之气，激发自己，以成功和成功之后的胸怀，对待对手。

5. 拥有良好的心态。

生命的境界，其实很简单，就看你心里装进了什么。心里装的是仇恨、懒惰、消极、抱怨等负能量，你就会在阴暗之中无端消耗着你宝贵的生命；相反，如果心里装着善良、宽容、真诚、感恩等正能量，你会发现，你的生命中永远充满阳光。

有两户人家，东边的王家经常吵架；西边的李家，却一团和气。有一天，老王前往李家请教这是什么道理。

老李回答："因为我们常做错事。"老王正感疑惑时，忽见老李的媳妇匆匆由外归来，走进大厅时不慎跌了一跤，正在拖地的婆婆立刻跑了过去，扶起她说："都是我的错，把地擦得太湿了！"站在大门口的儿子，也跟着进来懊恼地说："都是我的错，没告诉你大厅正在擦地，害你跌倒！"

被扶起的媳妇则自责地说："不！不！都怪我自己太不小心！"老王看了这一幕，心领神会，他已经知道答案了。

如果一开始，拖地的婆婆就责怪跌倒的媳妇："怎么走路不长眼睛，真是活该！"那么李家还会有温馨和睦的气氛吗？

古人云"小人无错，君子常过"，倘若多从自身找原因，看到自己要提升的地方，不仅可"大事化小，小事化了"，也会赢得别人的尊重。都是我的错是一种自律，让自己不断提升；都是我的错是一种胸怀，时刻为别人着想；都是我的错更是一种美德，让彼此之间的心更近。

又想起一个故事。

苏东坡与佛印是朋友，一日，二人对坐论道，东坡问："您看我坐在这儿像什么？"佛印答道："我观您似一尊佛。"佛印转而问东坡同样问题，东坡和他开玩笑说："我看您却像一堆屎。"心中有佛，眼中就有佛；心中有牛粪，眼中就有牛粪。同学们，你是心中经常有佛还是经常有牛粪？

老师们，同学们，在热烈庆祝建校六十周年这个伟大的历史时刻，我们潍坊四中全体师生一定要坚定信念，放飞梦想，创造辉煌，为幸福的未来奠基！曾经有一个催眠大师把一个病人催眠了，然后他拿起一块小小的冰块在病人的手臂上抹了一下，告诉病人，这是一个刚刚从火炉拿出来的木炭。结果这个人醒来之后手臂居然被烫伤了，一块冰块如何烫伤一个人的皮肤？这就是信念的力量！我相信，在潍坊四中这个温暖的大家庭里，有信心教育的文化熏陶，有500多名教师的指导、引领，有近6000名学姐学妹学友的互相帮助，呐喊助威，同学们一定能尽快拥有优秀素养，为未来的成功与幸福奠定良好的基础，有没有信心？

最后，衷心祝愿全体同学在高中这场马拉松比赛当中，信心百倍，创造出人生的第一个辉煌！

祝愿老师们身体健康，工作愉快，全家幸福！祝愿明天的潍坊四中更辉煌！

谢谢大家！

第十讲：
青春，最大的收获是自我的负责

（2015年9月在开学典礼上的讲话）

> 青春指年轻时代。
> 青春是播种的季节，但青春也伴有不同的收获，否则，就没有夏的旺盛和秋的丰硕。

在这个金秋送爽、享受丰收喜悦的季节里，我们刚刚度过了抗战70周年胜利日，刚刚度过了第31个教师节，我们又迎来了新学期开学典礼。在这里，请允许我代表全校师生对高一新生及今年新调入我校工作的老师表示热烈的欢迎和诚挚的问候！对在过去的一年里锐意进取的全体师生表示衷心的感谢！过去的一年，是我校信心教育、教师队伍建设、学生发展、校园建设、课程改革等各方面工作取得重大突破的一年。老师们敬业乐群，乐教会教、视生若子，学生们乐学会学，学以致用，教风越来越好。特别是今年我校高考成绩更是实现了历史性的大突破。重点本科上线人数300多人！可喜可贺！我们相信，明年、后年的高考也一定会更加辉煌！

一年来，有近百个教育考察团前来参观考察；有400多名教师荣获校级以上奖励；有350多名学生在区级以上各类大赛中获奖。学校的社会影响力与日俱增。《中国教育报》《山东教育报》《新教育报》等报刊多次对我校进行报道。在教育局开展的学校社会满意度电话随机测评活动中，我校社会满意度高达99.61%。

成绩的取得，是学校领导班子同心同德、凝心聚力的结果，更是全校师生共同努力的结果。在此，我代表学校领导班子再一次向老师同学们表示衷心的感谢!

高一新同学,对于你们来说,今天是你这一生中具有永久纪念意义的一天,因为它是你们人生新起点的里程碑。我为你们感到无比自豪与幸福的同时,感谢你们选择了潍坊四中!

高二的同学们,你们是经过信心教育环境熏陶一年的四中人。我和老师们以及你的同学们都已经欣喜地看到了一年来你们身上发生的巨大变化。相信你们会为高一做出榜样。

高三的同学们,在过去的两年里,你们敢于拼搏,用不懈争取进步;你们自强不息,用汗水浇灌理想。过五关斩六将,离大学的门槛越来越近了,相信你们在高中最后的 9 个月里,一定会用实际行动让青春绽放出最美丽的光芒!

新的学年,就要有新的希望,新的梦想,新的思路,新的突破。要想拥有一个幸福美好的未来,高中这三年,必须明确目标。我们的育人目标是,培养具有"自强精神、科学态度、人文情怀、淑女风范、绅士风度、国际视野、世界胸怀、领袖气质"的人,让每个名字充满神圣与庄严。

我今天就重点讲讲我们的育人目标,我发言的题目是《我的青春,我负责》。

1. 拥有自强精神,点亮无悔青春。

自强是中华民族的传统美德,是流淌在中华民族文明血管中的生生不息的血液。人生拥有了自强的精神,便拥有了在残酷现实中拼搏的中流砥柱,便拥有了下定决心、排除万难的信念!

中国大学生自强之星——宁波大学法学院研究生金希同学,大学辩论赛最佳辩手,从小就患先天性弱视,看书需要借助 40 倍放大镜。没法写字,同学帮他读课堂笔记,自己录下来,反复听。2007 年高考是单设考场,监考老师帮他读题,他口述答案,老师帮他写。他说:"世界是斑斓的,人类是伟大的,要把自身塑造成一个什么样的人,关键还是在于自己。"

每颗珍珠原本都是一粒沙子,但并不是每一粒沙子都能成为一颗珍珠。要想取得成功,就必须具有自强精神,才能把自己从一粒沙子变成一颗价值连城的珍珠。

就拿刚刚过去的长长的假期来说,对于自强的学生来说,放假只不过是换个学习的空间和方式。他会制订计划学习;他会锻炼身体,抖擞精神;他会广泛阅读,提升自我……

让我们都具有自强精神,自己掌握自己的命运,不断自己鼓舞自己,自己激励自己,自己激发自己,自己发动自己。

2. 拥有科学态度,奠基幸福未来。

一个努力拼搏的学生,进了名牌大学,成功的概率是90%,进了普通高校概率也不会低于80%。但是,一个没有良好的价值观,没有正确态度的学生,即便进了名牌大学,他的成功概率也一定是零。

科学态度的内涵有许多,对待学习、对待生活、对待环境、对待周围的人,都有科学的态度,无论哪一种领域,都离不开下面两点科学态度。

(1) 严肃认真、一丝不苟的科学态度。

哈佛大学的学生餐厅,很难听到说话的声音,学生往往边吃饭边看书或是边做笔记。没有哪个学生光吃不读的,更没有哪个学生边吃边闲聊的。哈佛餐厅不过是一个可以吃东西的图书馆。哈佛校园里,不见华服,不见化妆,更不见晃荡,只有匆匆的脚步。从这些学生身上,你能感到他们生命的能量在这里被激发了出来。

同学们,请不要在最该吃苦的时候选择安逸。研究证明,人的潜意识是十分强大的,只要你输入正确的指令和程序,它就会听从和工作。你整天想着打游戏,你的未来就是一场游戏。当别人都在教室中读书时,你却在公然地谈着恋爱;当别人都在静静地听着校长讲话时,你却可以自由自在地讲话。这就不具备一丝不苟的科学态度。

(2) 克服困难、坚忍不拔、坚持到底的科学品格。

生物学家做过实验,同种生物放在两种不同的环境中,一种是非常舒适的环境,一种是要通过努力才能取得食物的环境,最后的结果是生活安逸的生物不是早死就是病死,而在恶劣环境下的生物却过得非常快乐而且长寿。

有一个现象叫"飞轮效应"。为了使静止的飞轮转动起来,一开始必须使很大的力气,但是每一圈的努力都不会白费,达到某一临界点后,你无须再费更大的力气，飞轮依旧会不停地快速转动。我们的学习也是一样，开始可能会很累，但只要坚持不懈，就会逐渐养成稳定良好的学习习惯，学习就会变得自然轻松，优秀也成了自然的了。

高中三年是决定未来走向的三年。你现在的每分每秒，不仅仅是高考中的一分两分，更是你的人生在这个阶段里，是上升一个台阶还是两个台阶。努力奋斗与玩玩打打，结局肯定会相差万里。用三年的辛苦换来一生的幸福，同学们说这划不划得来？

在新的学期，请拿出你应该有的科学态度来。

3. 拥有人文情怀，创造完美人格。

作家梁晓声有一次在法国郊区，那天刮着风下着雨，前面车轮碾起的泥土扑向他们的车窗，车窗被弄得很脏。正准备超车，前面的车下来一位先生，说："一路上，我们的车始终在前面，这不公平！车上还有我的两个女儿，我不能让她们感觉这是理所当然的。"说完让梁晓声等人的车先过去了。

澳大利亚渔民捕捞鱼虾，每撒下一网，总有收获，可是每次网拉上来后，总要挑拣一番，将其中的大部分虾蟹扔回大海。远在公海，谁也管不着，但在澳大利亚，不要提醒、督促，渔民都能自觉遵守。

这两则故事，大致告诉了我们什么是"人文"。"人文"就是一种植根于内心的素养，一种能设身处地为别人着想的善良。我们许多同学，不需要老师提醒，就知道检点自己的行为，就能够自觉地遵守纪律，尽可能为别人着想、帮助他人。这就是人文精神，如果所有的同学都这样做，我们的教育教学质量将会有更大的提升。这是我最期盼的。

孩子们，当你为他人着想、帮助他人的时候，会有更多的机会出现在你面前。在美国有位小伙子在大雨天为一位老太太搬了一张椅子放在门口，让夫人安心休息了两个小时，结果获得一个业务机会，利润巨大。他也没想到这位老太太是美国亿万富翁"钢铁大王"卡内基的母亲。小伙子由此青云直上，成为"钢铁大王"的左膀右臂。

我们学校坚守充满人文情怀的教育，让你们沐浴人文情怀的光辉，智慧得到发展，能力得到提升，人性得到完善。只要你愿意改变，经过三年的历练，你一定都能成为一个具有人文情怀的人。

人文教育，比高分数、高学历、高地位都要重要。有个叫卢刚的学生，攻读美国爱荷华大学博士，被认为是最聪明、最有学问和最有发展前途的学生。因为博士论文学术奖落选，竟开枪打死了四位世界著名太空物理学专家和获奖者——自己的同胞同学。

一个人，如果人格不健全，缺乏起码的对他人生命关怀的意识，往往就会因为一点小事冲动，害人害己。

4. 和声细语展淑女气质，谦恭礼让显绅士风度。

"关关雎鸠，在河之洲，窈窕淑女，君子好逑。"这是几千年前对淑女的赞美。唐代的女人以肥胖为美，宋以后，以人工摧残的小脚为美。到了现代，淑女之美有着丰富的内涵。女同学们，下面我说的这些你拥有几点？和蔼可亲、喜欢微笑、善于倾听、温柔大方、容貌端庄、谈吐文雅、进退有度、知书达理、心灵高贵、善良贤淑、积极阳光、感恩他人。如果具备8条以上，那么恭喜你，你拥有大家闺秀的淑女风范。

男同学们，下面我说的这些绅士风度你拥有几点？彬彬有礼、待人谦和、衣冠得体、谈吐高雅、见多识广、富有爱心、尊老爱幼、尊重女性、身体健康、举止文明、感恩他人、人际关系良好。如果具备8条以上，那么恭喜你，你拥有绅士风度，贵族气质。

一个懂礼貌、讲礼节、有风度、有修养的孩子，不但令人喜欢，容易被人接纳，而且在许多场合会被别人看好；相反，缺乏教养，丢的不仅是自己的脸，还有父母的脸。

刚刚过去的一个假期，我听说了关于同学的下面这几个表现，其中有你吗？

你坐在客厅的沙发上看电视。妈妈的几个同事来家拜访。妈妈接待同事，并让你给让座。可你动也没动地说："你们不会到里屋说话去吗？"

妈妈很尴尬。

父母在家招待客人，几个菜刚上桌，你就旁若无人地吃起来。大家饭没吃完，你便大声喊道："我吃饱了。"自顾自地又去玩电脑去了。

父母在厨房里忙了半天，你不去帮忙，只顾玩电脑，饭上了桌，妈妈叫你三遍吃饭你也不动弹，第四遍，你还不耐烦的大声说：知道了！让妈妈好伤心。

看看这位空姐是多么淑女。飞机起飞前，一位乘客请求空姐给他倒一杯水吃药。空姐由于太忙忘记了。15分钟后，空姐连忙来到客舱，无论怎么解释，乘客都不肯原谅她的疏忽。为了弥补自己的过失，空姐每次去客舱客服时，都会特意走到那位乘客面前，面带微笑地服务，一共微笑服务十五次。乘客本来要投诉空姐，最后留言本上变成了热情洋溢的表扬信。

从现在起，男同学能不能更绅士？女同学能不能更淑女？我相信，能，一定能！

懂得感恩父母，是具有人文情怀的基础。我特别期望从今天开始我们不再为父母添乱，不再让父母有任何的担心，带给父母更多的喜悦、温馨和关怀。

在家里吃饭，长辈入座后，晚辈才入座，好吃的先让给长辈吃，吃完后向长辈打招呼后才离开的请举手！

有客人来时，亲切、主动地和客人打招呼，招呼客人坐下、主动给客人倒茶水的请举手！

校园遇见老师，主动问好的请举手！

校园里看见垃圾，主动捡起来的请举手！

和同学有点小摩擦，口出脏话、大打出手的请举手！没有！不讲文明，违反学校纪律，抽烟、早恋、玩手机的请举手！没有！好！太绅士了！太淑女了！

拥有国际视野、世界胸怀，开创多元未来，上大学是具备"国际视野、世界胸怀"的捷径。

同学们，我为什么反复强调你要努力必须一定上大学？

你的大学同学将是你人生最宝贵的人力资源。认识来自五湖四海的、南腔北调的同学，你的眼界开阔了，视野开阔了，心胸开阔了，未来之路也开阔了。

你可能会在大学收获爱情，即使你大学时没收获爱情，也拥有了找对象的重要资本，哪个青年人找对象会不考虑对方的学历呢？

在大学里自由时间很多，可以做自己喜欢做的事情。你的文化修养、人文素养，将大大超过没上大学的人。

你初次就业的时候，学历决定了你大致能从事哪个范围内和哪个层次内的工作。

你上不上大学，会直接影响你的子孙后代的国际视野。因为有文化的父母的孩子比没有文化的父母的孩子生活得更好，当然不排除个例。

热爱班集体，热爱学校，热爱老师，热爱每一位同学，是具备"国际视野、世界胸怀"的前提。

胸中连一个班50名同学都装不下，怎么装世界？动不动就打架的学生怎么能拥有世界胸怀？我们50个同学走在一起，组成一个班集体，这是缘分，我们应当倍加珍惜。同学之间的关系，有时甚至比亲戚关系更亲近，比兄弟关系更亲近。应当彼此帮助，彼此尊重。拉帮结派，勾心斗角，仗势欺人，对同学大打出手，是我们绝不容许的。

早恋是目光短浅的表现，别说国际视野，连坊子区视野都不到。遇见一个帅哥，横看成岭侧成峰，怎么看都是好的。明天见了一个更帅的，就"酒逢知己千杯少"了。久而久之，心中的小秘密越来越多，而数理化却越来越少了。

遇见一个美女，朝思暮想，甚至为了美女争风吃醋，不知不觉，别人已经在学习上远远超越了你了。

拥有国际视野、世界胸怀的孩子，要想得到这世界上最好的生活，先得让世界看到最好的自己！过早的选择，不仅害了自己，更害了别人。

5. 拥有领袖气质，绽放生命光彩。

但凡领袖人物，总有一种让人钦佩的气质。南非第一位黑人总统，95岁去世的曼德拉曾因领导反种族隔离运动入狱27年，曾获诺贝尔和平奖。曼德拉说："当我走出囚室迈向通往自由的大门时，我已经清楚，自己若不能把痛苦与怨恨留在身后，那么我其实仍在狱中。"这是不怕挫折，愈挫愈勇的领袖气质。从痛苦中汲取积极的力量，在困境中学习超越的本领，心灵才能强大，才会无所阻碍。

1914年冬天的一个晚上，爱迪生的实验室不幸起火。火灾让他一生的心血都化为了灰烬。爱迪生竟然大声对儿子说："查理斯，你母亲去哪里了，去，快去把她给找来，她这辈子恐怕再也见不到这样的场面了！"爱迪生曾经说过："无论何时，不管怎样，我也绝不允许自己有一点点灰心丧气。"这种乐观的精神就是领袖气质。

优秀的人从小常常接受领袖气质的培养。一位12岁的美国男孩踢足球时，不小心把邻居家窗户的玻璃砸碎了。邻居索赔12美元。当时，12美元可以买125只生蛋的母鸡。父亲说："我借你12美元，一年后你还我。"经过一年的努力，他终于挣足了12美元，还给了父亲。这位男孩就是后来成为美国总统的里根。——里根的父亲这样培养里根的责任意识。

我们的优秀学生干部多数具备领袖气质：牺牲自我，无悔奉献。

直面挑战，团结坚强，以身作则，率先垂范，大局意识，全局观念，严于律己，宽以待人。

每个人都成为领袖是不现实的。然而，获得领袖素质却是完全可以达到的。个人的情况不同，许多孩子先天就具备了领袖素质，而一些孩子可能在经过教导后仍无多大变化，但教育的奇妙之处恰恰在于你不知道在什么时间，在哪一个点上，你的变化就显现出来了，这变化可能影响你的一生。关键在于你要有改变自己的强大的内驱力。

孩子们，每个人心中都有一片海，自己不扬帆，没人帮你启航，久了就是一片死海。每个人心中都有一个梦，自己不去实现，没人替你绽放。你必须懂得自身的价值，努力激励自己，把自己最擅长的一面展现出来。老师们精心培育，目的只有一个，那就是让你们爆发出顽强的生命力，走向自己生命的辉煌。

新学年，每个教师一定会牢固树立"关爱每个学生，开发学生潜能"的教育思想，紧紧围绕育人目标，以高尚的人格感染学生，以文明的仪表影响学生，以广博的知识引导学生，以博大的胸怀爱护学生，师生共享快乐、共同成长。

衷心祝愿同学们在新的一年里，放下浮躁，放下三分钟的热度，脚踏实地做好每一件事。为了实现我们共同的育人目标，爆发出你们顽强的生命力！

让我们一起宣读，祝愿我们人人具有自强精神、科学态度、人文情怀、淑女风范、绅士风度、国际视野、世界胸怀、领袖气质，让每一个名字都充满神圣与庄严！

衷心祝愿大家身心健康、学习进步，成为一名志存高远、品德高尚、谈吐风雅、水平高超的优秀学生。

第十一讲：
担当，社会人所需要的远大胸怀

（在 2016 届高三毕业典礼上的讲话）

> 担当指承担，担负（任务、责任等）。

今天，我们欢聚一堂，隆重举行潍坊四中 2016 届学生毕业典礼，同时也是为你们即将征战考场壮行。首先，我代表全校师生向出色地完成三年学习任务，即将迈向人生新的起点的 1600 名优秀的孩子表示衷心的祝贺！向付出心血和汗水的各位老师表示衷心感谢！向抚养你们长大、期待你们快快成长的父母们表达由衷的敬意！

三年前，你们怀抱憧憬、意气风发地踏上潍坊四中这片信心教育的沃土。今天的你们，条件更优越，视野更开阔，思维更活跃，风格更多样，把握世界潮流的触觉更敏锐。你们传承了潍坊四中"乐学会学，学以致用，静专思主"的优良学风，渗透你灵魂的，不仅是潍坊四中信心教育的理念，更是"自强精神，科学态度，人文情怀，淑女风范，绅士风度，国际视野，世界胸怀，领袖气质"的育人目标体现的四中精神。你们让四中校园朝气蓬勃，你们为学校发展建言献策，许多同学都曾在校长信箱中留下真挚的心声，我为大家这份深切的责任心备感感动和欣慰。

　　三年来，作为校长和老师，我同大家一道，怀着激动的心情见证了学校取得的一系列丰硕成果。我校先后荣获山东省教学示范校、山东省艺术教学示范校、全国海军招飞先进单位、中国楹联教育先进单位、全国教育创新红旗单位、全国生物奥赛金牌学校、山东省依法治校示范学校、潍坊市普通高中五星级学校、全国校园足球特色示范校等十几项荣誉称号。有国内外400多个教育考察团前来参观学习。你们不仅是学校发展的见证者、受益者，更是学校荣誉的参与者、创造者。你们无论走到哪里，都是潍坊四中的一张张闪光的名片。

　　与优异成绩相比，我更为骄傲和自豪的是，你们三年来表现出的人格魅力和优良品质！让我们用热烈的掌声为自己这真实的三年、精彩的三年、成长的三年喝彩吧！作为校长，作为一个有幸陪伴你们走过金子一样中学时光的长辈和老师，我除了舍不得，除了为你们骄傲，特别想说的就是谢谢！感谢孩子们！是你们给了老师自信，也是你们给了老师收获。我代表学校向全体家长鞠躬，感谢家长们送来这些好孩子，感谢家长们！

　　从今天起，虽然你们的身份将从"潍坊四中学生"转变为"潍坊四中校友"，但我们都有一个共同的名字，那就是"四中人"。我相信，在校时你热爱学校，离开学校你依然会热爱学校、以校为荣。作为校长，来到潍坊四中八年以来，我真诚地爱着每一位教职员工、每一个学生以及这里的一草一木，也一直相信你们，于是赢得了大家的爱戴。我在运动会上跑，同学们会给我经久不息的掌声；我看你们活动，你们会抢着和我照相。走在校园里，同学们用一张张灿烂的笑脸迎接我，这都是你们对我发自内心的爱戴的表达。你们这么愿意亲近我这个校长，这是我最大的幸福和自豪。与你们一起在信心教育之路上行走了三年，在你们即将离开的日子以及今后的所有日子，我对你们依然是信心百倍的！我相信，作为潍坊四中的优秀校友，你们一定会继续怀抱诚信，冲浪人海。

　　高中毕业，对你们来说仅仅是人生旅途的一个驿站，要真正成为国家栋梁，还任重道远。我相信你们能通过先天的优秀潜质和后天的精准规划，成就比父辈更加精彩的人生。但我更关心的，是你们的人格塑造、内心成长，是你们是否还坚守着对法制和道德的敬畏感,以及对他人的同情和包容之心,是否已经真正成长为一个有责任、有爱心、有智慧、有能力的人。如果答案是肯定的,我将感到深深的欣慰。在这里,我还有几个殷切的期盼和祝愿。

1. **进德修业,坚守诚信。**

修身乃自强之本。孔子曰:"智者不惑,仁者不忧,勇者不惧。"通过修身,我们可以让自己变得睿智、仁爱、勇敢,成为智者、仁者、勇者。你睿智,中国就多了一份明亮;你厚重,中国就多了一块基石;你仁爱,中国就多了一份温暖。

2. **脚踏实地,自强自立。**

我们人人都渴望有所成就,但我们不可能人人都成为社会精英。你们中的大多数可能一辈子都躬身于某些普通平凡的岗位,只要你踏实肯干、奋发向上、真诚待人、家庭和谐,这也是一种美丽的人生。

要自立自强,就要有自己的特长。中国古时有一个人求仙心切,遍走名山大川。吕纯阳知道他诚心,发慈悲,想送给他一点金钱宝贝,问他说,我的指头能点石成金,你想要什么都可以变出来,你想要什么?这个求仙的人说,不要金钱宝贝,要吕纯阳的手指。

要练就自己的特长,最好的办法就是读书。到了大学自由支配的时间多了。我建议大家多读一些经典去积累思想的深度,而不要总是把精力耗费在刷微信、谈恋爱上。只要自强不息,就会产生充足的底气!只要脚踏实地,成功迟早都会到来。

3. **勇于担当,心态阳光。**

你们毕业了,成熟了,翅膀变硬了,就要远走高飞了。无论飞得多远,都牢记自己的一份责任!刚才,学生代表的发言,引发了我的共鸣。你们的每一次成功和每一点进步,固然得益于自身的禀赋和努力,更有父母、师长、朋友、学校在支撑着你们,还有这个蓬勃发展的国家和日新月异的时代在托举着你们。习近平总书记指出,"有多大担当,才能干多大事业"。社会是一张大考卷，它写满太多的难题；社会是一个大熔炉，它通过熊熊烈焰提炼真金。作为潍坊四中毕业的学子，面对责任要学会担当；面对邪气要勇于亮剑，自强不息。

我们的时代，是一个市场化、信息化、知识爆炸的时代，也是一个奢侈、炫富、消费至上的时代。请对这个社会始终保持着足够的温度，保持足够的正义感，尊重和善待你周围的人，精心雕琢你们的青春，追求内心的平静富足。不能因为有尘埃和雾霾就否定太阳的光辉。无论现在或将来，服务社会的胸怀，沉心静气的心境，与人为善、内心阳光、明辨是非、人格独立，这些品格都无比珍贵。请看护好你的飞扬青春，激越梦想，愿十年、二十年，甚至于更久远的时间里，阳光和笑容还定格在你们的脸上。正如习近平在北京大学师生座谈会上语重心长告诫的那样："不要顺利的时候，看山是山、看水是水，一遇挫折，就怀疑动摇，看山不是山、看水不是水了。"

4. 珍惜青春，珍惜来之不易的大学梦。

中学毕业了，上了大学了，女同学终于可以穿上高跟鞋了，男同学终于可以和老师称兄道弟了，心仪已久的男生女生终于可以大方牵手了，同学恋爱不必遮遮掩掩了。大学生活确实很美好，少了中学的清规戒律和父母的唠叨，多了很多的自由浪漫和随意。但这不是大学生活的真谛。

很多学生一到大学就迷失了方向。大一逍遥自在，彻底解放；大二无所事事，吊儿郎当；大三谈情说爱，逃课逛街；大四上蹿下跳，工作难找！离开高中老师的悉心指导，离开高中紧张的生活，他们会突然有太多时间不知所措。几年下来，没有认真听过几节课，没有认真读过几本书，没有学到真东西。当大四找工作的时候，心里空空荡荡，精神恍恍惚惚。眼里直冒金星，嘴上直起白泡。孩子们，大学是汇集人类文明精华的地方，不要说上课听不懂，不要说教师不关心，不要说专业不感兴趣，不要说大学太烂！堕落不需要理由，只需要借口！成长不是被动的，主动才有机会！我希望每一个从潍坊四中走出去的人，都时刻记住，大学，不是终点，而是起点！学习不是被迫，而是需要，是成长的需要；成长不是被动，而是主动，主动才有先机！

5. 怀揣感恩之心，常回家看看。

沧海桑田，可以改变万物，但永远改变不了我们三年建立起来的师生情谊，母校的发展永远离不开有情有义的你们的爱心和智慧。在同学们三年高中生活的道路上，总有一种力量令大家感动，总有一种激励推动大家前行。母校陪伴大家成长，母校也感谢你们人生青春的陪伴。母校深情地呼唤着你们：常回家看看！四中的心，总是和你们连在一起；四中的大门，都始终向你们敞开；四中的老师，也始终站在你们身后，注视着你们，支持着你们，祝福着你们。对于我，你们可以选择"爱我或者不爱我"，而对于你们，我只能选择"爱你们或者更爱你们"！再过 20 年，韩忠玉，一位 70 岁的退休老人，依旧愿意在这里等你们！

6. 高考在即，发扬亮剑精神，取得理想成绩。

最近这段时间，不少同学更加忙碌起来，除了忙学习，忙备考，还见缝插针地忙拍合影照，忙吃散伙饭，忙写毕业留言册。我以为，虽然即将毕业，但是除了忙备考，其他的都不用急，高考完了再忙活也不晚。现在是分秒必争的关键时刻。定局论必须抛弃，笑到最后才是最好！

为高考而战，只要你心中充满希望，充满激情，谁也挡不住你的智慧和成功！

为高考而战，集中一切精力，挖掘一切潜能，一心冲向自己瞄准的目标，铸就无悔的青春！

为高考而战，我们有坚持不懈的意志，也有信心百倍的豪气！

挑战自我，挑剔自我；跳出自我，超越自我，才能不断走向成功。现在请同学们高高地举起右手，跟我宣誓：

激情澎湃，斗志昂扬；超越自我，共创辉煌；胸有成竹，数我最强。壮志凌云，笑傲群雄；天道酬勤，金榜题名；信心百倍，我定成功。

我无所不能，我攻无不克，我战无不胜，我无人能敌，Power! Yes!

同学们，在这个伟大的时代，每个人都享有人生出彩的机会，每个人都享有梦想成真的机会，每个人都享有与祖国共同成长的机会。我相信，你们一定会秉持信心教育的理念，让信心成为你们一生的DNA。

　　同学们，在你们扬帆远航的征途中，母校是你们永远的精神家园，会为你们的每一次成功加油、喝彩！请各位同学牢牢地记住自己身上"潍坊四中"这个烙印，记住潍坊四中给大家带来的荣光，努力学习，勤奋工作，为母校增光添彩，不辜负父母师长的厚望。

　　最后，衷心祝愿信心陪伴各位同学一生一世，陪伴大家从学业成功走向事业辉煌！愿同学们带着亲人的牵挂，带着母校的期盼，自强不息、勇敢前行！衷心祝愿家长和老师们万事如意，身体健康！

　　再一次衷心祝愿同学们高考成功，心想事成，一路高歌，鹏程万里！

第十二讲：
成功，起于积极的心理自我暗示

> 　　成功指达到或实现某种价值尺度的事情或事件，从而获得预期结果。
> 　　积极的心态，积极的形象化的设计，是成功的前提。

亲爱的老师们，亲爱的同学们，尊敬的各位学生家长朋友：

　　金秋九月，丹桂飘香，在这个丰收的季节，我们齐聚一堂，隆重举行开学典礼，共同开启新的学年。首先我代表全校教职员工对今年新考入我校的1800多名高一新同学表示热烈的欢迎！向升入高二、高三的同学表示衷心的祝愿！希望你们在新的学年学习进步，身心健康，快乐成长！向在过去一年里锐意进取、辛勤工作的全体教职员工表示最诚挚的感谢！四中的发展是大家共同努力的结果！回顾过去的一学年，我们全校上下团结一心，不畏艰难、扎实进取，教育教学取得了令人瞩目的成绩。

一是办学条件不断改善，新学校建设突飞猛进。我们克服种种困难，不断改进我们的教师办公条件，学生学习、就餐和住宿条件，特别是我们的新学校建设在区委区政府的大力支持下，进展很快，相信随着学校办学条件和教育现代化水平的不断提高，将会更好地满足同学们对学习和生活更高的需求。

二是教育教学管理更加规范。在过去一年里，我们聚焦教学，狠抓信心课堂建设，尤其是寓信心教育于课堂教学之中和作业批改之中，效果显著，极大地促进了同学们学习成绩的提升。我们还不断深化、细化三级督导管理体系，实行学生实名量化制度，推动同学们的综合素质和文明素养不断提高。

三是教学质量稳步提高。2016年高考文理本科上线1071人，体育23人，艺术257人，共有1351人进入本科线，周方圆、迟新宇、周金龙、孙思齐、刘帅、张禧睿、王夏禹、王政润等同学被清华大学、浙江大学、南京大学、同济大学、南开大学、天津大学、中国政法大学等著名大学录取，学校由于高考成绩特别突出，被授予潍坊市政府教学成果集体奖、突出贡献奖，教师一等奖。

四是学校的社会影响力与日俱增。《中国教育报》《山东教育报》《新教育报》等报刊和各级电视台多次对我校的办学经验进行报道。在教育局开展的学校社会满意度电话随机测评活动中，我校社会满意度高达100%。成绩的取得，来自于我们全校师生的共同努力和拼搏进取。人心齐，泰山移，相信我们一定会同心同德，再创新的佳绩！

新学年，新气象；新学年，新希望！新的一年：

希望高一年级的同学们能够开好头，起好步，尽早确立发展目标。在刚刚过去的军训中，你们不怕苦、不怕累，增强了吃苦耐劳的毅力、铁的纪律意识和团队精神，希望大家从军训中汲取人生智慧，把这种优良的作风与铁的纪律永远保持下去，在今后的高中学习生活中，既要主动树立高远目标，为三年拼搏之路找准方向，又要主动加强良好品德修养和行为习惯的自我养成，德业同进，努力成为品学兼优的四中人！

希望高二年级的同学们能够提前完成角色转换。"业精于勤荒于嬉，行成于思毁于随。"高二是高中三年的爬坡路、分水岭,部分同学可能存在偷懒懈怠的想法,学习的差距很多是在高二拉开的。特别提醒同学们,学习就像跑步一样,途中跑的阶段才是考验你的耐力与水平的时刻,我们决不能半途而废,一定要戒骄戒躁,努力提升自己的能力。大家要提前树立高三意识,并为之"千磨万击""长风破浪",为来年的"笑傲疆场"做好充足的准备!同时也希望大家在日常生活中能够进一步遵规守纪,养德筑基,以更加文明的形象为高一同学做好表率!

希望全体高三毕业班的同学一定要进一步增强必胜信心,抖擞精神,鼓足干劲,坚持不懈,勇往直前,全力以赴,在明年6月尽展英雄本色,赢得人生绚丽的辉煌!请你们拿出"天生我材必有用"的信心,"吹尽黄沙始得金"的毅力,"直挂云帆济沧海"的勇气,去迎接人生风雨的洗礼!我们都知道"行百里者半于九十",越是到了关键阶段越不能松劲,登山须见顶,无限风光在险峰,再坚持、再努力一把,磨剑三年今试锋,莫留遗憾悔终生。让我们一起加油!

同学们,当今是一个科技迅猛发展、新事物层出不穷的时代,也是一个需要我们不断充实自己、完善自己、发展自己才能发展立足的时代,靠父母、靠亲戚朋友,都不如靠自己,你不努力谁也帮不了你,父母能够养你10年、20年、30年,但不能养你一辈子,好男不吃分家饭,好女不穿嫁时衣,打铁还要自身硬,人生的路要用自己的脚板去走。你们从现在开始就要锻造自己,把自己打造成精钢!新的学年开始了,我们要有新的希望,新的梦想,新的思路,新的突破。我在以前的开学典礼上曾经说过:富不上学,富不长久;穷不上学,穷不去根。我还曾说过:男同学如果不努力学习,将来就有抽不完的低价烟,干不完的苦力活;女同学如果不努力学习,将来就有穿不完的地摊货,逛不完的菜市场。今天我还要再加上一句"人生能有几回搏,此时不搏何时搏",让我们确立人生前进的目标,扬起信心的风帆,一起劈波斩浪,奋力驶向成功的彼岸!

宁波一中校长的开学致辞,令很多同学肃然起敬、醍醐灌顶!

天将降大任于斯人也,必先卸其QQ,封其微博,删其微信,去其贴吧,收其电脑,夺其手机,摔其iPad,断其Wi-Fi,剪其网线,使其百无聊赖,然后静坐、喝茶、思过、锻炼、读书、弹琴、练字、明智、开悟、精进，而后必成大器也！

谨以此文，献给即将开学的孩子们和一直执迷不悟、貌似新潮、明知故犯、不能以身作则的家长。

同学们，学生时代是人的一生中最美好的时光，长身体、长知识、长才干，每天都有新的收获，每天都有新的期待。我也从学生时代走过，也曾年轻过。当然我现在也没感觉自己多大，我现在仍然感觉自己有一颗年轻的心、一种阳光的生活工作态度、一个健康的身体，甚至不亚于咱们不少同学，早年生活的年代，不像同学们现在这么生活富足，条件优越，但是我在自己的青春里找到了自己的人生目标，我努力拼搏，认真学习，扎实工作，我付出了，也收获了，现在能够在这里跟同学讲这些，不仅是以校长、老师的身份，也是以一个当年的年轻人、一个朋友，你们的父辈、兄长的身份，从内心里跟大家说："我生待明日，万事成蹉跎！珍惜今天的大好时光吧！一定要多学知识，多学道理，多学本领，积极锻炼，身心健康，茁壮成长。"

我们每个人都渴望成功，都希望自己成为有用之才，今天我主要跟大家谈一谈人生成功必备的六个要素。

1. 人生目标和规划。

有什么样的目标，就有什么样的人生。你不能延长生命的长度，但你可以增加生命的宽度。同学们，你想成为什么样的人，你的未来将是一个什么样子，你想过吗？你有目标吗？如果你还没有的话，就赶紧制定吧，有了自己的目标，你的动力才会更足，你的干劲才会更大。

有句话说得好："你可以一辈子不登山，但你心中一定要有座山。它使你任何一刻抬起头，都能看到自己的希望。"真正成功的人生，不在于成就的大小，而在于有一个充实的奋斗过程。

心怀梦想，坚持不懈，敢于拼搏，永不放弃，永不服输。看看国内外名人26岁的时候在干什么。

胡锦涛——在水电部刘家峡工程局房建队劳动。温家宝——在甘肃省地质局地质力学队当技术员。普京——在苏联的克格勃当特工。林肯——通过自学成为律师。小布什——在得克萨斯国民警卫队空军担任战斗机飞行员。

如果他们没有伟大的梦想，没有坚持不懈的精神，恐怕一辈子都是当年的小角色。

同学们，为了实现梦想，请对自己苛刻一点。对自己苛刻，是因为，我们不想做个只会做梦的人。现在正是高中关键时期，心怀梦想，却因为自己的懈怠而放弃了；当你三十岁，看到别人在为梦想的事业奋斗，过着辛苦但朝气蓬勃的人生，你却只剩羡慕和遗憾。

武侠小说中，江湖人士武功练到了一定阶段，为了突破自我，便会选择闭关修炼。张三丰就是这样悟出了太极剑和太极拳，达摩祖师也是这样悟出了大道。高中这三年，我们不妨试着当作是一段特殊的"闭关修炼"，修身养性，格物致知，潜心修炼内功和外功。在不断提升自我的同时，实现自己的人生目标。为了实现梦想，请做一回傻瓜。成功的要诀不是要看一个人有多聪明，而是要看一个人有多傻，要有一种傻里傻气的执著与坚持。大哲学家苏格拉底在开学第一天让每个学生把胳膊尽量都往前甩。每天做300下。过了一个月，90%的同学都做到了。又过了一个月，坚持下来的同学只剩下了八成。一年过后，当苏格拉底再次问起这个问题时，整个教室只有一人举起了手。这个学生就是后来成为古希腊另一位大哲学家的柏拉图。巨大的成功靠的不仅仅是力量，更是韧性，竞争常常是持久力的竞争。有恒心者往往是笑到最后，笑得最好的胜利者。

你如果愿意当一回傻瓜，我可以负责任地告诉你：你投入的每一分努力，都会在未来的某一天，回馈于你。而我们要做的，就是无论顺境逆境，每天多努力一点点，进步一点点。别人可以笑你傻，但是拿不走的是你日益增强的力量、卓越的见识、强大的心力。

同学们，确立目标后就要全力以赴、持之以恒地付诸实践。对于现在的同学们来说，为了实现自己的理想，促进自己的学习，你可以确定三个目标：本学期的学习目标，这是你的短期目标；你想考什么样的大学，你的高考目标，这是你的中期目标；40岁的目标，这是你的长期目标。这些目标一个一个去实现，你就离成功越来越近。

说句大实话。中考、高考几乎是我所有已知的国内考试中最公正公平的了，尤其是对于我们普通家庭的孩子，是一个很好的也几乎是唯一的改变命运的机会。何乐而不为呢？同学们，如果你想三年之后邂逅一个全新的、更好的、更优秀的自己，进入理想的大学，那么，从现在开始坚持不懈，自己导演一场专属于自己的、华丽精彩的"变形计"吧！

2. 必胜的信心。

高中是一个磨炼我们身体和心智的旅程。三年之后，有人迅速成长，有人华丽蜕变，有人颓废报废。成功者靠的就是相信自己一定能成功的坚定的信念。自信，能够唤醒沉睡的潜能。"我能行""我会成功"，积极的自我暗示，能够激起强烈的成功欲望，在战胜困难，实现目标的过程中，表现出果敢的勇气和必胜的信念。阿基米德曾经说过：给我一个支点，我就能够撬动地球。这是多么豪迈而自信的语言！

有的同学问：韩校长，我现在努力还来得及吗？我的底子太差了。我要坚定地告诉你：不要问什么基础行不行，这些都是次要的，最主要的你要从现在开始有一个坚如磐石的信念，毫不动摇。40岁的柳传志不问来不来得及，最终他缔造了联想集团；高考三次落榜的俞敏洪不问来不来得及，最终考上北大并打造了"教育培训航母"新东方。只要拥有强大的信心，一切都来得及。将来的你，一定会感谢现在拼命的自己！

美国女学者海伦既盲又聋，但在她的启蒙教师帮助下，顽强的海伦学会了写，学会了说。小海伦曾自信地声明：有朝一日，我要上大学读书！"我要去哈佛大学！"在她的努力下，她不仅考入了哈佛大学，并以优异的成绩毕业。她一生致力于盲聋人的福利事业和教育事业，赢得了世界舆论的赞扬，她那自尊自信的品德，她那不屈不挠的奋斗精神被誉为人类永恒的骄傲。同学们，海伦若没有强烈的与命运挑战的勇气和信心，是不可能成长为受世人赞誉的学者的。海伦曾说，"信心是命运的主宰"。人生会面对一个接一个的挑战，我们如何面对挑战？在挑战面前，一定要肯定自己，对自己充满信心，迎难而上。

但自信并非天生，它是在个人生活、实践中逐渐形成发展的。我们应该注重知识的积累，应该了解自己的优势和不足，遇事早做筹划，要抬起头来走路（抬头、挺胸、大步、快速地行走是一个人强大自信的展现），要大胆展示自己的能力，要正确对待挫折与失败，要大胆坐在最前面。

送给同学们一首自信歌：相信自己行，才会我能行；别人说我行，努力才能行；今天若不行，明天争取行；能正视不行，也是我能行；不但自己行，帮助他人行；相互支持行，合作大家行；争取全面行，高考才能行。

3. 很重要的四种精神。

勇于拼搏的精神，吃苦耐劳的精神，脚踏实地的精神，持之以恒的精神。里约奥运落下帷幕，中国女排姑娘以荡气回肠的逆袭征程，重登世界排球之巅，让无数国人瞬间泪奔。正如女排姑娘们所说，现在这个社会需要一种精神，不论是球场上还是生活中，都需要打出中国人的精气神。最是精神动人心！

要坚定信念，永不服输，永不言弃的必胜信念是女排精神里永不褪色的一个闪光点。信念的力量是无穷的，我们做任何事，都要心存坚定必胜之信念，始终有战胜一切艰难险阻的信心和勇气。

要顽强拼搏，百折不挠。狭路相逢勇者胜。中国女排和世界上任何一支强队相比，无论战术技术还是体力上都不占绝对优势，每一场比赛都是靠一分不让的顽强拼搏和高度凝聚的团队精神，奋勇作战，成为笑到最后的胜利者。越是势均力敌，比赛越是艰难，越是需要英勇顽强、不屈不挠，向着胜利走好每一步。

"再难的逆境也绝不言弃""可以被打败但是绝不会被打倒""哪有什么洪荒之力，不过是在咬牙坚持"，中国女排正是凭着这样的执著勇毅去拼搏去奋斗。人生不可能一帆风顺，正因为如此，愈加凸显了信念和精神的可贵。人生不是一定会赢，而是要努力去赢。"即使走得摇摇晃晃，但站起来抖抖身上的尘土，依旧眼中坚定。"发扬女排精神，坚信"阳光总在风雨后"，定能勇往直前地征服自我、战胜挫折与压力，成为真正的强者！

同学们，每一个优秀的人，都不是与生俱来带着光环的，也不一定是比别人幸运，成功的道路上必然伴随着艰辛与付出。我曾看过一份报道，说科学家把小白鼠放在两种环境里做实验：第一种环境很舒适，小白鼠在里面天天吃饱喝足了就睡；第二种环境则相对艰苦，小白鼠在里面吃不太饱，而且吃的都是各种粗粮。最后的结果：那些吃粗粮而且食不果腹的小白鼠身体极其健康，因为它们为了寻找食物四处乱跑，增加了锻炼；另外一组养尊处优的小白鼠则越吃越胖，最后不是得了心脏病就是得了高血压。我们也是一样。趁年轻，多吃点苦，常常能刺激我们自己的神志清明、性灵觉醒，在"痛定思痛"之后，修正我们的行为，实现我们的人生目标。现在不吃苦，将来吃大亏。

现在很多人总是在寻找成功的捷径，但是我想跟同学们说，学习从来就不是轻而易举的，不读书不吃苦，你要青春做什么？同学们，没有人随随便便能成功，吃得苦中苦，方知甜中甜。人生势必是要吃苦的，你现在不苦，以后就会更苦。趁着年轻，一定要刻苦学习，努力拼搏，放下你的三分钟热度，持之以恒，努力之后，你会发现自己要比想象的优秀很多。鸡蛋，从外打破是食物，从内打破是生命。人生亦是，从外打破是压力，从内打破是成长。你可以"不走寻常路"，但只有不寻常的努力，才配得上不寻常的创意。刻苦学习肯定不如吃喝玩乐睡懒觉舒坦，这里需要强大的自我约束能力。如果连高中这么重要的能够决定一生命运的关键时期都只求一个"混"字，迟早有你混不下去的那天。当一个人对自己没有要求的时候，你就没有资格对世界提出要求。作为校长、作为老师真心希望每一个同学能够发自内心地学习成长，要有种精气神，遇到困难，绝不退缩，咬牙坚持，奋勇向前，人人成为最好的自己！

4. 学习方法很重要，一定要重视过程。

扎实干，并不是不讲学习方法。合理安排时间，提高时间利用效率，把你的时间充实起来，你的二十四小时就会比别人更加精彩。新学期开始，建议同学们一定要调整心理状态、身体状态、学习状态和作息状态，形成四个"新常态"。

一是调整好心理状态。赶紧结束假期中的闲散心态，让心回到教室，任何"身在曹营心在汉"的魂不守舍都不会让人进入学习状态。学习就需要专心致志。

二是调整好身体状态。常言道：贪吃变馋，贪玩变懒。假期中，不少同学在无所事事下养成一身"懒骨头",身懒心懒,人一旦懒惰成性,则很容易丧失进取心。新学期开始,同学们通过积极的学习活动,尽快调整好身体状态,以适应新学期的需要,确保高效学习。

三是调整好学习状态。古人作战讲究"一鼓作气",忌惮"再鼓而衰",惧怕"三鼓而竭"。人还是那些人,兵器还是那些兵器,战场还是那个战场,不同的信号刺激为什么会导致不同的结局?原因还是在于状态的变化。大家要制定合理的学习目标、学习计划,聚精会神学习,认真完成作业,认真纠错改错,以最佳状态投入学习中去。

四是调整好作息状态。同学们必须重新建立新的生物钟,要按正常的作息时间起床和休息。上学年我们制定印发了《科学作息十一条》,这学期我们要强化落实,希望各班级和同学们认真领会执行。

除了前面四个"新常态",今天我还要跟同学们强调一下"静专思主"的学习策略。

美国著名心理学专家对众多成功人士进行了深入的研究,得出的结论是:当一个人专注做事的时候,他就会忘掉附加在自己身上的太多是非,发挥出自己最大的潜能。很多年前,我就提出"静专思主"的学习策略。"静专思主","静"即场所安静,气氛浓厚,克服浮躁,静心学习;"专"即专心致志,凝神聚力,高效学习;"思"即善于思索,积极钻研,探究方法;"主"即主动学习,计划周密,强烈求知。许多同学将此作为学习法宝,受益无穷。

当然,也有的同学说:我对某某学科不感兴趣,学不进去。一位"学霸"博士介绍经验时说:自己都读博士了,至今不知道学习兴趣为何物。他的解释是"不讨厌就是兴趣"。考大学就是看谁对自己更狠。你信不信?

有的同学学习很努力,很刻苦,但是成绩上不去,这就要特别注意学习方法技巧的问题。譬如纠错本的使用问题。纠错本实在是太重要了。前面提到的那位博士辅导一个初二的女生,一开始她的期末考数学只有36分,最后期末考试考了115分!怎么做到的?就是让她搞清楚遇到的每一个错题,最后考试时候就基本没有错题可订正了。再譬如英语的学习,有很多方法,但是多听多说多写无疑是最快最有效的,贵在坚持。

其实,在学习上每次进步一点点并不太难。或许你这次考试只得了60

分，而你的目标是 90 分，那么要求下一次就得到 90 分，显得不现实而且太残酷了。但是如果要求你得到 65 分或者 70 分，并不是太难。你每次只需要比上一次好一点点，那么成功就会越来越近。不要小看那些仿佛微不足道的努力，没有它们，就没有你最后的辉煌。

今天你的静专思主，今天你的强化学习，很大程度上将决定以后和什么人相遇，和什么人生活，在哪座城市工作，在哪个角落留下风景。曾经在一个教室里被同一道题难住的兄弟，高考一结束就产生天壤之别，你会甘心吗？

5. **养德筑基，懂得感恩。**

凡在人生道路上大有建树的人，都具有高尚的道德修养。一个没有道德底线的人，是不会有崇高目标的，是不会有长久动力的，是不会有朋友帮助的。即使有一时的闪光，也只是刹那芳华，不会长久。

今天别的我不展开讲了，主要谈一下感恩。咱们的同学一定要感恩父母、感恩老师、感恩学校、感恩社会。父母养育的恩情，我们无论如何也难以回报，古话说得好："鸦知反哺，羊知跪乳。"父母的养育是人间最深厚的恩爱，知恩图报、感恩尽孝是我们应尽的本分，要感谢我的父母！

要感恩老师。同学们，你的成长道路上，时刻都有老师的影子。白天，老师与大家在知识的海洋中共同搏击；夜晚，看大家安然入眠。请同学们理解老师对你的特殊而又深沉的爱：

上课总点你名，不是你不优秀，而是帮助你更优秀；

严管你，不是老师要求高，而是这个社会要求越来越高；

批评你，不是你的错不可原谅，是提醒你和大家都要注意；

公开说你，不是不给你面子，阳光透明是对所有人的保护；

不理你，才是真的放弃你！

严格是爱，唠叨也是爱！因为爱你们所以才严厉！学会感恩，请从理解老师开始！

6. **要有规矩，遵规守纪，纪律是成功的保障。**

一提到纪律，很多同学都感到不舒服，但是我们想一下，如果没有纪律，大家的学习秩序、生活秩序怎么维护呢？纪律实际上是保护勤奋学习、积极上进同学的良好工具，你如果不违反纪律，这些规定怎么会惩罚你呢？纪律是保护你不受伤害的，是保证你健康成长的。

这一学期，我们要继续深化三级督导管理制度，强化细节管理，强化落实，抓实效。各年级、班级要组织认真学习落实《专项整治十七条》，扎实落实好，坚决杜绝打架、吸烟、玩手机和男女同学交往过密等"四害"严重违纪行为，抓好穿校服、戴校牌，杜绝奇装异服、奇怪发型。要坚定不移落实好学生实名量化管理制度，记录好、使用好，将其结果作为同学们综合评价的重要依据。学生在校表现情况，要如实计入成长档案，作为同学们将来上大学、就业、参军等档案的重要组成部分。高三同学应该知道，从2016年高考起，山东省部分高校已经开始试点综合评价招生，大家在高中期间的表现，就是重要参考依据。

在这里特别提醒早恋的同学。你们实在是太不珍惜青春，太不珍惜时间，太不珍惜自己了。北大校长针对学生恋爱成风现象，召集全校男生训话说："北大是培养成功人士和精英的地方，据统计成功人士平均比配偶大12岁，精英比配偶大17岁，如果获得诺贝尔奖，就可能比配偶大54岁，你们未来的老婆现在还在小学和幼儿园玩呢，或者根本没有出生，你们现在花费时间和金钱养的那是别人的老婆！"

爱情就像一棵小树，它的成长需要阳光、雨露、肥沃的土壤、精心的呵护，而这些，身为高中生的你根本给不起。如果你是一个有责任感的人，不用我说，你也知道，高中三年你的时间和精力应该投资到哪里。就算你已经有十足的把握进入心仪的大学，你能确保你不会影响到对方的人生轨迹吗？

其实恋爱并不都是坏事。如果能够互相加油互相激励，最后都考上很好的大学，那当然是极好的。但这种单纯美好励志向上的恋爱发生的概率基本和你买彩票中了五百万的概率等同。

"潮平两岸阔，风正一帆悬。"老师们，同学们，我们赶上了一个好的时代。育人的事业风光无限，我们的未来前程似锦。当前我校校风正，教风盛，学风浓，全体师生正在齐心协力构建我们的和谐校园。每一个人手中都有一支彩笔，每一个人脚下都有一方净土，如何去描绘，如何去耕耘，需要的是智慧和情怀。2015 年，区委区政府做出重大决定，划拨土地 440 亩，投资 7 个亿，建设潍坊四中新校区，这是我们潍坊四中校史上的一件振奋人心的大喜事。作为坊子区教育的龙头，咱们肩负着的责任与使命也更重。下一步，我们该怎么办？

"信心筑基石，实干创辉煌"。同学们，一个人应该有自己的理想，我们要充满自信地向着自己的目标不断奋进，个人的人生之路靠自己走，个人的荣辱历史靠自己书写，光荣只属于过去，我们要放眼未来，把握现在，脚踏实地，求真务实，用四中人一贯的实干精神去书写新学年的华丽篇章。家人在关注着大家，老师在关注着大家，社会也在关注着大家！

同学们，人生能有几回搏，此时不搏何时搏？你准备好了吗？

同学们，请跟我宣誓：

我是自然界伟大的奇迹，我的身上携带着无数天才的因子。

我要心怀梦想，坚持不懈，我要信心百倍，刻苦勤奋。

我要静专思主，刻苦学习，我要做时间和情绪的主人。

我要用感恩的心和全心的爱扮靓自己。我行，我一定能行！

最后，祝同学们学习进步，健康成长！祝老师们身体健康，工作顺利！祝我们的大四中实现新的长足发展，成绩更加辉煌！谢谢大家！

第十三讲：
自控力，是成功的前提

> 自控意味着做好该做的以及坚决不做不该做的。
>
> 习惯上，自控力是"对内"的，控制力是"对外"的。自控力的大小往往与控制力的大小成正比。

随着科技的飞速发展及人们生活水平的快速提升，如今，手机已经走进千家万户，成为寻常百姓家的基本通讯工具。"交通基本靠走，通讯基本靠吼"的时代已经淡出人们的生活，曾经的"大哥大"已不再是一种身份的象征。智能机的研发更是在不断颠覆着人们的生活，掌上交流、购物、娱乐，足不出户便览天下之事，人们正越来越多地享受着科技的发展带来的生活便利。作为一名教育工作者，在此我不想更多地说手机的使用与我们生活的便利，我只想结合自己的工作和亲眼所见谈一下中学生配备手机的危害。

"对绝大多数中学生来讲，家长为其配备手机百害而无一益。"这，绝非危言耸听，我是以一个一线教育工作者的甚多所见为事实依据下这样的断语的。

危害之一，手机的智能系统导致学生沉溺于游戏之中而不能自拔。

生活中有这样一个不争的事实：孩子从来都是因为喜欢动画片而喜欢电视，因为喜欢玩电子游戏而喜欢电脑。再高档的汽车对他们来说都不感兴趣，就是因为汽车不能为他们提供玩的东西。所以，对孩子来说，强烈的兴趣都是从玩开始的。因此也就不难看到，如今的学生所拿的手机几乎无一例外都是智能机，如果哪一位家长给孩子配备一部老年机，只能通话，不能提供任何上网与游戏功能，相信百分之九十九的孩子会拒绝接纳。由此也不难看出，学生拥有手机的主要原因之一就是能够从中体验电子游戏给他们带来的所谓快乐体验。而大多数的电子游戏本身的刺激性、挑战性都会使游戏者上瘾，产生一种很强的心理依赖，这就是我们所说的网瘾。总有一些认识模糊的家长认为不给孩子的手机开通上网服务就能杜绝手机游戏，这种认识是浅见性的，殊不知不少的孩子玩手机游戏都是通过下载网络游戏或网络小说而进行闲暇娱乐的。他们可以把手机藏在书本背后在课堂上玩，他们可以回到宿舍里躲在被窝蒙上头玩，他们可以把厚厚的书本依照手机的外形在书本上挖一个体积相同的"手机壳"，将手机藏在里面手捧书本认真地"读书"，而老师的确很难发现这样的"猫腻"。在我的从教生涯中，每一学期都有这样的例子，或亲见，或听闻，一个原本入学成绩很好的学生，入学成绩能排班级的前十名，可是，自从配上手机之后，不出半学期，成绩便下滑到班内的后几名。这种变化是迅雷不及掩耳的。当我们还在着急地分析是什么原因导致了孩子学习成绩的下降的时候，往往没有看到手机带来的危害。这些都是惨痛的现实教训，每一位已经给孩子配备了手机或者正在计划给孩子配备手机的家长，在为孩子配备手机之前，必须有一个孩子学习成绩会时刻下降的心理准备。出手之前一定问一下自己，有没有充分的理由必须为孩子配备手机。我的观点是只要有一个理由不为孩子配备手机，那就不配。在这个问题上，如果哪一个家长都往好了去想，那你就是在害自己的孩子。

危害之二，手机的阅读功能让学生沉湎于网络小说而荒废学业。

寄宿制的学校过去在管理上一个很大的难题就是学生的外出上网，夜不归宿。为此，学校、班主任绞尽了脑汁跟学生斗智斗勇。晚上查铺，学校围墙上架铁丝网，宿舍窗户上防盗窗，为的就是将那些有网瘾的学生摁在被窝里睡觉。但是，近几年来，随着智能手机的兴起，所有学校外出上网的学生似乎一夜之间消失了，往日红火的网吧生意也似乎萧条了许多。为什么？智能手机足够大的存储空间为学生随时随地上网提供了便捷。下载一部网络小说，足不出户就能读上几天几夜。试想，谁还愿意冒着被逮被批评的风险到网吧去。除了玩游戏，有相当一部分学生的手机是用来阅读网络小说的。无一例外，翻开任何一个此类学生的手机，里面存储的小说都是玄幻、武侠等粗制滥造甚至不健康的。学生沉溺于这样的阅读兴趣之中，熬夜、生活规律混乱，上课走神、睡觉、精力不够集中、学习不思上进、功课越落越大，影响心理与生理的发育，扭曲是非美丑的辨别能力及价值观，严重者出现心理障碍。这一切的罪魁祸首就是那部本来没花多少钱的手机，其始作俑者就是孩子的父母。

危害之三，滋长学生的虚荣心和攀比心理，影响学生心理健康。

据我所见，大多数学生所拿的手机都比家长的手机高档，至少是在配置上是这样的。苹果、小米、OPPO、酷派，学生聚在一起，比品牌，比配置，比配饰；离开老师的视线，把手机架在耳朵上，开机不开机的"喂喂歪哇"地吼几嗓子招摇过市地装"范"，你有我就有，似乎兜里不揣块手机就是穷人家的孩子，就是低人几等。这种虚荣心，这种攀比心理，这种从小养成的奢华消费习惯，给孩子带来的是成长道路上的许多不良的生活习惯，等到我们眼见其危害性的那一天，已经是悔之已晚。在学校里，不少孩子为了凑钱买一部手机，为了省出上网的费用，一天三顿饭只吃一顿，一顿饭十成饱只吃三成，忍饥挨饿从牙缝里省出钱来给手机升级，买话费上网，导致严重的营养不良。身体健康都不能保证，更不用说学习了。所以，作为一个负责任的家长，作为一个负责任的教育管理者，到了该对校园学生的手机现象说"不"的时候了。禁止中学生带手机进校园，这不仅是我们国内许多中学的校园管理制度，就是在美国等许多西方国家，中学里面也是实行这样的制度。我去美国考察他们的基础教育，发现美国仅有极少数的学校有规定允许学生带手机进校园，绝大多数学校是不允许中学生带手机进校园的。

危害之四，惹是生非，导致青少年学生之间的矛盾摩擦。

不少学生带手机进校园，有很多时候是把时间用在上网。在贴吧、QQ、微信等虚拟的空间内，他们无拘无束，指手画脚，信口雌黄，难免招致口舌是非，网上争不出高低，就在现实生活中一见高下，导致打架等现象，网恋、敲诈等违纪违法行为也有许多是源自网络。诸多问题往往是不到不可收拾的地步家长不会发现，一旦暴露发现，往往又是很难纠正和挽回。

危害之五，美丽的谎言蒙蔽了家长和孩子的双眼。

但凡给孩子配备手机的任何一个家长其初衷都是非常善良美好的。

从家长一方来说，为的是联系方便，便于随时掌握孩子情况。但是，回过头来看看，有多少孩子主动在电话上跟父母谈学习，谈思想，谈人生？露骨一点说，学生的手机是做父母的给自己配的，不是给孩子配的。为的就是了却自己那颗牵挂孩子的心，随时将孩子牵在自己手里，不放心了就把这根线拽拽，觉得没事了就撒手一边不管放任自流，一部手机，完全代表了一个做父母的私心，其本质上并不是真正的为了孩子的发展着想。现在不少学校，包括潍坊四中，教室、宿舍等公共场所都安装了IC卡公用电话，下课时间联系家长非常方便，学校的老师、班主任等个人电话也都是公开的，家长随时可以了解孩子的在校情况，更不用说家校通、班级的微信圈、QQ群，有好多的方式可以随时与学校保持联系，为什么非得给孩子配备手机，认着一条道走到黑呢？

从学生一方来说，有手机可以方便上网查找学习资料，说得不客气些，这是另一种自欺欺人的美丽借口。作为一个教育工作者，我亲眼所见的现实情况是，很少有哪一个学生用手机来上网查找学习资源。如果真正想把学习搞好，只要把老师讲的听明白，把老师要求做的作业完成了，就能实现良好的学习目标。真的听不明白、搞不清楚，还可以请教老师、请教同学。而且还有一个不争的事实是，但凡班上学习成绩优秀的学生，很少有带手机的；而但凡带手机的学生，却很少有学习成绩好的；原本学习成绩不错的学生，只要家长给配上手机，很少又不受影响的，居多的时候是成绩出现下滑。难道我们非要等到孩子成绩下降了、泡网上瘾了、思想出轨了，才想起控制孩子的手机吗？真的到了那个时候，无论是做父母的还是孩子本身，恐怕是想刹车都刹不住了。一旦成瘾，对手机的依赖性跟对毒品的依赖性一样难以戒除，所以，每一个明智的父母，都应该未雨绸缪，防患于未然。

我们不否认有自制力强的学生能够运用现代技术拓展自己的学习，校园中也确有将特殊需要与个人学习及成长关系处理到位的，在教育管理理论层面上也不乏标新立异地探索性惊人之语，个性与共性的并存是唯物的辩证，在教书育人这个大课堂上，家庭环境、学校环境、社会环境、自身素养，都是需要考量的因素，任何一种理论、观点、举措的讨论我们都可以存疑，但是，基于孩子发展与成长现状的教育实践我们不能存疑，有关学生成长过程中的偏颇与失误我们不能"另存为"，负责任的教育需要适时地、毫不犹豫地、旗帜鲜明地将问题格式化，因为没有哪一个老师、哪一个家长愿意拿孩子的青春"赌"明天！为了更好地帮助孩子健康成长，目前，潍坊四中实行严禁学生带手机进校园的管理制度，孩子的未来是家庭的，也是学校和社会的，在对待手机这个问题上，希望做父母的要有一个"硬"心肠，惯子如杀子，话俗理不俗，多余的爱是伤害，为了你的孩子，为了家庭和我们这个社会的希望，很多时候我们确实需要"忍痛割爱"。让我们携起手来，为学生的成长，为家庭的幸福，为社会的发展，关掉学生手中的手机。

第十四讲：
自律，摆脱危害的最佳防御措施

> 自律指遵循法律并以此为基础进行的自我约束。自律是一种约束，和控制一样，自律意识的强弱和你所达到的高度及成功的持久性成正比。

通常来说，从假期状态到学习状态，期间有一个过渡适应期。为了更好地帮助学生适应新学期的学习与生活，新学期伊始，必须调整好学生的"四态"，即心理状态、身体状态、学习状态和作息状态。

1. 调整好心理状态。

假期里面，无论是生活还是学习环境，相对来说都非常宽松，少了老师的监督提醒，多了父母的疼爱呵护；少了挑灯夜战的悬梁刺股，多了日上三竿的高枕无忧；少了同窗好友的你追我赶，多了世外桃源的清心寡欲。一个假期的刀枪入库、马放南山是何等的逍遥悠闲，那颗进取向上的心在这份逍遥中逐渐进入沉寂，那种勃发的激情也在这份逍遥中烟消云散。电脑为侣，电视为伴，晨昏颠倒，早眠晚起，好一个"乐不思蜀"醉桃源。人都有惰性，这种"假期流感"可以理解，也很自然，关键是一个新的开始时如何"迷途知返"，如何尽快调整好自己以进入学习的"新常态"。古语云：心之所向，身之所往。要想收手就须先收心。入学了，返校了，身子坐在教室里，心也须回到教室，任何"身在曹营心在汉"的魂不守舍都不会让人进入学习状态。请记住："播下一种心态，收获一种行为；播下一种行为，收获一种习惯；播下一种习惯，收获一种性格；播下一种性格，收获一种命运。"带着学习的状态上路，自然是风景这边独好。"面朝大海，春暖花开。"我们自然不会像诗人海子那样"从明天起，劈柴，喂马，周游世界，把幸福的闪电告诉每一个人，做一个幸福的人"，我们完全可以在实实在在的生活中享受学习的乐趣，在学习的清苦中品味生命的闲适。为了更好地适应新学期的学习与生活，尽快调整心理状态尤为重要。作为青年人来说，成长是第一要务，学习是第一要务。因此，变化的环境面前，要学会及时"收心"与"安心"——收起自己的"玩心"，安下自己的"学心"；要少一些"时间还早"的自我安慰，多一些"时时当勉励"的自我暗示；要少一些起步阶段的"急速磨合"，多一些环境布置上的提醒警示。当一个人把主要的精力聚焦在学习上时，定会感受到脱胎换骨的喜悦。

2. 调整好身体状态。

人有时候会感受到一种状态，叫"身心俱疲"，说的是在生理上精疲力竭，在心理上对任何人和事缺乏兴趣、急躁易怒。佛家修行讲求"身心合一"，"身是菩提树，心为明镜台。时时勤拂拭，勿使惹尘埃"。这对我们学习定力的养成很有借鉴。只有内外兼修，身心合一，方能进入真正的学习状态。"乾坤自在，物我两忘"，那是一种何等惬意的求知境界。

常言道：贪吃变馋，贪玩变懒。相对来说，假期中，同学们在外力推动下的脑力劳动锐减，家务活中的体力劳动也很少得到父母家人的分派，所以，无所事事下很容易养成一身"懒骨头"，身懒养心懒，人一旦懒惰成性，则很容易丧失进取心。所以，自古以来，但凡有理想、有抱负、成大业的人都非常注重运动，注重强身健体，"野蛮其体魄，文明其精神"，我们要在对身体状态的调整中磨练意志。

《三国志》里面有个"髀肉复生"的典故不少人熟知。

志言：备住荆州数年，尝于表"坐起至厕，见髀里肉生，慨然流涕。还坐，表怪问备，备曰：'吾常身不离鞍，髀肉皆消。今不复骑，髀里肉生。日月若驰，老将至矣，而功业不建，是以悲耳。'"。

说的是刘备败走荆州后受刘表收留，一天，刘表请刘备喝酒聊天。席间，刘备起身上厕所，他摸了摸自己的大腿，发现上面的肉又长起来了，不禁掉下泪来。回到座上的时候，脸上还留着泪痕。刘表见了很奇怪，问他道：贤弟这是怎么啦？

刘备长叹道："我以前一直南征北战，长期身子不离马鞍，大腿上肥肉消散，精壮结实；到这里后，很久没有骑马作战，闲居安逸，髀肉复生。一想起时光如水，日月蹉跎，人转眼就老了，而功名大业尚未建成，因此悲从中来。"

由此可见，刘备对身心调整的自我要求是何等严格。

一代伟人毛泽东从青年时代起也是十分重视体育锻炼。他在湖南省第一师范学校学习期间，发明了五种"健身浴"：冷水浴——每天天还未亮时，他就独自起床，来到学校后面的操场上，做完操，跑完步后就走到教室前面的井边，提起一桶桶的井水，从头顶上浇下来，一直浇到全身发热为止。即使严冬腊月也从不间断。日光浴——在烈日炎炎的夏天，赤着臂膀在操场上走来走去，或者干脆躺在地上，让火辣辣的太阳曝晒全身，把皮肤晒得通红通红的。暴雨浴——每当电闪雷鸣，暴雨倾盆之际，别人都拼命往屋子里跑，毛泽东则反其道而行之，从屋子里跑到运动场上，脱掉衣服，只穿一条裤衩，让暴雨淋漓尽致地落到自己的身上。寒风浴——在天寒地冻，北风呼号的时候，别人关起门在屋子里取暖，毛泽东却走到旷野或山谷的风口上，只穿一件薄薄的单衣，一动不动地屹立在寒风里。空气浴——毛泽东时常对着树林大声地说话。在城墙上，在山上，常见他对着大风大声地叫喊，大口地呼吸；有时在洗完冷水浴或者做完操后，他就在走廊上高声朗读古文和诗词。

伟人自有壮举，圣人言："天将降大任于斯人也，必先苦其心志，劳其筋骨，饿其体肤，空乏其身，行拂乱其所为，所以动心忍性，增益其所不能。"只有及时调整好身体状态，做到眼勤、腿勤、手勤、口勤，才能养就一颗通灵剔透的心，我们不是常说"心动不如行动"吗，所以，新学期开始，应当通过具体的教学实践活动，尽快调整好同学们的身体状态，以适应新学期的需要。一是每天确保有一定的身体锻炼时间，二是保证有足够的睡眠时间。只有这样，才能保持较好的精神状态。因为良好的精神状态是高效学习的重要保证。

3. 调整好学习状态。

作为学校生活，学习从来都是学生的第一要务，无论是心理状态还是身体状态的调整，都是为了使其尽快地进入学习状态。运动比赛中我们常听到"超水平发挥"这个术语，就是说在特定的情境下，一个生命体会爆发出超乎寻常的能量，创造非同寻常的成绩，这就是状态的表现。

古人作战讲究"一鼓作气"，忌惮"再鼓而衰"，惧怕"三鼓而竭"，人还是那些人，兵器还是那些兵器，战场还是那个战场，不同的信号刺激为什么会导致不同的结局？原因还是在于状态的变化。

一个优秀的教练不只是懂得科学的训练方法，而且擅长根据运动员的心理特质，在运动员上场前进行有效的心理暗示与引导，激发潜在的能量。作为教育教学，不是说把学生的心理状态调整好，身体状态调整好了，学生就能进入学习状态。这就好比是一部机器，各方面的部件都保养过了，机器也发动起来了，但不等于就能出好产品，好的工作效果还需要机器操作人员的妙手运作。

调整学生的学习状态就好比是运作一部机器工作，预热、调速、换挡位、进退收放，都需要一套切合学生实际的方案。它是一个全面而系统的工程。例如：学生的坐姿、老师的表情、教室的卫生环境、老师的语速手势、任课教师男女比例的搭配、学校的集体活动这些小的细节都可能影响学生的学习状态。再如学生学习目标、学习计划的制订，班级工作计划的制订，班会的内容，课程表的设计，甚至学校的铃声，课间播放的音乐，也都可能影响学生的学习状态。

所以，调整学生的学习状态需要因时因地而异，需要望、闻、问、切。俗话说，好的开始是成功的一半，作为学习状态的调整不单要找准切入点，还要把握好时机。新学期开始，要尽快调整学生的学习状态。从无序到有序，从松散到集中，从假期作业的检测评估到新课程学习目标的分析，都要有一个引人入胜的开始。

4. 调整好作息状态。

无论是工作还是生活，我们都讲究张弛有度，过犹不及，欲速则不达，好的学习状态讲究常态化，而常态化需要规律化支持，"超常规、跨越式"是相对于保守僵化的思想及裹足不前的惰性而言。学生的作息状态事关学习状态的优劣。曾几何时，巨大的高考压力之下，老师们像上足了发条的闹钟，"两眼一睁，忙到熄灯""起得比鸡早，睡得比狗晚，干得比牛多"，想尽了法地哄着、逼着、吓唬着学生坐进教室"诵经打坐""卧薪尝胆""破釜沉舟"，什么"生前不必久睡，死后自会长眠"，什么"只要学不死，就往死里学"，什么"提高一分，干掉千人"，血淋淋的所谓励志标语扭曲的是一颗颗需要全面发展的青春之心，泯灭的是向善向美的个性发展要求。适得其反的效果是课堂上学生的呵欠连天、昏昏沉沉、答非所问。一个反常规的作息时间表背后定是一个反常规的教育思维，所以，要调整好学生的学习状态必须调整好学生的作息状态。"黎明即起，洒扫庭除""既昏便息，关锁门户"。朱柏庐，明末清初著名理学家、教育家，其《朱子家训》，被历代士大夫尊为"治家之经"，清至民国年间一度成为童蒙必读课本之一。仔细品味其治家格言，朱子在阐述其道德教育思想的同时，也无不透露着人文的生活作息规律。人不是机器，何况机器也有过载锁机的时候。"规范办学不动摇，遵循规律不折腾"与"狠抓质量不放松"并不矛盾，抓教育教学管理离不开"科学化、规范化"，学生的身心健康科学规范的发展，只有学生的身心健康有了科学规范的保障，教育教学质量才能有所保障。

　　一个假期的家庭生活，学生或多或少感染了那种家庭节奏，旧有的生物钟被打乱，步入新学期，新的生物钟需要重新建立，此时此刻，这种"家庭生活""与学校生活"的"时差"势必会影响学生的学校生活节奏，影响学生的学习效率，因此，新学期开始，我们要尽快调整学生的作息状态。具体来说，首先就是要尽快调整到平时学校正常的作息时间。提醒、监督学生不要继续熬夜和睡懒觉，要尽量按正常的作息时间起床和休息。其次，要确保在正常的时间段里开始正常的学习活动。

　　"春眠应知晓，规律少不了。"调整好学生的作息状态就是调整学生的学习状态，二者相辅相成。

　　教育无小事，细微之处见功夫。让我们一起来做一个教育的有心人——为了孩子的成长，为了我们的事业。

第十五讲：
状态，达到既定目标的关键因素

> 状态是人表现出来的形态。
> 持久的状态形成个性，个性决定成败。

一年有四季，潍坊有四中：厚天地之大美，达万物之至理。每一个学生都很重要，每一个学生都有很大的潜力。我们要努力帮助学生提高学习能力、学习成绩。

与大家探讨分享提高学习成绩的七个环节：有了适合自己的有效学习方法，才会事半功倍。

一个人学习成绩的优劣取决于他的学习能力，学习能力包括三个要素：规范的学习行为；良好的学习习惯；有效的学习方法。有了规范的学习行为才能培养出良好的学习习惯，有了良好的学习习惯就会形成适合自己的有效学习方法，三者是相辅相成的，规范的学习行为是前提，是基础。实践证明：一个行为持续 30 天以上，就会形成稳定的行为，超过 100 天就可以形成习惯。

过程不变结果不变，过程改变结果巨变，过程合理成绩斐然！现将学习能力的三要素分解到七大学习环节中：

环节一：计划管理——有规律

长计划，短安排。制定一个短期学习目标，这个目标要切合自己的实际，通过努力是完全可以实现的。达到了一个目标后，再制定下一个目标，一个目标一个目标地实现。

挤时间，讲效率。重要的是进行时间上的通盘计划，制定较为详细的课后时间安排计划表，课后时间要充分利用，合理安排，严格遵守，坚持下去，形成习惯。计划表要按照时间和内容顺序，把放学回家后自己的吃饭、休息、学习时间安排一下，学习时间以 45 分钟为一节，中间休息 10 分钟，下午第四节若为自习课也列入计划表内。

环节二：预习管理——争主动

读：每科用 10 分钟左右的时间通读教材，把不理解的内容记录下来，这是你明天上课要重点听的内容。预习的目的是要形成问题，带着问题听课，当你的问题在脑中形成后，第二天听课就会集中精力听教师讲这个地方。所以，发现不明白之处你要写在预习本上。

写：预习时将模糊、有障碍、思维上的断点（不明白之处）写下来。

练：预习的最高层次是练习，预习要体现在练习上，就是做课后能体现双基要求的练习题 1—2 道。做题时若你会做了，说明你的自学能力在提高，若不会做，没关系，很正常，因为老师没讲。

环节三：听课管理——重效益

听课必须做到跟老师，抓重点，当堂懂。听课时要跟着老师的思维走，不预习跟不上。跟老师的目的是抓重点，抓公共重点，如：定理、公式、单词、句型……更重要的是抓自己个性化的重点，抓自己预习中不懂之处。事实证明：不预习当堂懂的在 50%－60%左右，而预习后懂的则能在 80%－90%左右。当堂没听懂的知识当堂问懂、研究懂。

环节四：复习管理——讲方法

有效复习的核心是做到——想、查、看、写、说。

想：即回想，回忆，是闭着眼睛想，在大脑中放电影。课后最需要做的就是回想。此过程非常重要，几乎所有清华生、北大生、高考状元都是这样做的。学生应在每天晚上临睡前安排一定时间回想。

查：回想是目前联合国教科文组织承认的最有效的复习方法，也是查漏补缺的最好方法。回想时，有些会非常清楚地想出来，有些则模糊，甚至一点也想不起来。能想起来的，说明你已经很好地复习了一遍。通过这样间隔性的 2—3 遍，几乎终生不忘。而模糊和完全想不起来的就是漏缺部分，需要从头再学。

看：即看课本，看听课笔记。既要有面，更要有点。这个点，既包括课程内容上的重点，也包括回忆的时候没有想起来、较模糊的"漏缺"点。

写：随时记下重难点、漏缺点。一定要在笔记中把它详细整理，并做上记号，以便总复习的时候注意复习这部分内容。

说：就是复述。如：每天都复述一下自己学过的知识，每周末复述一下自己一周内学过的知识。听明白不是真的明白，说明白才是真的明白。坚持 2—3 个月就会记忆力好，概括能力、领悟能力提高，表达能力增强，写作能力突飞猛进。此法用于预习和复习。

环节五：作业管理——要自律

不计时不作业：限时作业，记录作业时间，与作业无关的事什么也不做。比如，20 分钟写完英语；25 分钟写完数学……

不复习不作业：先复习所学的内容，然后作业。遇到难题，百思不得，先放过，后攻坚。

不检查不作业：作业后必须检查一遍。

不小结不作业：写完作业后，告诉自己学会了什么，得到了什么，有什么体会。

独立作业忌抄袭。

环节六：错题难题管理——常反思

有了错题本和难题本就叫会考试，目的是为以后复习使用。错题和难题反映着许多知识点的联结，掌握了错题和难题就等于把高分拿在手。建立错题本和难题本可用 16K 的横格本，每页上下分五部分。

第一部分是原题；第二部分是错因；第三部分是正确与举一反三：正确

即写出正确答案，过了一个月复习时，一看还不会，就问自己：怎么还不会？就要进一步查找原因，这时举一反三，将与本题相关的知识点或习题联系起来，写下来。

第四部分是归纳提醒：写出错题错在什么地方，如，错在代数方面，则提醒自己这部分掌握不好，重新自学或请教老师和同学。

第五部分是复习次数：每隔一段时间要复习一次，怎么复习？盖住原题自己用脑子想。——此法比较适用于理科

环节七：考试管理——抓重点

用一张丢分统计表管理。按科目分为填空、选择、计算、阅读等项目。错了、丢了多少分，用统计表说话，这样，能明白什么知识点有问题，哪方面需要改进和提高。

考前拿出专门时间做错题难题本上的题。

有了适合自己的有效学习方法才会事半功倍。

一个人学习成绩的优劣取决于他的学习能力，学习能力包括三个要素：规范的学习行为；良好的学习习惯；有效的学习方法。有了规范的学习行为才能培养出良好的学习习惯，形成了良好的学习习惯就会形成适合自己的有效学习方法，三者是相辅相成的，规范的学习行为是前提，是基础。实践证明：一个行为持续30天以上，就会形成稳定的行为，超过100天就可以形成习惯。

过程不变结果不变，过程改变结果巨变，过程合理成绩斐然！

·校长卷·

第一讲：
理念，实施信心教育的重要保证

> 理念指看法、观念、思想，是理性的概念，思维活动的结果。

为了让信心教育站得更高、走得更远，特将信心教育十大理念进一步发展完善如下。

1. 以信养德，读书明理——信心教育的修养法则。

己欲立而立人，己欲达而达人，己欲信而信人，信"心"先信人。缺乏信任，缺乏诚信，也就是缺乏纯真；缺乏纯真，则潜能不显。不信难以养德，无德之人，行而不远。惟养德方能筑牢生命的根基。良好的思想品德是人们行动的准则，它会使人生活乐观，学习或工作努力，积极要求进步，无论在何时何地，总能把握住自己，成为生活的强者，事业的成功者。

我们要以诚信为中心，培养学生多种良好品德。养成良好品德的关键是读书。我们要努力打造书香校园，为终身发展奠基。

2. 以信立校，用心治学——信心教育的办学方针。

办学凭信誉，治学靠用心。办令家长和社会放心的学校，就要靠以诚信为核心的集体人格，靠以信心为灵魂的团队实力。育人质量的提高，靠的是以教师为主体所构成的文化环境的浓厚的治学氛围，这种氛围的形成与发展，全凭用心。如此，才能将教学升华为治学。

3. 信育师，打造名师——信心教育治校法宝。

每一个生命都有自己最靓丽的闪光之处，找到并培植它，让它像树苗一样在关爱的环境中渐渐成长、茂盛，才能结出丰硕的果实。教师发展与学生发展是一个辩证的统一体，教师发展能更好地促进学生发展，放弃教师发展而追求学生发展，最终学生的发展也只能是空中楼阁。所以信心教育首先要相信老师，以充分挖掘教师的潜能，从而让教师信心百倍地教育学生。

4. 牢记使命，视生若子——信心教育的治学态度。

使命是生命意义的觉醒。一个人，有没有使命意识，是衡量其人生境界高低的重要标准。当一个教师把教学当成一种使命的时候，他就不再是从事一种职业，更不是在完成某项任务，而是在践行对教育事业的承诺。肩负重托牢记使命，以信为本，视生若子，让课堂成为学生发挥优势、成就梦想的园地，是四中教师独特的教育理念。

"视生若子"的老师善于倾听学生的呼声，视生若子的教师"教学生三年，为学生想三十年"。

5. 潜能无限，智慧无穷——信心教育的心理根基。

多元智能理论认为，教育的任务在于开发不同学生的潜能，使他们得到满意的发展。大脑蕴含着无穷的智慧潜能，这是信心教育的根基所在。

四中人相信人人都有无穷的智慧潜能，所有的孩子都富有魅力，四中学生有差异无差生，只是表现形式不同而已。发光并非太阳的专利，每个学生都可以发光；相信没有教不好的学生，只有落后的教育方法和暂时落后的学生，即使是普通孩子，只要教育得法，也会成为不平凡的人。

6. 赏识激励，尊重学生——信心教育的黄金元素。

生命因赏识而美丽，教育尤其需要赏识激励。

赏识激励能够激发学生心灵的火花，能使人永远充满自信、希望和幸福感，是增强学生自信心最简捷最有效的途径。

信心教育中的教师不再是知识的垄断者,不再是传道授业解惑的唯一执行者,而更多的是学生成长道路上的引导者、激励者。教师对待学生要用"放大镜"发掘学生的闪光点,用"反光镜"摘掉学生的缺点,用"显微镜"彰显学生的个性。教师的评价也要立足于赏识激励为主,以提高学生自信心,唤醒学生主动发展的强烈欲望。

当然,信心教育倡导赏识激励为主不是不要惩罚,惩罚是为了帮助学生建立更大的信心。但是惩罚一定要以尊重学生为前提。动不动就朝着学生发火的教师,是最不懂得教育艺术的教师;动不动就大声呵斥、暴跳如雷,动不动就用刻薄的语言和固执的眼光去对待学生,这样的老师不懂得尊重学生,也就无法赢得学生的尊重。

7. 静专思主,潜心乐学——信心教育的学习秘诀。

心不能静,思考问题自然浅尝辄止、自以为是。不静,心则难以专一。粗心和浮躁也就难以避免了。四中学生在坚强的信念支撑下,静心、专心,思考惟深,思想惟独,在远大理想指引下,潜心求学,做到会学、主动学、不放松学,快乐地学习,为国读书。

信心教育就是要让学生相信自己很棒,相信自己是学习的主人。有了信心,他们的学习过程才能真正成为静专思主探求新知、学会做人、学会合作、学会审美、学会健体的全面和谐的发展过程。

信心教育还要让学生在快乐中学习。信心教育的教与学不在于多用多少时间,而在于师生之间是否形成教与学的美的享受,在于是否逐步增长了彼此的能力与智慧,是否享受教育的快乐与幸福。

8. 爱惜精神,胸怀乾坤——信心教育的最佳心态。

"爱惜精神,留此身担当宇宙;蹉跎岁月,乘时光报答君亲。"镌刻于苏州虎丘沧浪亭上的这副楹联,道出了青少年成长的真理和奥秘。成长时期,青少年的心理和性格尚不稳定,最重要的是爱惜精神,争强好胜、嗜酒赌博、谈情说爱等等,都是在不知不觉中消耗精神的行为,需严加禁止。这样方能有一个好的身体和健康的心态,以求将来担当大任。

信心教育要让学生永远保持这样的良好心态：成人比成功重要，成长比成绩重要，经历比名次重要，付出比给予重要，勇敢比畏缩重要。信心教育要让教育达到不为学习，赢得学习；不为成绩，赢得成绩的理想境界。

9. **感恩重诺，互助互赢——信心教育的行为准则。**

施恩不图报，对他人要懂得感恩。感恩自然，感恩社会，感恩父母，感恩朋友，感恩对手。拥有一颗感恩的心，会使人心情坦然宁静，不但会获得良好的人脉，而且思维能力和创造能力会更强大，信心也就会更足。

心灵宁静还有一个重要前提就是重诺，就是言必信行必果的个性。对别人的承诺，一定要慎重，凡是答应了别人的事情，就一定要千方百计地做到，如此方可给自己更多的信心并得到别人的信任。

有一颗感恩的宁静的心灵，同时重诺守信，团结互助，就会成为备受欢迎的人，不管是在求学的道路上还是将来创业，都更容易信心百倍，取得意想不到的成功。

10. **养成习惯，成就人生——信心教育的核心目标。**

行为养成习惯，习惯造就性格，性格决定命运。我们每个人的心田好比一块神奇的土地，播种了一种思想，便会有行为的收获；播种了行为，便会有习惯的收获；播种了习惯便会有品德的收获；播种了品德，便会有命运的收获。播种着习惯，我们同时在不断地收获着成功与自信！相反，不良的习惯会使你失去"幸运"，会使你对机遇视而不见，会阻碍你开发自己的潜能，会让你丧失信心。

养成良好习惯，是增强信心的重要保证，它会助你成就辉煌人生。

第二讲：
思想，决定校长对学校的领导力

> 思想指客观存在反映于人的意识中，经过思维活动而产生的结果。
>
> 思想高度的不同，导致力量的不同。

"华东师范大学齐鲁名校长高级研修班培训"已近10天的时间了，期间，无论是张志勇厅长在开学典礼上的讲话，还是吴遵民、胡东芳、郅庭瑾、冯大鸣等教授为我们授课的内容，都引发校长们深深地思考，例如：名校长最重要的责任与使命是什么？一个名校长应该具备什么样的素质与领导力？一个校长该有怎样的教育情怀？校长该怎样迈向教育家之路？如何衡量学校制度的伦理性问题？怎样办有道德的学校？怎样使学校教育科研做到实处？……

而张志勇厅长在开学典礼讲话中更是把"有自己的教育思想"作为真正的教育家必须具备的四大素质之一。他指出，校长们的教育思想是对教育价值进行自主选择的结果，这里的教育价值选择体现在四个层次上：一是对国家和民族核心价值的选择，二是对当代主流价值教育的选择，三是对学校传统价值的选择，四是校长对自我价值的选择。由此可见，校长拥有自己的教育思想何其重要。

苏霍姆林斯基曾说过："校长对学校的领导，首先是教育思想的领导，其次才是行政上的领导。"拥有先进的教育思想才能激发出超凡的教育激情，那么，校长的教育思想从哪里来？下面结合近10天以来的学习交流以及自己的体会，谈谈我的认识。

1. 从思考探究中来。

教育思想智慧是长期思考和不断探究的结晶，校长要学会思考，既要高屋建瓴，也要脚踏实地。校长要勤于探究，常常思考探究自己的办学理念、办学目标、办学思路、工作方法、自己及所在学校的优势和劣势。

善于思考的校长特别懂得反思。校长反思的真谛就在于校长在实施学校管理的过程中敢于和善于突破、超越自我，不断在反思中提升自我，使自我的思想更加成熟，从而丰富和发展自己的办学理念、管理思想、管理策略和管理经验。善于思考的校长特别善于换位反思，在换位反思中了解教师所想，欣赏教师所长，消除教师所疑，解决教师所难。

善于思考的校长不仅善于培养自己的反思能力，还善于通过多种途径培养教师的反思能力，善于引导教师反思自己的教育教学方法是否促进了学生的发展。

2. 从阅读学习中来。

"腹有诗书气自华"。校长要使自己跟上时代，就要经常读书、经常洗脑。书读得多了，眼界开阔了，就能把自己的思考与自身的实践经验结合起来，引发前人之所未发，成前人所未成，酿成个人思想的佳蜜。

作为名校长，还要特别善于阅读老师这部大书，因为教师是学校的第一生产力，是学校文化的真正缔造者和直接传承者，只有善于阅读、研究教师才能真正游刃有余地管理好学校，才能使自己的教育思想更加完善。

而真正英明的校长不仅善于阅读教师，还善于让教师人人成为一本丰厚的书、有吸引力的书、高尚的书，而且舍得投入时间、精力、物质抓教师发展。

3. 从改革创造中来。

校长要创造性地开展工作，不断探索教育工作的新思路新方法，并引导全校师生转变观念，开拓进取，创造性地学习和思考。

陶行知在《创造宣言》中说：教师的成功是创造出值得自己崇拜的人。

先生之最大的快乐，是创造出值得自己崇拜的学生。那么，校长的成功在于创造出值得学校骄傲的教师。高明的校长总是鼓励每个教师去冲击优秀、追求卓越，创造一切条件让老师跳得更高、做得更棒。如果一所学校产生了一大批名师，乃至产生了教育家，这样的学校一定有一位思想独特的校长。

改革创新，必须拥有勇气，善于质疑，敢于质疑，敢于开动脑筋，用自己的大脑多问几个"为什么"，从而获得自己的思想，逐步走向成熟。

4. 从倾听交流中来。

善于倾听交流可以让校长更有思想。

作为校长，一是要多倾听别人的成功经验，包括同行和非同行。别人的成功经验虽不能照搬照抄，但可通过"思维磨合"进行借鉴，通过"有机结合"为己所用。如果校长经常倾听别人的做法，就能不断找到自己思维活力的"触发点"。

二是多倾听老师和学生的心声。用自己的智慧点燃起每一位师生心中的火焰，让每一位师生心中有一种为人生价值追求而愿意全身心投入的冲动和持久工作的激情，这样才能成为群体奋进的引领者，才能在我们的老师和学生出现一些问题的时候，不把责任全部推卸给他们，从而让自己做出正确的思考、判断与决策，才能进一步了解教育理念和办学目标在实施过程中的不足，不断修改，日臻完善。

三是多倾听领导的心声。领导是上级精神的传播者，相对来说比我们站得高一些，听得多一些，想得深一些，看得远一些，考虑得全一些。在倾听领导心声的过程中我们可以得到很多的启发，不断地丰富自己的教育思想和主张，防止走弯路走冤枉路。倾听同时也是加强沟通的过程，通过与领导交流办学理念、办学思想、办学思路，争取领导的支持、信任和理解。

四是倾听家长和社会各界的心声。家长是我们学校的服务对象，社会各界时刻在关注着我们的教育。善于通过各种渠道倾听了解他们的心声，可以撞击出教育思想的火花，多方牵手，形成合力，办人民满意的教育。

5. 从和谐团队中来。

校长的思想，应是一个团队精神的碰撞、交流、融合、积累与提升。

有先进的教育思想的名校长，都特别善于打造和谐团队。这样的校长善于以诚待人，以诚心换真心，即使批评也很诚恳；善于以情感人，善于用感情的纽带将自己与师生凝聚在一起；特别懂得尊重每一位教师，譬如多给水平不高的教师培训机会及锻炼机会，主动与受到孤立的教师做朋友，给予有过错的教师改过的机会，注意引导有严重缺点的教师一点点进步，虚心听取持不同意见的教师的意见，对不尊重自己的教师保持自己应有的道德修养，不计较，不记仇。让所有的老师都愿意向你吐露心声，校长的思想由此变得丰富多彩。

和谐团队的打造更仰仗于采取一系列措施提升凝聚力。譬如我校采取导师制、骨干教师先期上课制、青年教师与老教师结对子、集体备课制等措施，让教师与教师之间在思想的交换中互相促进，共同提高。教师思想的提升进一步激发校长的工作热情，如此形成良性循环，一个有思想有魄力有凝聚力有朝气的教育团队就形成了。

另外，有思想的校长还必须"耐得住寂寞"，有更多的时间静下心来"想"，沉下身子做；必须拥有打造学校品牌的远见和科学的发展观。

由以上论述中可以看出，名校长要想拥有教育思想关键是要拥有教育精神，是对教育事业的理想追求，为实现教育理想而迸发的创新激情，坚韧不拔的意志，一往无前的气概，面对诱惑的一身正气，以及在学校管理中体现出来的高尚情操，拥有教育精神，才能积极开动脑筋，踏踏实实工作，千方百计丰盈提升自己的教育思想，从而拥有先进的教育理念、教育思路和教育目标。这就需要我们以张志勇厅长为我们树立的教育家的标准来严格要求自己，长时间地坚持磨砺自己，在实践中以人生的大气逐步树立教育家的信念，以扎实的底气逐步培育教育家的学识，以坚韧的锐气逐步造就教育家的品格，坚守精神、实践思想，让自己的教育思想之山更巍峨，以无愧于名校长的角色，无愧于教育这一辉煌事业。

第三讲：
思考，解决教育问题的最佳途径

> 思考是思维的一种探索活动，源于主体对意向信息的加工。
> 关键时刻多一些思考，就多一些和谐，少一些矛盾与懊悔。

第一问

《新教育》记者："别看我其貌不扬……"我忘不了2008年，你在内蒙古呼伦贝尔阿荣旗举行的第八届中国新教育发展论坛年会上演讲时说的这句话。当时，你两手按在演讲台上，头颅高扬，目光坚定。至今，已经是第六个年头了。支撑你走到现在的精神是什么？或者说，从教这么多年，你靠什么来支撑自己前行？如果方便的话，请介绍一下家庭、求学、从事教育以及社会等方面对你成长的影响。

是啊，时光荏苒，日月如梭，在历史的漫漫长河中，流失的是岁月，沉淀的是精华，而不变的永远是我们作为一名教育者勤勤恳恳工作、兢兢业业育人的忠诚。六年的时间弹指一挥间，往回看，恍如昨日，而回顾这六年中所做的事情，林林总总，确有一种忙碌中充实。从教这么多年，你问我靠什么支撑自己前行，由此我想起了《周易》中的一句话：天行健，君子以自强不息。地势坤，君子以厚德载物。进取、开拓、向自身的惰性宣战，一个人要成就一番事业，必须要这样做。

当你在努力为自己的工作而坚韧执著地一往无前，你不单是在从事一项工作，你是在弘扬一种精神。自强不息，刚健有为，团结包容，吃苦耐劳，勤奋努力，这是我们几千年的华夏文明沉淀的精华。师者，授业也，传道也。授业在能，传道在行，身教重于言教。很多时候，我们做教育的是在做一件心神合一的事情，一言一行，一举一动，在为学生创造一种耳濡目染的环境氛围。所谓的"三人行必有吾师"，本源意义上是讲谦虚为学，我们也常常这样去引导我们的学生建立这样的学习心态，但我们是否考虑过老师是与学生朝夕为伴的，老师很容易成为学生的影子，一个学生很容易把他的老师当作自己理想的化身。那么，反过来讲，我们要教给学生什么？要给学生施加什么样的影响？我们考虑过没有？生也有涯而知也无涯，换言之，我们教给学生的知识是有限的，甚至错了都可以去改，但是，我们对学生的影响是深远的，甚至对学生的很多影响是不可逆的。近朱者赤，近墨者黑。作为一名老师，有时候反观自己的生活、工作状态，是不是觉得很可怕？是不是觉得我们不是在为自己活着？我们要为那几十双清澈无瑕的眼睛负责。走进学校，我们常见不少的墙壁上有这样一句话："以渊博的知识培养人，以科学的方法引导人，以高尚的品格影响人。"渊博的知识、科学的方法暂且不论，单是一句"高尚的品格影响人"就不是那么的简单，说这些并不是讲我是一个多么高尚的人，在教育的路上，我也有自己的苦闷、彷徨、摇摆，因为我们都是凡人，没有孙行者的七十二变，有的只是一颗恒心，而在追梦的路上又有那么多的沟沟坎坎甚至是鸿沟需要你去逾越，恒心可以延缓疲惫，但真的不会消除疲惫，说到这里，你就会理解做一个教育人，有多少事情等着你去做。老子有言："道，可道也，非恒道也；名，可名也，非恒名也。"可见一位教师的工作远非大家想象的授业、解惑那么简单。我执著于我人生的目标，我忠诚于我事业的选择，我更要用我对人生、对事业的敬重来影响我的学生，告诉我的学生"人"字应该怎么去写，这，就是三十多年来支撑我在教育之路上决然前行的动力之一。

"人不能单靠吃米活着。"这是著名文学家巴金先生的一句话，与其珠联璧合的是共和国总理周恩来同志那一铿锵有力的"为中华之崛起而读书"。由此我也想起了我的童年，我的乡村，我的求学与工作历程。我想，如今年届五十的人大多数人都和我一样有着幸福但却艰苦的岁月记忆。我们沐浴了党的阳光雨露，见证了父辈们为时代的发展付出的艰辛与无悔，也在这一过程中享受了正统的思想洗礼，信仰与追求深深地烙刻进我青春的年轮里。父辈的坚韧告诉我如何去应对生活的艰难；乡邻们的朴实善良教会我如何去与人为善；恩师的慈祥给了我前行的动力，直到现在我都没有忘记我的老师在学校里称呼我为"小聪明"时那些许的羞怯与自信。"小"是因为那时的个子矮，"聪明"是因为我在学生时代学习一直是出类拔萃的。现在想来，一位老师对学生的褒奖与肯定是多么的重要，老师那时的褒扬或许就是对我今天"信心教育研究"的启蒙。也正因为如此，工作之后的很长一段时间我都不曾离开过生我养我的那片土地，我希望通过我的努力，帮助更多的、像我当年那样的孩子走出家乡的大山。这一直是我不变的责任。

第二问

《新教育》记者：韩忠玉，这个名字，我听说有十多年了。当时，你在安丘四中担任校长。听人说安丘四中搞得很好，全国各地很多人去参观，我不以为然。可能是本地人没有神秘感的原因吧。后来，竟然有学校担心安丘四中不接待，要通过我们想办法进学校学习参观，我们陪同去了，也没有用心去学习研究，后来成了遗憾。请您介绍一下当时安丘四中的发展情况和特色。

正如前面所言，我是喝着汶河的水长大的农民的儿子，沂蒙山余脉的山风至今对我都是一种不舍的眷恋。工作之后很长一段时间我都扎根在家乡边远贫穷的山区教学。先后在当时的吴山公社泥沟中学、安丘二中从事教学及教育管理工作，你说的在安丘四中担任校长是1998年至2005年间的经历。

安丘四中是山东省潍坊安丘市的一所普通农村高中，当年校园占地不足百亩，设36个高中教学班，教职工196人，在校学生2600人。第一学历本科毕业的教师只有3人，生源多为沂蒙山村的农村孩子，新生多是城里重点高中的落榜生。当时按照市教育局的指令安排是划片招掐了尖后的学生，最少的时候是只面向两个乡镇招生，且划片范围内成绩优秀的学生都被重点高中招录去了，安丘四中只能招收二、三类成绩的学生；学校设备也非常简陋，条件很苦。面对这样一种现状，教师工作的积极性、学生学习的热情可想而知。如何改变现状、提升师生工作和学习激情？如何立足校情科学管理、探索规律、寻求蹊径，为基础差的学生搭建进步和成功的平台？接任四中校长职务以后我一直在思考这个问题。校长不同于一个学校中层领导，也不同于一名班主任，你的工作目标是实现学校的整体发展，因此，要实现这个整体发展的目标，必须要找到一种既是思想又是方法的东西来推动学校工作的开展。当时，我结合自己多年来的教育思考和一线工作经验，首先从提升师生自信心入手。在全体教职工会上，我提出了"四中无差生，四中学生潜力无穷；让学生接受最好的教育，为人生打下坚实的基础"的办学理念，在学校全面实施信心教育、养成教育和感恩教育。

"用崇高的理想激励教师、用学校的发展凝聚教师、用合理的待遇奖励教师、用深厚的感情留住教师"这是当时学校管理教师的总原则。让吃苦的吃香，让实干的实惠，让有为的有位，这是我们学校管理工作的一种通俗的解释。2008年以前，山东省"普通高中学校管理基本规范"及《关于大力推进素质教育的意见》等文件还没有出台，加班加点在全国教育界特别是高中学校还属一种普遍现象，因为高中教育是直接与高考接轨的。"两眼一睁忙到熄灯，熄了灯想学生"，这是当时四中教师敬业精神的写照。学校领导班子也是以教学为中心，深入教学第一线的位置摆得很正。四中的中层教学领导全部都在教研组办公，没有个人办公室，坚守教学第一线，既当指挥员，又当战斗员，吃苦在前，奉献在先，以自身的表率作用凝聚教师，增强了教师的向心力，提高了教师队伍的工作积极性。

学生是立校之源，学校大力实施信心教育法，提出了"四中学生潜力无穷"的口号，让学生认为自己非常聪明，认为自己是最优秀的，让老师也坚信不疑，在全校达成共识。为了充分挖掘学生内蕴的巨大潜力，我要求老师必须做到"三个一"：每天送给学生一个微笑，每天说一句鼓励学生的话，每天找一名学生谈话。全校教师对学生不能说"不"，更不准说"你不行"；要说"你行""你一定行""你潜力很大"等鼓励之语。在这种长期"你能行"的话语氛围里，学生一个个都感到自己真的很行，学习成绩也逐渐提高。好的成绩又给学生带来好的心情与新的动力，一种心理与学习之间的良性循环也就形成了。安丘四中的生源大多来自沂蒙山区，他们对上大学充满了憧憬，但因基础相对较差，学生的学习信心不足成为制约学校教育教学质量的瓶颈。我一直认为：信心是一个人成功的保证。只有从培养学生的自信心抓起，最大限度地挖掘学生潜能，才能提高学校的教育教学质量，才能培养出素质一流的优秀人才！为激发学生斗志，我们采用激情宣誓来扬起学生自信的风帆。所有的班级，每周的班会前，在班长的带领下，全班学生会举起右手，握紧拳头庄严宣誓："我非常聪明，我潜力无穷，我要在老师的教导下，告别'三闲'，静、专、思、主，刻苦学习，遵守纪律，加强锻炼，全面发展，为四十岁做准备！"正是这铿锵有力的誓言，叩击着每一位同学的心弦，涤荡去心底的消沉，激越起昂扬的斗志，张扬起自信的风帆，给学生的思想定时充电，使他们的自信心得到不断强化。不仅有学习誓词，还有跑操词。每天早晨，上午及下午课间，操场上国旗迎风飘扬，在学校简易的跑道上，学生的跑操步伐整齐，口号宏亮让人震撼："脚踏实地，奋力拼搏。敢立壮志，誓夺第一，四中学生，潜力无穷，自强不息，我要成功。"伴随着学生坚实的步伐，嘹亮的口号直冲云霄，带走了孩子们学习的疲劳，唤起了他们新的激情。

在全体教职工的共同努力下，在短短的几年内，安丘四中实现了办学层次、办学规模、办学条件、办学效益四大突破，创造山东省高考成绩的神话：学校连续五年获得潍坊市本科上线人数、本科升学率第一的成绩。2003年高考，取得了前所未有的好成绩：全校文理应届本科一榜进线247人，其中重点本科进线125人，本科进线率高达63.47%，高出山东省本科招收率（32.45%）31.02个百分点，约是山东省本科招收率的两倍。安丘四中的办学事迹被《中国教育报》誉为安丘四中神话，并以《为什么这里薄田出高产》为题对安丘四中的成功办学经验作为头条新闻报道。学校靠办学成绩一举打入了潍坊市22所重点高中行列。高考本科录取率列潍坊市78所高中第三名。2004年高考，再续高考神话，650人参加高考，本科录取406人，本科录取率为62.5%，其中文理应届考生429人，一榜本科上线274人，上线率为63.9%，是山东省本科招收率的两倍，保持和巩固了潍坊市22所重点高中的地位，学校荣获2004学年度潍坊市人民政府颁发的"潍坊市优秀教学成果集体奖"。

2005年高考，有861人参加高考，各类本科共录取578人，本科升学率为67.1%，（其中文理学生620人，文理本科录取412人）本科目标完成率全市第一，本科进线率全市第一，是山东省本科录取率的两倍，学校再获潍坊市政府教学成果奖。

2006年高考，有892人参加高考，各类本科共录取621人，（其中文理考生651人，文理本科录取452人），本科升学率69.62%，本科任务完成率全市第一，本科升学率全市第一，安丘四中李建华以672分的高考成绩被清华大学录取。

当然了，以上数字今天在我们山东是不能再提的了。山东省自2007年底的素质教育工作会议以来，全省全面贯彻素质教育精神，升学率不再搞排名排队，高考成绩作为学生个人隐私不再对社会公布。我想说的是，世上没有绝对差的学校，也没有绝对差的学生，只要我们用心做教育，用一颗执著的心，不抛弃、不放弃，对自己有信心，对同事有信心，对学生有信心，对学校有信心，我们就一定能够把事情做好，就一定能像河北遵化的沙石峪村那样创造青石板上夺高产的奇迹。人活着，精神最重要。

第三问

《新教育》记者：过了几年，听说你调到潍坊市教育局下属的潍坊市教育科学研究院担任副院长，分管高中教学工作。期间，我们见过面，但没有深度交流。从一所农村高中的校长到城市里担任分管高中教学的副院长，当时在当地教育界引起了不小的反响。请你谈一下，当时去潍坊市教育科学研究院工作的原因或者说过程，当时决策者调你去，主要看重了你哪些方面的优势呢？你又做了些什么呢？

担任潍坊市教科院副院长是2005年以后的事情。"全国的教育看山东，山东教育看潍坊。"我不知道这话从何而来，但是，我知道，齐鲁大地乃孔孟之乡，有着源远流长的教育文化，不说过去怎样，单就1977年恢复高考以来，从教育教学研究到教育教学改革，山东省的教育一直是走在全国教育的前列，教育教学成绩一流，教育改革思想超前，这是有目共睹的。2005年，我从一线教学调任潍坊市教科院工作，那时是现任北京十一学校校长的李希贵同志任潍坊市教育局局长。李希贵同志有着和我一样的基础教育的工作经历，我们都是长期在一线基础教育园地里为教育梦想打拼的人，都有着共同的农村学校的教育教学管理体验，逆境中的工作考验让我们对教育有了更多的思考与研究，也有了更多的驾驭复杂条件下工作的经历，长期的农村教育体验让我对发展我们国家教育有着更强烈的愿望，四十出头的年龄不敢说是经验如何，但干一番事业的澎湃激情还是由来已久的。顺风行船无须发力，逆水行舟当全力以赴。也许是如火如荼的潍坊教育发展形势召唤着我们，也许是"山东教育看潍坊"的坊间褒誉给了教育局领导更多的压力，在这种情况下，我挑起了潍坊市高中教研的重担。多年来一线教育教学的实践经历，潍坊市良好的教育科研环境，为我又提供了一个良好发展平台，这时，我也有时间将我几年来的"信心教育研究"实践做一个理论性的总结，2005年11月，我的23万字的教育专著《韩忠玉信心教育法》结集出版。

我在长期的一线教育工作中积累了一定的教育实践经验，教科院的工作让我对教育理论有了一个更系统的整合。如果说由农村中学一线教师、校长到潍坊市教科院院长，完善了我从实践到理论的这一过程，那么，后来的从教科院院长再到城区高中校长、教育局领导这一戏剧般的角色转换更是实现了再从理论到实践的完美过渡，由此，我更加感谢那些在我的教育之旅中有着共同教育情怀的志同道合者。

第四问

《新教育》记者：过了一段时间，听说你调到潍坊市的一所高中——潍坊第四中学担任校长。学校位置在潍坊市的坊子区，并且第二次担任高中校长，这又在当地教育界引起了不小的反响。在这里你工作到现在。请你谈一下，当时组织上为什么调你来？你为什么愿意来？你来了之后，又做了些什么？

人生有时很戏剧化，冥冥之中我似乎与"四中"有着不了的情结。2008年1月，坊子区委区政府为打造潍坊四中品牌，面向全市选拔校长，坊子区委书记经过和潍坊教育局张国华局长沟通商定，共同做我的工作，让我出任潍坊第四中学校长。重拾学校教育管理工作，当时我确实备感责任之大。没去之前，也有朋友劝我还是不要难为自己，相对来说，教科院的副院长工作比一个高中校长的工作还是较为单纯的。但看到坊子区委区政府诚恳的态度，我的教育激情再次被燃起，何况我的信心教育实践也需要这样一块充满生机与活力的土壤来耕耘，在这样一种情况下我便接过了坊子区政府的聘书，做了潍坊四中的校长兼党委书记，一直工作到现在。

潍坊四中建校于1954年,从基础设施来看在城区中是条件较差的一所高中学校,但潍坊四中也是一所有着较深文化底蕴的学校,曾创造过城区高考三连冠的辉煌,后期由于受地域教育发展不均衡的制约,受地区经济及各种教育现状的影响,教学质量曾一度出现过摇摆,新一届区委区政府也是看在眼里,急在心里。面对新的环境、新的问题,在潍坊四中校长任上,我一如既往地从事信心教育研究实践,狠抓教学质量不放松,以信心教育文化引领学校全面发展,正如当年的安丘四中一样。五年来,潍坊四中一年一个新台阶地发展着,进步着,实现了区委区政府的夙愿与我的教育理想。

从我到潍坊四中任职时起,山东省的教育教学已经开始了从形式到内容的大幅度改革,作为素质教育改革的保障性文件,《山东省普通中小学基本管理规范》条例40条在2007年12月下发各级教育行政部门并敦促执行;2008年1月,"全省素质教育工作会议"召开,围绕培养什么样的人和怎样培养人的问题,山东省高举素质教育的大旗,以政府为主导,加强领导,创新机制,规范制度建设,深化评价改革,走出了一条以改革求发展的教育创新之路,解放了老师,解放了学生,解放了思想,解放了教育,深为广大人民群众所拥护,五年的发展成就是有目共睹。在这五年的过程中,我的信心教育研究也从农村高中到城区高中、从传统教育模式到现代教育改革的过渡中不断丰富完善。实践证明,任何一种基于传统文化与现代科学实践的教育思想都有着广泛的适应性、具体的指导性和可操作性。

从一线教师到校长到教科院的工作,三十多年的教学实践及教育管理实践使我深深体验到,一所学校要想发展,要想有所成就,有所建树,就要有自己的特色,有自己的文化。但是,特色不是形式的东西拼凑出来的表象,需要有实质性的内容来支撑。从安丘四中到潍坊四中,我始终坚持把"信心教育"融入学校文化,让它发展为学校文化的主流,发展为学校的特色。来到潍坊四中,我和我的团队坚持"规范办学不动摇,遵循规律不折腾,狠抓质量不放松"的基本原则,结合学校实际,与时俱进,不断创新,不断深化发展信心教育,形成了信心教育一线贯穿,学校工作全面发展的办学特色,大幅度提高了教学质量,有效促进了学校的发展,得到了社会高度认可,广泛赞誉。

第五问

《新教育》记者：根据你的某些情况，如果按正常人的逻辑思维，你到潍坊四中干校长，职业生涯就基本定型了。然而，2012年，你又兼任了潍坊市坊子区教育局的党委书记，全面负责坊子区教育工作。你这个超越，再次挑战了人们的传统神经。你为什么做出了这样的选择？在这个岗位上，你有什么样的思路？又做了些什么？

坊子区自建区以来，教育局的负责人到我这里是第七任了。三十年来，在历届区委区政府的指导、支持下，坊子的教育走出了一条由小到大、由弱到强的发展之路。近年来，伴随着信心教育研究与推广，不断成长着的不只是我个人，信心教育推动了学校特色化、多样化发展，促进了学生个性发展，学校有了明显的变化。近三年来，已有国内外300多个教育考察团前来参观考察。学校十多次在全国教育会议上做信心教育经验交流。学校的办学举措多次被省级以上媒体连续报道，社会影响与日俱增。在潍坊市民间机构组织的学校社会满意度电话调查中，潍坊四中的满意度始终达99%以上，基本上实现了办人民满意的教育的发展目标。近年来，学校先后荣获"山东省教学示范校""山东省艺术教学示范校""全国海军招飞先进单位""全国教育创新红旗单位"等十几项荣誉称号。2012年，荣获普通高中"五星级学校"称号，我个人也被认定为潍坊市特级校长。在目睹潍坊四中不断发展的过程中，坊子区委区政府没有忘记全区教育事业的发展，2012年，根据坊子教育形式的发展需要，新一届区委区政府再次找我谈话，让我在继续任职潍坊四中校长的同时兼任坊子区教育局党委书记，全面负责坊子区教育工作。尽管难言能者多劳，但也盛情难却，我的信心教育情怀再次为自己压上了一副担子，组织的信任、老百姓的期盼、个人的职业情怀让我无怨无悔。新的工作定位，与其说是超越，倒不如说是对我工作能力的再次考验。五年的时光，匆匆太匆匆，但我已深深地爱上了坊子这片淳朴而又热情的土地，凤凰山前的薄雾氤氲，九龙涧畔的杨柳依依，入诗入画入梦也入情。一千八百多个日日夜夜，流逝的是青春，收获的是友谊、事业和富足。选择的指向是单一的逻辑结果，而我的教育情结早已和坊子教育这片沃土融为了一体。面对区委区政府的信任，面对全区人民的期待，我没有理由退却。2013年2月2日，在全区初中、小学、学前教学工作会议上，面向全区教育管理干部，我做了《规范办学不动摇，遵循规律不折腾，狠抓质量不放松》的会议发言，倡议全区教育工作者认真贯彻落实党的十八大精神，深刻领悟教育规划纲要20字方针，优化工作作风，提升教育服务水平与质量，把教育改革、创新、发展的落脚点聚焦到提高教育质量上，遵循规律搞改革，因地制宜谋发展。如今一年的时间过去了，坊子区的教育正越来越展现出她的勃勃生机。

第六问

《新教育》记者：根据我十多年的观察和了解，你的职业发展具有传奇色彩。你创造了"信心教育法"，造福了成千上万的孩子。你本身的发展，事实上就是一个很好的"信心教育"案例，值得琢磨、研究和进一步推广。请你介绍一下"韩忠玉信心教育法"这些年的主要发展过程和推广情况，同时请你举不同时期的3个学生成功典型案例并予以剖析。

如果打一个通俗的比喻，"信心教育法"是苦根苦藤上结出的一个甜瓜。她启蒙于我艰苦求学的少年，植根于教学条件艰苦的安丘四中，成熟于我在潍坊市教科院任上，发展于后来的潍坊四中。

随着安丘四中教育教学质量的逐年攀升，2004年9月，潍坊市教育局在安丘四中召开了全市教育教学工作会，并把四中做法冠名为"韩忠玉信心教育法"，在全市推广。同时，"韩忠玉信心教育法"获潍坊市人民政府教学成果一等奖、潍坊市首届教育教学管理方法创新燎原奖。2006年9月19日—20日，全国农村名校经验交流研讨会在安丘四中召开。来自全国二十多个省、市、自治区的800多位教育专家、领导参加会议。安丘市第四中学虽然地处农村，师资、生源相对薄弱，但在信心教育的发展之路上摸索出了一条独具特色的办学之路，教育教学成绩一年一大步，一年一台阶，凭借独具特色的办学经验，被誉为全国农村高中的一面鲜艳的旗帜。为此，《中国教育报》撰文专题报道：安丘四中，青石板上创高产，为全国的农村学校教学树立了榜样。自此，通过几年的教育探索与实践，信心教育走过了一个从探索到成熟的历程，终于结出了丰盈的果实，也实现了我作为一个教育人的梦想。在此期间，安丘四中成了全国各地教育同行考察研究的对象，我们也借这个平台广泛地开展了与外省、外地市教育同行的交流，足不出户地学习获得了许多宝贵的教育教学管理经验，互通有无的同时发展成长了自己。

2008年11月，"潍坊市韩忠玉信心教育研究中心"成立，国内多家专业报刊对"韩忠玉信心教育法"予以充分肯定和高度评价，相继做了大量评价性报道。2011年5月15日，全国教育科学"十一五"规划教育部重点课题《构筑有效教研工作机制的理论与实践研究》子课题结题暨信心教育现场展示会在潍坊四中举行，时任中央教科所科研管理处处长、总课题组组长的陈如平同志在考察潍坊四中的信心教育后给信心教育以高度评价："信心教育破解了学校高位发展的难题，提供了科学发展的样板。"随着信心教育研究中心的成立和信心教育行动性研究的不断深入，近年来，陆续有国内外几百个教育考察团到潍坊四中参观学习，"韩忠玉信心教育法"已成为新的教育形式下充满人文情怀，传承优秀民族文化，增强师生亲和力，提升课堂教学水准与效益，激发学生学习潜能，开发学生情商与智商，成就学生自信自强，完善教育教学素养，全面推进教育教学改革，整体提升教育教学质量的一门经过实践检验的科学的教育方法。在以后的日子里，我的教育探索——"韩忠玉信心教育法"也通过《中国教育报》《教师报》《现代教育导报》《中国日报》《中国青年报》《山东教育》等媒介在更广的范围内与大家交流。

"韩忠玉信心教育法"既是我个人的教育研究总结，也是集体智慧的结果，受益的不仅是学生，更有我们的老师。对于学生潜能的挖掘，对于个性特长学生的培养，关爱每一位学生，让每一位学生都成才、成人，其指导思想就是"信心教育法"，限于篇幅典型案例就不再一一列举，这样的例子太多太多，但我想要说的是：近年来我校的王国良、王爽等同学以优异的成绩考入北大、清华，这是我们的自豪，但是，更让我们欣慰的是四百二十多分的高考成绩依然能够进入中央音乐学院、成都理工大学这样的高等学府，去学习他们喜爱的声乐、广播电视编导等专业，你说这不是我们对社会、家长提交的一份满意答卷吗？"每一个学生都很重要"永远是我们的教育理念。

第七问

《新教育》记者：农村包围城市，城市领导农村。我认为，你是从农村教育过渡到城市教育，又用城市教育来引领农村教育的典型。你认为农村教育与城市教育的主要差别有哪些？从你这些年的学习实践经验来看，你能否分别对农村孩子与城市孩子提一些建议或者说一些心里话。

实现教育公平是《国家中长期教育改革和发展规划纲要》的重要战略目标，应该看到，随着社会不断发展，农村教育与城市教育的差别正越来越小，始于2001年的"撤点并校"基于当时国务院针对农村义务教育出台的《国务院关于基础教育改革与发展的决定》，后来也影响到高中教育，政策在执行的过程中出现的偏颇暂且不论，但就教育布局来说，教育城镇化的格局是越来越突出。农村教育的基础设施、师资力量、管理水平、教育环境一年比一年更接近城市教育。但是，差别还是明显存在的。教师学业水平的达标率、骨干教师的占有比例、现代教学手段的应用、学生的家庭教育与社会教育环境、学生能力的早期开发与培养、学校的教育教学研究氛围等都还有着不同程度的差别，这种差别越是低年级的学段越大。缩小这种差别是整个社会的共同责任，弥补这种差别带来的教育影响关键还是靠我们教师，这也是当初我搞"信心教育"的起因。农村的孩子有着更加良好的体质、更加吃苦耐劳的品质、更加节俭的习惯，但是，近年来出现的一种教育怪现象是，农村出来的孩子能吃苦的比城里的孩子更吃苦，不肯上进的却比城里的孩子更让人操心。有不少农村孩子一旦进入到城镇学校便自恃学业水平高了，认为父母落后了，把握是非善恶的标准出现了偏差，普遍的现象是农村孩子违规违纪的几率要比城市的孩子高。这跟一段时期以来我国农村经济的不断发展、独生子女不断增多有直接关系，所以，与其说是对农村孩子提些建议倒不如说是对广大的农村家长提点建议——"富贵不娇子"。过去有句话我们提了多年，叫做"再穷不能穷教育，再苦不能苦孩子"，现在来看应该做些微调，叫做"再富也不能富孩子"，在孩子的成长过程中，家庭教育很重要，如果不在家庭教育上防微杜渐，农村孩子的优势将不复存在，将会有越来越多的农村孩子被城市孩子远远地落在后面。另一个方面，随着我国人口知识结构的不断改变，一段时期以来，我国城市的文明化进程相对较快，城市的孩子有更多的机会和更好的条件接受现代文明。但作为城市的孩子应该寻找更多的机会去看看我们的乡村，看看我们的原野，考察一下风俗民情，了解大多数人的生存现状,在开阔视野的同时增强责任意识。狭小的生活空间、快速的生活节奏不应该成为我们脱离社会的借口。

第八问

《新教育》记者:我认为,你是一幅改革创新的作品,你不断超越自己。我个人感觉,许多校长临近五十岁或者超过五十岁,事业进取心就明显减退。这里有体制的原因,也有个人的原因。请你谈谈,怎样激发生命活力,永葆职业激情?全面深化改革的时代,需要越来越多有追求的人们,请你给校长们提提建议。

职业倦怠是很多人难以逾越的一道坎,诚如你所言,这里面有着体制上的原因,但我认为更多的是个人体质的表象与文化的内涵所决定的。至圣先师孔子曰:"五十知天命。"这话很容易被曲解为人生在自然规律面前的无可奈何,被理解为一种生命的倒计时,实则不然。孔子一生以继承周公之道、教化天下百姓为己任,始终是一个文化精神的传播者,五十岁后的几年,也正是孔子在仕途上卓有建树的几年,怎么会有听天由命之叹呢?孔子62岁时,曾这样形容自己:"其为人也,发愤忘食,乐以忘忧,不知老之将至云尔。"其时孔子已带领弟子周游列国9年,备尝艰辛,但孔子并不知难而退,仍然乐观向上,坚持自己的理想,甚至是明知其不可为而为之。"克己复礼",这就是孔子对自己天命的认识。他认为,一个人要克制自己,战胜自己,不为外物所诱,去私存仁,这是上天的命令,也是自己的职责。由此推演开来,所谓"天命"是生命、是上天赋予我们创造新思想、新精神、新境界的职责。古圣先贤,万世师表,吾辈之为师,岂有不兢兢以敬业之理?明代著名思想家王明阳有言:"去山中贼易,去心中贼难。"职业倦怠不是一种生理上的反应,而是一种"心中贼",贼入室财失,贼入心志消,志消则神靡,由此也就不难理解"没有谁可以打败你自己,只有自己打败自己"这句话的深刻含义了。处在一个全面深化改革的年代,多给自己留一套选择题,多从我们的传统文化中汲取营养,这既有助于个人的成长,更有助于我们事业的发展。

第九问

《新教育》记者:你是管理上的高手,激活了那么多教师和学生。很多校长对你很尊敬，希望能听到你的管理之道，请分享一下。对领导班子、教师、学生，应该如何科学拿捏？同时，也请结合新课程改革，谈一下，管理对课堂教学、课程建设以及对人的发展上的作用。

高手不敢当，拿捏更谈不上。我一直对潍坊四中的班子成员、对坊子区教育系统的中层领导干部强调这样一种思想：我们要放弃管教育的思想，树立办教育的意识。任何一个单位、一个企业，成功的经验从来不是管出来的，是做出来的。怎么做？用心去做。只有用心做事的人才能成事，教育无小事，学校无小事，而在实现教育理想的实践过程中，我们又确须从小事入手。我一直这样主张，"信心教育"既要落实到方法中又要融入到思想里。在这里暂且借用一下"管理"这种说法，潍坊四中这几年之所以有实质性的变化，突破性的发展，还是得益于给学校管理插上了信心的翅膀。学校管理，千头万绪，内容很多，程序也很多，有时候真的像是用手去抓一把沙子，握的越紧，沙粒漏的就越多。作为学校领导，不但要敢于放手让中层领导干部、让老师、让学生去做，还要积极地鼓励他们去做，给他们信心，给他们勇气，大胆地尝试他们的新思维，新方法，努力创造他们需要的发展空间与舞台。例如在信心教育研究领域，近年来我们确立的研究项目是"信心教育小课题行动性研究"，在立项上侧重于跟教育教学实践密切相关的"小"课题，小中见真，小中求实；在选题上侧重于可操作性的教育教学行为，以研究促实践，在实践中提升研究。这样，就提高了教研活动的实效性。在统一策略的前提下不约束其方向、其思维、其特点，开放包容的文化特质实际上就是"信心教育法"的一个层面。我常对我的老师们讲，课堂教学、课程建设要遵循规律，要有自己的风格模式，但是我们不能为模式而模式，从实际出发最重要，着眼于学生的发展最重要，相信自己最重要，只要你坚持用心去做事，坚持用心去做教育，你就是风景，你就是模式。

第十问

《新教育》记者：世界瞬息万变。当今的教育，越来越趋向国际化、现代化、信息化，人们无法回避升级转型。每个人都有自己的局限性，面对飞速变化的时代，作为局长应该怎么办？作为校长应该怎么办？作为学生应该怎么办？请分享自己的认识和体会。

你的问题让我想起了崔健的《新长征路上的摇滚》，里面有一句歌词：不是我不明白，这世界变化快。过去我们常用知识爆炸来形容飞速发展的时代，而现如今人们常戏谑地用"知识泛滥"来归结这个五彩斑斓的世界。是的，当我们还沉醉在我们是活字印刷术发明者的后人时，一觉醒来，激光照排已经将铅与火的历史彻底颠覆，3D打印更是让光电时代充满了奇幻色彩。世界的瞬息万变再次证明了人类是地球上有史以来最具智慧的生物。我想用我们潍坊四中的育人目标来表明我们对以上问题的认识。潍坊四中的育人目标是：培养具有自强精神、科学态度、人文情怀、淑女风范、绅士风度、国际视野、世界胸怀、领袖气质的人才。教育的"国际化"是"现代化、信息化"发展的必然，三者相辅相成，在这里我要强调的是我们应该如何认识国家化与民族化的关系。如果把教育的国家化比作一条经线，那么，教育的民族化应该就是一条纬线，两者互为参照。我们敞开国门走向国际化的目的是在比较中寻找自己的不足，在借鉴中来发展我们的教育；同时，在教育走向国际化的同时也决不能忽视或否定民族化的东西。就拿中国的基础教育来说，我们有着科学的教育理论，诸如循序渐进、因材施教、温故知新，一部《论语》曾让世界惊叹；我们有着系统扎实的基础知识体系，这些都是我们在国际化进程中引导我们的学生树立正确的世界观、价值观、人生观的同时让中国的民族教育为国际教育做出应有贡献的切入点。学习不等于照搬，"拿来主义"发人深思，一个教育工作者既要有高瞻远瞩的世界胸怀，更要有传承发展民族文化的使命感，教育的现代化、国际化是我们必做的课题，教育的民族化更是我们的教育主题。这一点，在我的《零距离感受美国教育》中有详尽的阐释。

谈到作为局长、校长、学生应该如何应对飞速发展的时代，我想起我们信心教育的一句誓词：你行，你能行，你一定能行！我行，我能行，我一定能行！是的，命运不曾抛弃任何一个人，有的是我们自己抛弃了自己。作为全面负责坊子区教育工作的领导，我从来没有过局长的感觉，作为潍坊四中的校长，我也从来没有过校长的感觉，我始终感觉我就是一名教师，在我的同事、我们的老师眼里，从来看不到他们那种出于对领导的敬畏，相视一笑下的灿烂是那样的阳光，我的同事、我们的老师、我们的学生，幸福的自信告诉人们，他们才是这方热土的主角。"用微笑把勇敢唤醒，年轻不会平凡无奇，相信自己；说好和梦想一起去旅行，自己决定自己想要的回忆。"我忘记是谁唱过的一首歌了，但歌词是那样的撼人心魄，我想以此来作为交流的结语，请记住，有梦想谁都了不起，有勇气就会有奇迹！

第四讲：
称职，担任校长的底线要求

> 称职指品德和才能与所担任的职位要求相称。称职包含品德与专业、能力三大要素，缺一不可。

俗话说"一位好校长就是一个好学校"，当然一所好学校的不断发展只靠一位好校长是远远不够的，但是一个不称职的校长就完全可以搞垮一所学校。因此，校长是学校的灵魂，没有好的校长就不会有好学校，就不会有教育的优质和可持续发展。如何为教师的成功、学生的成长服务？怎样使学生学得快乐、教师教得幸福？校长不仅仅是一个职务，其实校长意味的是一份责任，更是一份事业。这是作为校长的责任与使命！

那么作为一名校长应该做什么？怎么做才能成为一名好校长？这是每位校长都应该认真研究和深入思考的问题。就此，结合我做校长的实践经历谈一些不太成熟也不一定正确的看法。

1. 校长要具备"三品"。

"仁厚""睿智""坚韧"是校长必备的三种品质，是成为一名称职校长的重要前提。

"仁厚"是一名校长必须具备的人性品质。

就是说校长应该有仁爱之心和宽厚的胸怀。要用仁爱之心对待学校的每一名学生和每一位教师。用宽厚之心尊重每一名学生、善待每一位教师。关心师生的生活，关注师生工作。时时事事能用欣赏的眼光激励师生成功，用包容的心胸勉励师生成长。只有真正的爱护、尊重、理解、包容、欣赏教师和学生，才能依靠广大师生推动学校的不断发展。

"睿智"是一名校长必须具备的智力品质。

面对日益变化的教育形势和纷繁复杂的管理问题，校长必须能够准确地分析、理性思考，不断调整工作方向，改进工作方法，这就需要智慧。作为校长只有不断地增添教育智慧，才能胜任学校管理工作，才能顺利地履行校长服务师生，推动学校发展的职责。

"坚韧"是一名校长必须具备的意志品质。

"人生有悲喜，事业有成败"。任何一所学校的改革与发展也不会一帆风顺，所以校长不仅要面对成功后的鲜花与掌声，更要能直面前进中的挫折与失败。在失败与困难面前，校长要敢于担当、善于挑战，要有超乎常人的坚韧与执著。

2. 校长要常怀"三思"。

作为肩负学校发展重任的校长要集中精力思考三个问题，即"凝练办学思想""锻造团队精神""积淀学校文化"。

一所学校，校长有鲜活的办学思想，教师有敬业爱生、团结同心、无私奉献的团队精神，就能营造并形成科学、健康、积极、向上的学校文化，这样的学校才是一所真正优质发展的学校。推进学校优质发展是校长的责任与使命。校长能够在学校管理实践中系统深入地思考这三个问题也是成为优秀校长的重要保障。

3. 校长要成就"三事"。

作为校长应该努力做好三件事情。即"举事、立言、成人"，这是成为名校长的重要标志。

"举事"就是说校长要在其位谋其政，要做事情，要做大事情，要做创新的事情。首先，学校工作千头万绪，校长要学会选择与取舍，不要纠缠在繁杂的事务工作中。其次，面临教育改革和教育发展的新形势、新问题，要不断学习思考，要不断形成新思路，实施新举措，与时俱进，要创新干实事。这样学校工作才会有新成绩，教育才会有新发展。

"立言"就是对教育工作和学校管理要有独到的见解，要著书立说。校长不能只顾埋头工作，要注意加强对教育理论的学习，与此同时不断总结实践经验，将实践的经验及时提升，揭示教育规律、著书立说。将系统、科学、有效的办学思想、办学经验保留下来并推广传播。

"成人"就是要成就人，指的是校长要把学校发展的最终目标定位在人的发展上。要通过学校教育和学校管理工作成就教师、发展学生。通过出色的学校工作与管理，造就优秀教师，培养优秀学生。实现学校、教师、学生共同发展。

作为校长，要努力修炼"三品"，常怀"三思"，成就"三事"。就一定能够逐渐从称职走向优秀，最终成为名副其实的名校长。才能无愧于校长的历史责任和神圣使命。

第五讲：
实践，提高校长办好学校的底气

（在潍坊市特级校长答辩会上的发言）

> 实践是人们能动地改造和探索现实世界一切客观物质的社会性活动。

我叫韩忠玉，在校长这个岗位上已经16年了，深感责任重大，自己从不敢懈怠。1998年12月开始任安丘四中校长，期间，我针对农村学生基础差、信心不足的实际，和老师们一起从树立学生的自信心做起，对学生全面实施信心教育。几年内，使安丘四中由一所农村薄弱学校，成为潍坊市乃至全国的一所知名学校。

"韩忠玉信心教育法"成为潍坊市教育局第一个以个人名字命名的教育教学方法。

2005年10月，我被提拔到潍坊市教科院担任副院长，分管高中教学。2008年1月，当时的潍坊四中由于各方面原因，教育教学走进了低谷，生源外流严重，老百姓意见很大，坊子区决定面向全市乃至全省选校长，我被选调到了潍坊四中。来到潍坊四中，我和学校领导班子共同研究后，提出了"规范办学不动摇，遵循规律不折腾"的基本原则，结合学校实际，在潍坊四中开始了信心教育理念的贯彻与实践，有效地促进了学校的发展，可以说学校发生了突破性的变化，赢得了师生和社会各界的广泛认可广泛赞誉，学校被评为山东省教学示范校、山东省教育系统先进集体、山东省教学成果一等奖等，我被坊子区人大常委会授予"坊子区人民功勋"。下面我向各位专家简要汇报一下我们的一些做法。

1. **以信心教育文化为引领，促进学校各方面发展。**

组织广大教职工探索研究信心教育理念，这是一个统一思想统一认识的过程，也是一个内化的过程。为了有效地推进工作，先后成立了几个独具四中特色的中心："信心教育研究中心""文化交流发展中心""学生潜能开发与心理咨询研究中心""课程开发中心""学生社团活动中心""学生课业负担与作业调控中心""学校网络中心"，引导和要求老师将信心教育渗透到课堂教学之中，编写并印发了《寓信心教育于课堂教学99例》《寓信心教育于作业批改100例》。我们还通过一些主题教育活动从源头上提升学生的信心，把信心植根于学生心中，通过举行各种丰富多彩的校园文化活动与实践，振奋了师生的精神，极大地增强了师生的信心，促进了学校各方面发展（如"将成功传给下一代"，"不要让爱你的人失望"，"让优秀成为习惯"，每周一的"国旗下讲话"，每周的主题班会，自找闪光点，自树好榜样，自立警示语，自寻突破口，经典诵读会，演讲比赛，读书征文，"四中好声音"等等）。

2. 以课程建设为载体，促进学生个性发展、全面发展。

办什么样的教育、培养什么样的人，首先要提供什么样的课程，学生发展的关键是课程的品质和课程的选择，要落实素质教育的理念、目标和要求，促进学生个性发展、全面发展，首先需要开齐、开全国家高中阶段八大领域规定课程（语言与文学、数学、人文与社会、科学、技术、艺术、体育与健康、综合实践活动），并结合学校学生实际，对这些课程进行校本化的开发，通过选择、改编、整合、补充、拓展等方式，对国家课程和地方课程进行再加工再创造。课程的校本化，使教育教学更接地气，如我们学校老师在艺术领域所开设的多门校本课程，非常受学生欢迎，让学生充分享受到了艺术之美，每年的艺术模块展演成为学校的一个亮点，师生的一次文化盛宴。

3. 以课堂教学改革为突破点，打造生态、高效课堂。

课堂教学改革不在于形式而在于本质，强调凸显学生的主体地位，真正从学生可持续发展的角度，注重思维品质培养、学习习惯培养、学习兴趣的提高，要真正处理好课堂教学中学生、教师和教材三者之间的关系，所谓生态课堂、高效课堂就是使这三者关系更和谐、更优化。再就是强调以学定教，以教导学。教和学不可分割，否定任何一面都是不可取的，教育必须按规律办事，当下有的学校出现了课堂上由原来的满堂灌，变成了满堂学、满堂练，过分地让学生自主自动，严重弱化了老师的指导和点拨的现象，这是从一个极端走向了另一个极端。我认为，课堂教学必须回归到原点来研究。

4. 以信心小课题研究为切入点，促进教师专业发展。

自2009年开始，我们组织全体教师，进行信心教育小课题研究，以学校教师自身教育教学中需要解决的问题作为研究对象，人人参与，持之以恒，行动性研究，既破解了实际教学中遇到的实际问题，又把教师引导到教学研究上，有效地促进了教师的专业成长。

5. 将"每一个学生都很重要"的理念落到实处。

每一个学生都很重要，我们要努力发现每一个学生的不同，唤醒每一个学生的潜能，启动每一个学生的内动力。每一个学生都有闪光点，这个闪光点就是成功点。对于部分学生，也许他们在学习上能力存在不足，但只要我们教育得法，他们也能成为最好的自己。我们要用行动承诺："教学生三年，为学生想三十年。"这就是教育应该用爱心去滋润每一颗心灵，用耐心去感化学生，用信心去点燃学生，用真心去感动学生，用行动去影响学生，使每个学生都能在明媚的阳光下健康成长。

把一流的学生培养成一流的人才，只能算是合格的教师，把非一流的学生培养成有用的人才的教师，才是真正的一流教师。任何一个教育家都是因为对非一流的学生培养获得成功而成为真正的教育家的。

另外，借此机会我和各位专家汇报一下，担任校长这些年，辛苦着快乐着，我在成就了学生，成就了老师，成就了学校的同时也发展了自己，成就了自己。我被评为潍坊市首批特级校长，被省教育厅评为齐鲁名校长，当然，成绩只能代表过去，我会借这次评选，虚心向各位专家学习，进一步反思和总结，会以更加积极的心态，不懈怠、不折腾，努力把学校办得更好。

第六讲：
校长成长须与学校发展鱼水交融

> 学校要发展，是教育界的共识，而校长要成长，则较少提及。校长不能成长的，带不出发展的学校。

好的校长，必能找到学校个性发展的途径，并把个人对教育、对学校生活的理解融入其中，使一所普通学校超越其他学校，凸显出独特的精神气质。从这个意义上讲，校长的成长能引领学校发展。同样，在学校不断发展的过程中，必然能激励、助推校长不断开阔眼界，提升素养，实现其人生价值。

1. 校长成长引领学校发展。

一个安于现状的校长，很难使学校的管理水平再上新台阶。一名优秀校长，需要不断超越自己，首先要爱学习，不仅学习书本知识，还要向他人学习，取人之长，补己之短。在不断学习中接受新思想，转变教育观念，提升自身观察、分析和解决教育实际问题的水平。任校长期间，我多次参加省、市校长培训班、论坛及高中多样化发展学术研讨会，参观考察了全国各地名校，提取不同学校成功的"基因"并结合实际运用到办学中，自觉受益匪浅。其次，要善于思考。思考是创新的前提，校长要学会观察，更要学会思考。校长不仅要思考学校的现在，更要思考学校的未来，能及时发现问题，调整措施，积极研究问题，寻找规律。校长还要勤于笔耕，时时将所思所想记录下来，不仅可以积累资料和经验，还可以培养认真做事的习惯。

基于学习、思考和研究，校长可逐步形成自己的教育思想和办学思路，进而引领、促进学校发展。一所学校在校长的带领下，有了科学的办学思想、教育理念，才可能产生科学的教育教学行为。我先后在安丘四中、潍坊四中两所不同的薄弱学校当校长，基于学校师生发展中存在的问题，提出了信心教育的发展理念，确立了多样化发展的办学思路，在实践——改进——反思——总结——再实践的螺旋式上升中，找到了适合学校发展的路径。

2. 学校发展为校长成长搭建平台。

从校长成长过程来看，多数校长大都经历了教师、班主任、教研组长或年级组长、中层干部和副校长等若干台阶。我在担任校长之前的各种岗位得到了充分锻炼，更得到过时任校长、老教师的精心指导、培养，为以后从事管理工作奠定了基础。走上校长岗位后，在学校管理中不断发现问题、分析问题、解决问题，逐步完善自我，学会如何用人、如何处事、如何理财等，促进了自身的发展。可以说，学校的发展为校长成长创造了条件，拓展了空间，夯实了基础。

现在学校越来越多地受到社会关注。政府简政放权，学校自主办学的空间扩大了，但肩负的责任与使命却更重了。同时，家长对孩子期望值高，对学校教育也提出了更高要求。因此，要求校长必须明确自己新的角色、定位和历史责任，在规范办学、素质教育、升学教育等各个方面进行新的探索和实践。而校长在办学管理的过程中不断成长，其人生价值也逐渐得到展现与认可。从众多办学成功者来看，不难发现其共同的特点是，充分认识自己存在的价值，把办学中的困难和问题视为展示和奉献的机会，把学校办得有声有色。最终，学校发展了，校长也获得了自我的专业成长。

说到底，校长成长与学校发展就是一种鱼水交融的关系，两者相互支撑，相互影响，相互成就。理想目标就是让这两者在发展中共赢，最终受益的是教育事业和广大师生。

（《中国教育报》2013年7月10日第5版）

第七讲：
点燃禀赋各异学生的自信

> 禀赋与生俱来，但因各种原因，禀赋隐而未显，像未燃之烛。
> 自信，正是点燃烛光的火苗。

从教30多年，我多次与"想不到"结缘：从偏远学校的普通教师，想不到能成为全国优秀校长、山东省特级教师、齐鲁名校长；从潍坊市安丘四中教导主任，想不到组织直接任命我为该校校长。几年前，我再次邂逅"想不到"：在潍坊市教科院当副院长3年，想不到会转任为潍坊市一所市直高中——山东省潍坊四中的校长。

在潍坊市的市直高中里，潍坊四中有些"特殊"，其特殊性在于：学校所处区域——潍坊市坊子区为城乡结合部，这就决定了学校生源的复杂性与多元性。这所学校曾有过教育辉煌，但由于各种原因，到2007年底，教育质量已严重下滑，学生外流。作为辖区内唯一的一所高中，留不住区内学生，家长、社会自然不认可。在这种情况下，当地政府提出打造潍坊四中教育品牌的思路。在面向社会的校长公选中，我曾带领薄弱学校走向知名学校的"草根"经历、多年对信心教育执著的探索，成为坊子区看重的"砝码"。2008年1月，我正式接任潍坊四中校长。

面对这样一所"半城半乡""半土半洋"、教育质量亟待重振的学校，接受现实并迅速厘清发展方向成为当务之急。我们确立了"崇美崇实，信心铸就成功"的教育核心价值追求，同时赋予教育清晰的责任与使命，那就是：点燃禀赋各异学生的自信，使每个学生成为他内心向往的精彩自己，培养释放正能量的合格公民，让不同层次的家庭都看到教育的希望。

1. 打造高效生态课堂，激活学生主体探究意识。

每所优秀的学校都有自己的特质与基因。我认为，学校特色只有落脚在课堂教学中，才能有持久的生命力，无论何时，课堂都是不能忽视的教育主阵地。

进课堂是我到潍坊四中任职后做的第一节"功课"。听课结果显示："满堂讲"现象、教学流程不合理、青年教师缺乏有效指导、听评课"穿新鞋走老路"等问题，是导致课堂效率不高、学生找不到学习兴奋点的"元凶"。这些"短板"不及时补全，学生学习自信心的建立就无从谈起。

立足实际，我们以重建课堂结构，凸显学生主体地位，以典型示范，分类指导，同步研讨，分层推进，评价引领为基本策略，形成"三案导学、六步探究"的教学流程："三案导学"包括课前预习学案、课堂探究学案、课后拓展学案三部分。课前学案的设计关键在于学习目标的设定，是高效课堂的前提；课堂探究学案设计的着眼点和侧重点在于调动学生自主学习的积极性，激发学生自主学习的内驱力，是高效课堂的核心；课后学案则强调抓落实，抓反思，抓提升。"六步探究"包括检查预案——合作探究——精讲点拨——当堂训练——提炼升华——课后拓展，突出培养学生的问题意识、探究意识、实践意识。这种流程，重新构建了师生间、生生间的沟通交流形式，也为新入职教师教学在短时间内上手提供了有效路径，很多年轻教师反映，课堂教学开始有章可循，无序和随意性降低了。

流程的优化并非万能，课堂的艺术不是教师讲得精彩，而在于点燃、唤醒学生的学习内驱力，这样的课堂才可能实现高效。对于高效课堂，我们主张以框架性问题为课堂教学"立脑"，不能过于细碎，问题成堆。如何做到？前提条件是教师找准自己的定位，要"心中有人"。我鼓励教师在课堂上扮演好四种角色：哑巴——管好自己的嘴巴，少讲；忍者——不要随意打断学生发言；懒汉——敢于把问题踢给学生；大忽悠——鼓励学生，点燃学习兴趣。

教师把话语权让出来，是否就意味着把课堂还给了学生？教师反映，摈弃了"满堂灌"，有时又难免陷入"满堂看、满堂练"的困局。

如何抛却看似热闹实则没有解决问题的"虚假合作"？如何调控好课堂的关键节点，引导学生实现真实的课堂自主？这些问题，成为我们继续研究的重点。对此，学校一方面派教师走出去拓展思路、开阔视野，另一方面注重盘活校内的优秀师资，以同伴引领互助的形式，让每位教师努力找到适合自己的"鞋子"。我们按教坛新秀——骨干教师——首席教师——专家型教师四个层级序列为教师研究教学搭建展示和借鉴平台。其中，骨干教师先期上课发挥出显著的教学研究张力：听课教师能够借鉴他人的经验补己之短，加快成长；而骨干教师有被认同的荣誉感，会在业务上不断钻研。反过来，骨干教师又会为有困惑的同伴提供帮助。骨干教师队伍按老、中、青不同年龄段搭配，这就有效激发了老教师的活力，防止职业倦怠。因为实行动态管理，青年教师只要努力，优秀的照样可以脱颖而出。

研究课堂带来的组织变革，实现了教师、学生受益的"双赢"。学校教师专业成长迅速，在全市、全省有影响力的教师越来越多。与教师教学方式同时改变的，还有课堂上学生的思维品质与获取知识与能力的方法。课堂上，学生发散性思维被激活了，思考问题的方式多元了，他们找到了真正做课堂主人的感觉。

拓展教育研究领域，关注学生校园生存状态教育的过程具有怎样的性质至关重要，如果把优质教育简单地等同于升学率，那么这样的学校生活只能把教育的终极价值引向浅化，这不是我们所追求的教育方式。只有基于学生实际、基于发现问题的真正研究，才能指向教育的本质，才能让学生感受到成长中的快乐。

谈到研究，不得不提的是课题研究。对于课题研究，很多教师存在畏难情绪，认为课题研究是件高深的事，一般教师做不了。其实，每位教师在教育教学中遇到的困惑千差万别，甚至同一个教师，在不同时期面临的问题也不同，因而多人参与的宏观大课题研究未必适合每一位教师。因此，我们以小课题研究为切入点，遵循问题即课题，从小处着眼，行动性研究的原则，把教育教学中遇到的难点、焦点问题分解成若干小课题加以研究。小课题研究的精妙与优势之处在于"小"。一个"小"字，强调的是教育研究的针对性、灵活性、实用性，它不需要分工合作的大团队来完成，研究在教育教学的各个领域中都能找到的细致的契合点，一位教师、一个班级同样能搞得有声有色，这相当于师生能够有的放矢地为自己量体裁衣。例如我校孙静静老师的《中医疗法教育学生》，王立霞、历建云发挥女教师情感细腻特点选定的《我用诗样的语言赞美你》《挖掘学生姓名内涵》等，都能在提升教师职业幸福感的同时，最大限度让学生受益。

根据我校学生城乡差异的多层次性，我们拓展研究的领域与深度，关注学生个体在校园的生活和情感需求，实行"全员育人学生成长导师制"。从班主任到学科教师人人参与，赋予每个教育者同等的育人使命。成长导师每周至少与学生谈心一次，了解学生的思想动态，及时给予学生学习方法、生活、行为上的帮助与指导；同时建立家访联系制度，通过定期和不定期的家访、电话联系等形式，研究家庭环境对学生成长的影响，并据此制定个性化方案，帮助和指导家长改进家庭教育方法。以学生、教师、家长三方交流的"心灵周记"打通情感沟通渠道。

高中学生处于青春期，情感容易波动，学校成立"心灵驿站"，鼓励教师参加心理咨询师培训考试，用专业知识、科学方法指导学生。同时，以个别咨询和团体心理辅导相结合、心理专题讲座、校报心理专栏、网站心理专栏等方式，将心理健康教育和信心教育渗透到教育教学中。每年高考前夕，针对学生考前出现紧张焦虑、精神萎靡等心理问题，我们对学生进行考前心理放松训练，做快速恢复精力的脑保健操、自我减压、自我放松，使学生保持最佳的心理状态。中央电视台的《晚间新闻》和《朝闻天下》进行了跟踪报道。

2. 丰富育人课程载体，赋予学生领袖担当气质。

我们在育人目标中提出培养学生"世界胸怀、领袖气质"的理念，这里所说的"领袖"，并非只是狭义的领导岗位，而重在塑造具有阳光心态，有组织能力，有领导力、责任心与担当精神的学生。我们通过丰富校本课程的支撑体系、赋予与教育相关的因素以课程目标等举措来实施。

在校本课程的设置上，我们遵循"精"与"实"的原则，从学生的禀赋与差异出发，开发出贴近生活、走进社区企业的课程，"生活处处有经济""法律连着你和我""造型与体验——剪纸与造型""历史就在我们身边""企业学子行"等课程，跳出书本知识的单一，注重课程与生活实际的联系，让学生体验到了生活的原汁原味，学生特别喜欢。

学校实行规范、精细、人文的三级督导管理，从中层干部、班主任老师到学生干部，全部参与学校日常教育教学秩序的管理。说是管理，实际上是一种"督"和"导"的工作机制。管理团队与师生之间相互提醒、相互督促、相互补台，把携手共进作为管理方式。在分工上，我们注重为学生搭建独立思考与自主创新的平台：一级督导为校级督导，二级督导年级负责，三级督导则凸显学生的自我管理。在管理中，学生用自己的眼发现自身存在的问题，他们尝试自己主持班会，制订值日班长制度。在解决问题、提出合理化建议以及不断改进的过程中，学生的自律意识、内省习惯、担当品质逐渐形成。

高中的学习生活紧张，但不应该枯燥乏味。学校成立了多种类型的学生社团，如英语提高工程、坊华文学社、漫画、摄影、剪纸艺术团、K-sky音乐社、Feding健美操社、灵韵广播社等，为学生提供充分选择的机会，让学生在自主选择中树立信心,在学习之余释放身心。多彩的社团活动也为学生带来成长的荣耀:舞蹈社团的《女儿花》在全国中小学艺术展演中获奖;机器人社团获全国计算机表演赛一等奖;剪纸艺术团师生精彩的表现,吸引了美国康涅狄格州教育考察团成员的眼球,他们纷纷动手参与其中。同时,学校还设名师大讲堂,把行业精英、大家、知名校友请到校园作报告,通过励志教育培养学生志存高远、胸怀天下的包容与大气。

3. 完善立体发展构架,打通学生多元成才路径。

点燃禀赋各异学生的自信,让不同起点、不同家庭环境的学生都能为今后的发展与成功奠基。学校针对学生不同的优势,帮他们寻找通向目标的多条"绿色通道"。

路径一:带学习成绩优秀的学生进入"动车组"。对学习成绩突出的学生,学校及导师会在持续的关注中结合学生的个性潜质,帮他们分析适合其发展的重点高校,以清晰的目标撬动学生的内在潜能,助他们最终进入理想的高校。

路径二:让有特长的学生特长更优。学校一方面提升专业教师的整体素质,另一方面邀请行业领域中的专家或精英对学生进行点拨,尽可能让他们经历最好的。学校为美术生聘请了一级民间工艺师范祚信教授剪纸;邀请京剧艺术家刘长瑜指导音乐生;体育特长生则采取走班制和选学制进行双向选择;对身体和心理素质好的学生,学校重点培养,并邀请空军部队指导员对学生进行相关辅导,为高校输送优秀飞行员学生。为兴趣和爱好不同的学生量体裁衣,潍坊四中每年都有几十名特长学生走进自己理想的本科院校。

路径三:探索联合办学的模式。社会对人才的需要渐趋于多元,我们营造出适合学生多样化发展的教育环境。学校探索出"校——企——校"联合办学的人才培养模式,与多家企业签订合作协议,定期组织"学子企业行",企业派专人进行职业培训和指导。对成绩达不到高职或专科录取资格、又渴求掌握专业技能的学生,学校推荐其报考企业在高校设立的"定向培养"或"企业冠名"订单班;对家庭条件特困、品德优良、文化课成绩不理想的学生,实施学徒培训计划,学生从高三开始定期到企业跟班实践,企业派专门师傅帮带徒弟，高中毕业后直接进入企业工作。这种充分发挥企业、职业院校及普通高中教育优势的培养模式，真正把"每一个学生都很重要"的理念落到了实处。这样，学习成绩不突出的学生不仅缩短融入职业生涯的时间，也让他们找准了人生的位置与方向，成为企业优秀的"蓝领"，实现了自己的"蓝领梦"。

几年来，学校教育教学质量的持续提升与社会满意度的不断提高使潍坊四中形成了巨大的"场效应"，不但坊子区生源不再外流，其他县区的学生也纷纷来四中就读。时任中央教科所科研管理处处长陈如平评价我校："信心教育破解了学校高位发展的难题，提供了科学发展的样板。"学生家长们说，让孩子来潍坊四中就读，不单看好学校比前几年翻两番的升学率，更重要的是，从四中校园走出来的孩子，身上有一种特别的气质，大气、阳光、有风范。

第八讲：
高考应考箴言

> "洋洋洒洒的三千多字，全然让人忘记执笔者的校长身份，隐藏在细节处的指导，更像是陪伴学生成长的班主任老师。"

倒计时！一位校长写下10句迎考箴言，激励无数考生

高考，已进入最后的倒计时。而就在不久前，齐鲁名校长韩忠玉，刚刚为学生写下10句迎考箴言。

"记住了，基础知识是主要的得分点""你在卷面上跟阅卷老师玩暧昧，老师就跟你玩冷酷"……

洋洋洒洒的三千多字，全然让人忘记执笔者的校长身份，隐藏在细节处的指导，更像是陪伴学生成长的班主任老师。

"十年磨一剑，一朝试锋芒。"2014级的同学们就要怀揣自己的梦想走向考场，拿起青春的笔，饱蘸自信的墨浆，描绘出自己美好的未来画卷。在这决战前的时刻，韩忠玉校长想对同学们再说几句贴心的话。

1. 相信自己。

相信自己不是一句空话，作为母校的校长，作为你们的老师，我了解每一位同学的三年来的学习历程与成绩。

依我对同学们三年来每一次考试成绩的了解，你们只要认真完成六月七日、八日的考试答卷，报好自己的志愿，参加今年高考的1900多名同学，每一位同学都有大学上。

你们这1900多名同学虽然不可能都被同一所大学录取，但是，我相信，凭着你们在高中三年所打下的知识功底，再过四年，你们一定是一位优秀的大学毕业生。

上什么样的学校可能不会完全取决于自己的意愿，但是，成为什么样的人才，你们有完全的自主权。

依我的所见，目前，我们国家的每一所大学都能满足同学们完成大学学业、成就自己梦想的条件。

2017，大学之门正在向同学们敞开，你们完全没有必要纠结自己能不能考上大学。2017，大学我来了！这已经是不容改变的现实，没有什么可担忧的。

同学们现在需要做的就是"相信自己"，相信自己一定能行！你们一定会叩开大学之门。

2. 不要轻易改变自己。

不轻易改变自己的作息规律，不轻易改变自己的心境，不轻易改变自己良好的学习习惯。

可以有适度的紧凑，但无须多余的紧张；可以有适当的营养补充，但无须多余的恶补；可以有重点的查缺补漏，但无须杯弓蛇影的谈虎色变；可以在累了的时候合理的放松一下自己，但无须万事俱备下的刀枪入库、马放南山。

面对就要到来的高考，送一句老话与同学们共勉：团结，紧张，严肃，活泼。

3. 了解高考流程。

三年的高中生活，同学们也可以算得上久经考场的"老兵"，但是，当有一天你真的走进了考场，可能要面对许多"面生"的环节。

考前几天，你要通过老师的介绍，了解这些环节，把考试流程变成自己的日常生活节奏。

诸如凭身份证、准考证进考场，不能戴电子表进入考场，进考场前的金属探测仪安检，考场上的无线信号屏蔽，每个考场30位考生（天涯若比邻，教室里前所未有的空荡荡的感觉），确认条形码信息是否跟自己本人信息相符，在答题卡上的规定位置粘贴条形码，开考15分钟后不能再进入考场等，提请同学们考前仔细听清班主任老师对高考流程环节的介绍。

知己知彼，百战不殆。了解了高考程序，心中有数，临场方能从容淡定。

4. 不为自己设置特定的临考环境。

临考之前拼全力一搏，精神可嘉，但方法不一定合适。

有的同学三年来一直住学校宿舍，临考之前自己租房子住，或者回家住，家长来回接送；有的同学加班加点的开夜车；有的同学为保持精力早上开始赖床；有的同学开始放开老师的课堂课程辅导，自己搞自己的复习。

凡此种种，都是改变自己日常生活学习规律，搅乱自己生物钟的做法，都不可取。

以一颗平常心坦然地迎接高考，方能考出不平常的成绩。

5. 轻难点，重基础。

年复一年，随着高考命题的科学性逐年提升，高考实际上考的还是对基础知识的运用和理解，通过对基础知识的变通考察考生运用知识的能力是命题的原则，高考试题不会像大家想象的那么高深。

需要提请注意的是，在战略上貌视试题的同时一定要在战术上重视试题，考题虽然看上去面熟，但一定要搞清楚命题人要考你什么，注重答题的每一步、每一个环节，尽量做到过程的缜密与完美。

在加强基础知识梳理的同时，千万不要猜题押题，高考是对你三年来所构建的知识体系的考察，不是赌博，把基础知识梳理好了，一是帮你完善知识储备，二是可以让你建立充分的自信，事半功倍。记住了，基础知识是主要的得分点。

6. 建立规范答题的意识。

考场上除了要注意保持卷面整洁，答题一定要规范。答题规范包括解题步骤规范，书写规范，思路的清晰规范。要想好了再落笔。

诸如"余解见下页"，或者所给答题空间不够用了，随便找个空白处写上答案，顺带再加个箭头示意，这些都是考试不允许的。在规定的答题范围外答题是违背考试规定的。

特别是作文内容、多字数的论述题，都要求字迹一定要工整，不怕字体丑，就怕笔画乱，笔画一乱，字迹就潦草，字迹一潦草，就影响机器和肉眼的识别率，将直接或间接地影响得分。

拿到试卷，不要慌乱，想好了答案，一笔一画地写，要想方设法让阅卷老师看清楚你写的内容，看舒服你的答卷。试卷漂亮了，也是一种印象分。

需要明白的是阅卷老师工作量非常大，没有时间替你整理答案，也没有心思揣摩你的思路，作文阅卷真的是"一目十行"，你在卷面上跟阅卷老师玩暧昧，老师就跟你玩冷酷，玩笑开不得的。

7. 清醒的头脑与开阔的思路。

高考中有的题目是与当下的政治经济生活相牵连的，诸如"一带一路"，诸如环境保护，诸如能源利用与开发。

我们不提倡猜题押题，但要求同学们到了考场上一定要警惕命题者的良苦用心，考察你对社会政治经济形势的关注度本身就是在考察你的素养和能力，将书本知识引领到社会生活，这样的命题不是超纲，是必须。

所以，在个别题目上要有对号入座的敏感性，特别是文科类试题。当然不要风声鹤唳，草木皆兵，拿得准的要联系实际，拿不准的不要牵强附会。

8. **给家长布置好备考任务。**

考试前后，有条件的要告诉父母家人多留心中央电视台的新闻联播，留意有关教育电视台的高考信息，有时候不经意的一条信息会帮助你赢得一个意外的惊喜。

高考前后，家长应该拿出更多的时间关注高考信息。有机会多跟往年送过考生的家长交流和沟通。让家长做好进考场之前的"赶考"准备。

过去交通不便，书生们赶考，路途远的都是提前一年就启程。现在虽然条件好了，都是就近设置考场，但是，随着各地一个个"堵城"的出现，交通状况实在令人担忧，所以，考场在异地、异校的同学最好还是在考试期间有就近入场的住宿条件，否则，到时真的赶上个堵车什么的可就真的"撞头彩"了。考试高峰期，宾馆一定要提前预订。

9. **不要自己吓唬自己。**

什么是自己吓唬自己？比如一个人走夜路，分明什么事情都没有，思想上却偏偏幻想出一些恐怖的东西。

一科考试结束了，不要跟同学讨论哪道题怎么解答，更不要对答案，这些做法都是在自己吓唬自己。考完了，就放下，暗示一下自己："嗯，不错，这一场考得还可以！加油！"然后静下心来准备下一场。

10. **踏准节拍，找准节奏。**

考前一周，建议同学们在规定的考试时间内静心地完成一至两套模拟题，目的不在掌握哪些知识，主要是在这一过程中找找考试的感觉，理一下考试的思路，感受一下考试的氛围，热热身。

这样的训练，同学们平时可能经历过不少，但临近高考的气氛却是大家从未经历过的。这就跟出征上战场一样，和平时期怎么训练都没有真刀实枪临战前的那一刻有真氛围，只有在真氛围下练就的心理素质才能帮你更好的踏准节拍，找准节奏。

所以，一定要认真对待考前的最后几次模拟。在心理上为自己创造一种身临其境、真刀实枪的氛围，找到高考的感觉，潇洒走一回，方不辜负了这青春年华的大好时机。

祝愿同学们在2017年的高考中心想事成，金榜题名！

(2017年5月22日)

(此文在《人民日报》发表后，被《中国教育报》等上百家传媒转载)

第九讲：
高考最后冲刺期的九条建议

> 问题越多，胜算越大？别寄希望于超常发挥。

1. 克服定局论，抓住冲刺关键。

按理说到了最后十多天，应该争分夺秒，应该不顾一切，但是事实上越是到了最后很多同学反而不想学了。这个时候，要自律，很多人容易松懈，要有计划：每天每科一套题是必需的。对于自己的薄弱题型，仍然要大量刷题，无论何时何地刷题是你保持题感的唯一途径。这时候，浮躁的人越来越多。所以，同学们，机会就在这儿！

什么机会？众人皆昏睡，唯有我独醒。当你的对手都昏昏然，飘飘然，不知所以然的时候，我们要把心思收回来，踏踏实实过好每一天，这样我们便能在关键的时候超越对手。到了最后十多天，没有什么大型考试了，我们的竞争对手都松懈了，这个时候是我们超越别人的最好时机！

2. **心如止水，宁静致远，这是学习的最高境界。**

背负着太大的压力，脑子里考虑学习之外的事太多，是会严重影响学习效率的。所以，每天要做到：一共10天，要一天一天认真度过。

怎么过呢？每天要做到：心态平和、目标明确、重点突出，便是最有效的学习。我可以较长时间不学习，但我学习的每分每秒都必须是高效的。因为大家都开始浮躁，按都按不住。干不下去了，怎么办？

每天学习之前来一个自我提醒：我要学习了，哪怕就学半个小时，一定要做到全心投入，四大皆空，心无旁骛，做一个自我暗示。每天这样一个暗示，你一旦学起来，效率就高多了。

3. **考前暴露的问题越多，你的胜算就越大。**

如果每天都不能发现问题，每天都遇不到问题，每天都是那些熟悉的题目，复习来复习去肯定不行。考前暴露的问题越多，你的胜算就越大，高考前排雷越多越好。所以，每天应该兴奋在对问题的发现中，陶醉在对问题的解决中。

4. **何为成功？**

当别人都坚持不住的时候，你还在咬牙坚持。关键时候，拼的不仅是你的知识，不仅是你的基础，更重要的，拼的是你的一种心态，一种顽强到底的心态。所以，高考不仅是考知识，还是考命运。命运掌握在自己手里，两强相遇勇者胜。

5. **考前要适度锻炼。**

适度到什么程度？每天最好保证一个小时。因为越是临近高考，同学们的负担就越重。不光是你，所有的参加高考的学生都是这样的。越是临近高考，心理负担越重，学习效率越容易下降，甚至身体抵抗力严重下降。过去感冒可能喝杯开水就好了，现在一感冒，由于精神压力大，可能就会转化成更严重的病症。所以，这一阶段身体是病不起的。

考前锻炼要和学习一样去抓。每天争取一个小时的锻炼，你好多的空余时间可以用来锻炼的。自己想办法，都到了这个份上了，都这个年龄了，还需要别人督促你一定要锻炼吗？它的重要性不言而喻。

6. 考前要适度交流。

同学们和老师们相处了三年，那么在越寒冷的时候，我们越要抱团取暖，共同抵挡严冬。

关键时候已经到来了，这个时候最要求我们同心协力为对方提供正能量。这个时候有什么烦恼跟同学聊一聊，可能会缓解心理的压力。跟老师沟通一下，可能会大大舒缓学习的焦虑，不一定要聊一些多么深刻的事情，多说一些接地气的、充满正能量的话，这个时候最要求同学们要与老师们加强这方面的交流，但是要适度。在高考前注意攒人品，多对别人微笑，对有情绪波动的同学给予适当关心，向缺乏信心的同学传授一下你的蒙题经验。

7. 重点突破，横向突破。

什么是重点突破？就12个字：高考必考，看似会做，经常出错。就在这样的题上进行集中打击，集中优势兵力，你每一个学科都有这样的问题。所以，你得学会学习后的反思。在这段时间把最重要的事情可写在单独的总结本上，比如说由一个漏洞想到的关键性问题。

要重点突破，还要横向突破。横向突破什么意思？同学们手里都有今年各地模拟试卷汇编，或近几年高考真题、原题汇编。我今天有时间，挑出六个三角函数的题目来，六个三角函数我只要挑出来了，无论它面目多么陌生，因为三角函数不会出难题，顶多面孔陌生一些，无论它面孔多么陌生，只要挑出这六个题目来了，我必须把这六个题目拿下，所谓拿下，就是得满分了，就知道高考只要出三角函数的题目，我肯定能解决的，这是自信心的提升。

8. 回扣课本。

回扣课本并不是看课本，这个时候看课本是看不下去的。虽然看不下去，但高考前确实需要对课本的易错点、难点、重点进行有效的把握。那怎么办呢？

第一个办法就是做题。课本上重要的知识点都有例题。拿过一个例题来，别去看，一看都明白，把书合上，自己做一遍，做完之后，再和答案一对照，所有问题都暴露出来了。如果说这句话课本上有，你这儿没有，这肯定是出现意外了，出现遗漏了，就有可能被扣分。

第二个办法，老师们一般会对照着考试说明研究考点，研讨哪些地方同学们最容易出问题，然后针对这些问题进行专项训练，大家要做好老师们最后阶段精选的习题，发现问题，及时查找课本讲义进行弥补。

刷题遇到漏洞时，要回扣课本，也要翻一翻相关的笔记错题本，补漏洞不怕浪费时间。

9. 不要寄希望于高考的超常发挥。

高考四科，有的科目发挥得好一点，有的科目发挥得差一点，非常正常。不要寄希望于每一科都超常发挥，谁都做不到！正常发挥就是超常发挥，因为你正常发挥，大部分人都发挥不正常，那你不就超常了吗？再就是考试时，考完的科目千万不要再去想了，也不要对答案，要全力以赴投入下一场考试科目的复习。

亲爱的同学们，再过 12 天你们就要离开母校了，希望同学们常回家看看！沧海桑田，可以改变万物，但永远改变不了我们三年建立起来的师生情谊，母校的发展永远离不开有情有义的你们的爱心和智慧。母校深情地呼唤着你们：常回家看看！四中的心，总是和你们连在一起；四中的大门，都始终向你们敞开；四中的老师，也始终站在你们身后，注视着你们，支持着你们，祝福着你们。对于我，你们可以选择"爱我或者不爱我"，而对于你们，我，只能是唯一答案："我爱你们！"再过 20 年，韩忠玉，一位 70 多岁的退休老人和老师们，依旧愿意在这里等你们！

亲爱的同学们，再有 10 天，就要高考了，同学们，正处在高考冲刺的关键时段，请同学们一定要克服定局论的思想，一切与备考无关的事情先放一放，高考完了再忙其他的也不晚。现在是分秒必争的关键时刻。定局论必须抛弃，保持旺盛的精力和良好的心态；发扬亮剑精神，誓夺理想成绩，笑到最后才是最好！

现在请同学们（全体起立）高高地举起右手，跟我宣誓：

我无所不能，我攻无不克，我战无不胜，我无人能敌，Power！Yes！

我们不苛求超常发挥，只求发挥正常，只要我们抱有一颗平常的心，抱有一颗上进的心，成功就一定属于我们每一个人，祝福同学们！（你可能是考试爆发型，越是关键考试考得越好）

"十年砺剑三载策马闯雄关，一朝试锋六月扬眉传佳音。"同学们，加油！相信自己，胜利一定属于你们！阳光明媚的夏日里，站在最高的峰顶笑得最灿烂的人一定是你们！

衷心祝愿同学们高考顺利，前程似锦！祝老师们、各位学生家长朋友万事如意！谢谢大家！

· 学校卷 ·

第一讲：
文化，学校科学和谐发展的保障

——山东省潍坊第四中学师生素养提升工程探秘

> 文化指人类所创造的财富的总和，特指精神财富。

【《中国教育报》陶继新对话名校长系列之二十】

编者按：

山东省潍坊第四中学是山东省教学示范校、省教书育人先进单位、省电化教育示范学校、省规范化学校、省文明单位、全国"招飞"先进单位，2008年9月因该校成绩特别突出，集体荣获潍坊市人民政府教育教学成果一等奖。特别令人称道的是，该校鲜明的"信心教育"办学特色引起了社会各界的广泛关注，前来参观者络绎不绝，仅近两年就有国内外160多个教育考察团前来参观交流。在2009年3月北京"中美高中特色办学研讨会"上，"韩忠玉信心教育法"得到了与会领导、中外专家的极大关注，中国教育电视台等多家媒体对其进行专访并报道。

为什么潍坊四中会有如此的发展势头？带着这个问题，陶继新先生前往学校进行了走访，近日，他又通过QQ与韩忠玉校长进行了一场关于学校文化建设的对话。

韩忠玉，山东省潍坊第四中学校长、党委书记，潍坊市教育科学研究院副院长，山东省教育学会常务理事，著名教育专家。

他创立的"韩忠玉信心教育法"是潍坊市第一个以个人名字命名的教育教学成果，2004年在全市推广并被全国多家媒体报道。2009年中国教育电视台又予以报道。几年来，他撰写省级以上论文100多篇。其专著《韩忠玉信心教育法》多次获省市教育成果奖、科技创新奖、社会科学成果奖等。

他荣获全国优秀教师、潍坊市特级教师、潍坊市首届名师、潍坊市首届十佳创新校长、潍坊市专业技术拔尖人才、鸢都精英、新中国成立60周年潍坊市时代功勋人物候选人、首届"齐鲁名校长工程人选"等几十项荣誉称号。

一、问渠哪得清如许，信心教育活水来

【陶继新】韩校长好，很高兴又一次与您交流。您创立的"信心教育法"是潍坊市首次以教师名字命名的教研成果，早在2004年潍坊市教育局就下文在全市推广。《中国教育报》《中国日报》《中国青年报》等多家报刊对此予以报道。

【韩忠玉】谢谢您，陶老师。在我前行的路上，您给了我不少的帮助和鼓励，记得您曾在《20位名校长的智慧档案》一书里以《全面启动学生心理自信系统——韩忠玉校长及安丘四中高考神话诠释》为题做过专题报道。这对我是一个极大的鼓舞。

【陶继新】没想到您来潍坊四中刚两年，信心教育又搞得如火如荼。今年我在北京遇到过一位记者，还遇到过张厅长的研究生罗蕾，他们说都是您的学生，一说起您，都有共同的激动与感动。在他们心里，您是一座丰碑，是他们生命征程的引路人。不止他们，就是一些与您素未谋面的人，谈起您的时候，也多是敬仰有加。前不久去苏州一中讲课时见到教育专家高万祥，他说您是一位很有思想与发展潜力的校长。

【韩忠玉】您和高老师等专家对我的厚爱正是我奋斗的动力，学生的发展和成长是我最大的幸福。为了让更多的人受益，任职潍坊四中以来，我带领四中人在原来的基础上不断探究，不断丰富信心教育的文化内涵。

我们已经从学校管理、学生年龄特征、学生心理特征、学科教学、班级管理、教师成长、家庭教育、社会影响等各个方面对信心教育展开广泛深入的行动性研究，全员参与，不断实践，不断深化到教育教学的各个层面。

【陶继新】看来，信心教育是一个系统工程，支撑其生成巨大能量的因素自然非止一端，而您的浑厚的文化理论功底，以及在教育实践一线不懈的探索，当是这诸多因素中的重要内容，这正是您的信心教育法不同于一般方法

探究的核心所在。

【韩忠玉】我校的"韩忠玉信心教育法的研究与实践",2008年被中央教科所确立为"十一五"重点课题;在潍坊市教育局和坊子区政府的关心下,我们成立了"潍坊市信心教育研究中心"和"信心教育联盟学校"。目前已积累信心教育经验资料300多册,计划三年积累信心教育资料1000册,为以后学校的发展和各兄弟学校的发展提供可借鉴的有效资源。

【陶继新】您创立信心教育法的目的,不只是让本校的师生拥有信心与走向成功,还希望推而广之,让更多学校的师生也拥有信心、走向成功。当信心教育在"联盟学校"扎根之后,自然就会在那里生长、开花与结果。况且,您积累的这些经验、材料,不是当作本校及"联盟学校"的私有"财产",而是通过各种载体传播出去,从而成为无数个学校和千万师生生成信心的精神食粮。我想,这不正是实践了孔子的"己欲立而立人,己欲达而达人"的"忠道"精神吗?

【韩忠玉】是啊,令我欣慰的是,如今不少从未谋面的同行都纷纷来信说,信心教育已经在他们那里开花结果了。前几天河北省黄骅中学张泽廷老师自称是我的"粉丝",他发来短信说,他们班正在学习实施我的信心教育法,收到了较好的效果。

【陶继新】您的"粉丝"何止张泽廷老师呢,今年7月上旬,河南登封教育局组织一百多位校长,专程赶到济南点名要您讲课,他们已经成为您的"粉丝"了。

【韩忠玉】为了不辜负大家,为了更好地引领学校发展,去年我撰写了"信心教育十大理念"一文,从立法、做人、治校、育人、治学、养德、成才、处世等十方面作了阐述:潜能无限,智慧无穷;信己信人,养德筑基;以信立校,用心治学;有教无类,因势利导;静专思主,潜心求学;爱惜精神,胸怀乾坤;善孝仁爱,知书明理;养成习惯,成就人生;感恩重诺,互助共赢;视学生为天才,把教学当使命。

【陶继新】我认为,您的这十大理念中有三个关键词——信心、习惯、做人。爱默生说:"自信是成功的第一秘诀,自信是英雄主义的本质。"可以说,自信者在任何景况下都是一道绚丽的风景。

好的习惯，一辈子都享受不尽它的利息；而坏的习惯，一辈子偿还不完它的债务。您在培养学生良好习惯的过程中，也是为他们积蓄了一笔取之不尽的财富。

在信心教育中，为什么还要特别讲求做人教育呢？因为学问做到极致，就是做人。王阳明对于他的学生问及一些学问之事的时候，常常是告诉他们要"致良知"，有了良知，学问的问题就可以解决了。孔子也是如此，他有学问与智慧，可是，他的人格更是让人有一种"仰之弥高，钻之弥坚"的崇敬感。

【韩忠玉】信心、习惯、做人是每一个成功人士必备的素养。苏格拉底说：一个人是否有成就只有看他是否具有自尊心和自信心两个条件。海伦·凯勒说：自信心是命运的主宰。有信心的人可以化渺小为伟大，化平庸为神奇。当然，信心不是盲目乐观，更不是自负，而是对目标的清醒认识，是对目标达成的困难的认识，是对目标达成的条件的认识，是对目标实现的路径的认识，是对目标达成的强烈的愿望。

二、构建校长文化——当好学校文化的领头雁

【韩忠玉】为了实现"育优秀人才，创品牌学校"的理想目标，我校在信心教育总的文化旗帜引领下，在文化建设方面，我们紧紧围绕"以人为本"的教育理念，着重建立了六大文化。

我深深认识到：校长的视野决定着学校的视野，校长的高度决定着学校师生的高度。所以，我特别重视校长文化的打造，我要努力以校长的自身素养提升学校的文化层次，以校长的胸襟影响师生的和谐进程。

【陶继新】我觉得，您之所以有资格研究信心教育的另一个原因，就是您本人就是一位特别自信的校长。自信虽在心里，却可以通过言行辐射出一种能量。您的微笑呈示出来的是自信，您知难而进的品质显见的也是自信。这种正能量，几乎无时不向教师与学生传递一种自信的力量。

【韩忠玉】谢谢您的肯定，为了加强自信心教育，我坚持在"五多"上狠下功夫：多鼓励——及时发现每个老师的优点，多表扬多鼓励，多提供教师成长的舞台，增强教师信心。

多交流——我喜欢走进课堂与老师共同研究教学，走进办公室、走进食堂和师生们"聊家常、话冷暖"，让师生时时感受到校长对他们的关心和认可。

多走动——我视教师为合作伙伴，视教育为自己酷爱并为之奋斗的事业。因为热爱，大部分时间都泡在学校里。再忙再累也不知疲倦。

多用人——我充分信任每一位行政成员的工作能力，尊重每一位同志的工作热情，充分发挥集体的智慧，努力协调好、调动好各成员的管理积极性。我重视选拔人才、运用人才。一年来选拔了7位德才兼备的教师进入学校中层，加强干部队伍建设。

多示范——我对自己要求比较严格，各项工作率先垂范，此外，我还不断撰写教育教学论文和心得，到目前为止已发表省级以上论文100多篇。我的专著《韩忠玉信心教育法》多次获省市教学成果奖、科技创新奖、社会科学奖。

如今，社会各界明显地感受到了潍坊四中人的巨大变化：教师爱岗敬业、团结、自信；学生自信、自强、积极、进取。

【陶继新】"多鼓励"可以使教师更加充满自信，从而带来学生的自信，这是提升教育教学效率的"诗外"功夫，也是"更上一层楼"的"动力源"。

"多交流"是校长不请自到，教师与校长就更有了亲近感。学生在"亲其师"后可以"信其道"。教师亲近校长，也当然就"信其道"。于是，校长的威望就会在教师的信任中树立起来。

"多走动"表明您太爱这所学校了，也表明您太勤奋了，已经抵达了乐此不疲的境界。同时，正是因为整天"泡在学校里"，也就有了对学校发展的更多思考与研究，学校也就有了更好的发展。

"多用人"说明您善于发现人之所长，而且善于用人之长。一个校长能力再强，也不可能包揽全校工作。况且，您用的是德才兼备之人，这自然会生成一种正确的用人机制导向，会使更多的教师更加努力地工作。

"多示范"的第一位就是校长具有示范的资本，您的优秀让全校教师心向往之，您的要求自然就有了"不令而行"的权威性。

"五多"的结果是群体的和谐与积极，这种发展场不但会让潍坊四中短期即有较大发展，更会在长期彰显出它的魅力来。

三、构建管理文化——促进学校和谐发展

【韩忠玉】文化是学校的灵魂，管理是学校的根本。教育的对象是有思想、有个性、有情感、有素质差异的人，所以在管理上过宽或过严都可能导致教育的失败。

为此，我校主要通过科学化、规范化、精细化、人文化的"三级督导"管理模式的实施，多方位地管理学生的学习、思想及生活。一级督导由校长任组长，中层领导任组员；二级督导由年级主任任组长，班主任任组员；三级督导由学生会干部任组长，品学兼优、责任心强的班干部任组员。一级督导负责对全校的各个方面的监督、检查和考核，并负责对二、三级督查的上岗情况和履行职责情况的监督、检查和指导。二级和三级督导负责学校各个方面的监督、检查，并对一级督导负责。"三级督导"互补互动既督又导，这一管理模式的具体实施进一步完善并促进了学生全面发展的评价体系，去年在全市得到推介。

【陶继新】"三级督导"体现了分工明确与各尽其职的科学管理原则。同时，"人文化"在这一评价体系中起着重要的作用。督导的目的是让教师更好地工作，学生更好地发展，而不是将目的锁定在监督他们、批评他们上。所以，督导者与被督导者在目的上是一致的。况且，你们既督又导并具有"科学化、规范化、精细化"的特点，督导者更加认真努力，被督导者更加乐于接受督导。所以，这种管理模式有效地促进了学生的全面发展。

四、构建教师文化——架起名师成长的桥梁

【韩忠玉】我觉得教师文化建设的关键首先在于建设教师的思想文化，转变教师的思维方式。观念变了，才能有效建立教师的行为文化。在教师队伍建设过程中，我们通过"四中教师宣言""育人目标解读""治学理念解读"等学校文化，着重培养了教师以下优秀素养和智慧：以爱心平等地对待每一个学生；熟练驾驭课堂教学；建立融洽的师生关系；创造性地开展工作；酷爱读书。

我在本学期开学时专门为教师做的信心教育讲座中，希望教师特别注意以下几点：要心怀"信心"和"感激"；赞美学生，毫不吝啬；换个思路激励学生；善待发言错误的学生；尽量不当众批评学生；主动问候学生；上课要有激情；面带微笑进教室。

【陶继新】大凡有爱心的教师，都能得到学生的拥戴。"平等"则显示了教师的博爱胸怀，长期下去，就会积淀成一种优秀的教师品德。

欣赏您的"良好的师生关系就是教学质量"之说。当一个笑容满面的教师走进课堂的时候，传递给学生的是一种积极向上与和谐友善的信息，会在学生的心底生成一种高效学习的动力。所以，我一直提倡情感高效。因为课堂教学一旦出现情感上的不和谐，教学效率低下就成了必然的结果。

您之所以倡导教师读书，是因为您从读书中获取了丰厚的回报。您也想让教师像您一样，为自己打点文化底色。这样，教师就不再是教书匠，而是随着生命的延伸，越来越有文化品位，越来越有教学能力，越来越受到学生的欢迎。

"赞美学生，毫不吝啬"的结果，使得学生的自信心不断提升。当一个学生拥有了自信之后，不但对学习越来越感兴趣，干任何事情都会拥有自信。这种内在的品质，还会伴随其一生的生命成长，从而使其拥有一个幸福的人生。

【韩忠玉】您的分析入木三分，非常佩服您。此外，我们还通过培训、座谈、讨论、经验交流、专家报告会等多种形式，积极创造条件不断为教师"补钙"；通过建立目标考核奖励制度、首席教师评选制度等，为优秀教师的成长创造良好的条件；通过新老教师结对子、课堂大比武以及开设教师论坛等活动，促进其专业化成长。

【陶继新】教师的成长需要诸多"外力"的"聚合"，才能形成主动向上的内在品质。您所采取的这些策略与措施，无疑是让教师由"外"向"内"的积极驱动过程。教师的"钙"补多了，就有了优质的"骨骼"；而一旦有了自我提升的内在需求之后，还会自我生成"钙"。相信你们的教师在您的带领下，会越来越有内力的。

【韩忠玉】谢谢您！除此之外，我们还采取了以下措施：

课堂大比武——我校通过课堂大比武形成了"三案导学，六步探究""自主、合作、优质、高效"的课堂教学模式。

青蓝工程建设——开学初，学校对刚走上教学岗位的教师进行岗前培训、考核评定，合格者方可上岗。学校每学年把工作不满3年的教师与经验丰富的老教师组对，实行一帮一、一对一，以老带新，以新促老，新老教师互帮互学、共同提高。

文化交流——两年来，学校聘请了20多位专家前来我校作报告，与美国康州中学建立友好学校；与日本和歌山县外国语学校签订友好学校协议；聘请中国戏协刘长瑜副主席为名誉校长。

本学期，又聘请山东省教师培训中心授课专家温德峰、上海市特级教师陈永平等前来作报告，还聘请了曲智男、赵海岩两位专家来校进行了为期四天的思维导图培训，以转变教师的思维模式，从而应用到教学当中。

科研带动——近两年，学校申请立项市级以上科研课题十六项，教师发表论文国家级51篇，省级89篇，出版专著15部。仅在2008年，学校就设立了5项市科研课题，创设了22个潍坊市金点子成功案例，有21名学生在全国各类竞赛中获奖。本学期刚刚过去两个月，教师又获71项市级以上教育教学成果奖。

【陶继新】"青蓝工程建设"对于青年教师的成长至关重要。让他们尽快成长，不只是对他们负责，也是对学生负责。不过，对于青年教师的发展，也不能急功近利，特别要让他们沉住气。他们有一笔了不起的资本，那就是年龄；同时，他们也有一个致命的弱项，那就是经验不足与学识不丰。所以，在为他们规划发展前程的时候，既要有近期发展目标，也要让他们做好打"持久战"的准备。教师要求积极发展诚然可贵，而拥有一个文化定心则更加重要。我观当今一些青年教师迅速成名之后，有的则也迅速"陨落"。究其原因，就是太过急迫，太过功利。您的成功，当是"冰冻三尺，非一日之寒"最好的诠释。

我主张读书要"取法乎上"，请专家亦然。要让教师在紧张的工作之余，享受最有思想与文化含量的交流，从专家那里汲取最有价值的东西。您为什么发展得如此之好呢？一个重要的原因，就是您读了一般校长没有读过的大量的高品位的书,而且化成了您自己的东西。所以,您在读书与引进专家思想方面,有着独特的优势。这也是你们的教师得以快速成长的原因之一吧。

五、构建德育文化——彰显文化育人本色

【韩忠玉】为推动德育文化建设,我们积极探索新方法、新途径,努力使德育工作常做常新。

一是将德育工作融于到养成教育中。主要措施有建章立制、召开专题班会、学生自我反思自我教育等。

二是实施班主任建设工程。我们对班主任提出了八条要求并通过班主任经验交流会等形式加以深化:育人为本,关爱为先;理解、宽容、善待每个学生;让学生做班级主人,实现自我教育,自我发展;多表扬、多鼓励学生;因材施教,关注后进生和信心不足的学生;创设良好班风,创建丰富的自信文化;协调好与任课教师之间的关系;与家长交流,共同促进学生自信心的成长。

三是实施家校牵手工程。我们要求家长在大休和节假日,对回家的学生做到"三要":要问学生在学校的表现,要谈家长的期望和要求,要讲"老师说你能行"。另外,我们还开展了开设家长接待日、实施家访制、致家长一封信等活动,让家长积极配合学校对学生实施有效的信心教育。

【陶继新】"理解、宽容、善待每个学生"是班主任工作的不二法宝。只有认真研究学生的思想、性格、生理、学习等特点,才能理解他们,才能正确地对待他们。古人早就说过:"人非圣贤,孰能无过?"何况孩子。班主任能够宽容学生的缺点错误,是一种美德。把学生当成可发展的人,当成可成才的人,当成可以给自己带来幸福的人,就会善待他们。而且,理解、宽容、善待也是相互的,学生在受到教师的理解、宽容、善待之后,也会理解、宽容、善待教师,从而形成一种优质的班级文化,于是,班主任工作就会变得轻松甚至愉悦。

只有"让学生做班级主人,实现自我教育,自我发展"之后,班级工作才能真正抵达理想境界。学生一旦意识到自己是班级主人,就会升腾起一种特殊的责任感,甚至创造性地开展班级工作,并做出令班主任意想不到的奇迹来。这种积极主动的心理状态还会自觉地迁移到学习方面来,从而形成一

种良性循环。

【韩忠玉】是的。宽容不等于放纵，也不等于放任。为此，学校采取了一系列具体措施加强德育文化建设，例如：导师制——学校根据学生的个性差异和教师的教育特点，把师生合理搭配，每位教师承包6～8名学生。要求导师既做慈母又做严父，从思想、生活、学习各方面指导学生。导师要写出年度培养计划，内容包括培养目标、方式、手段，每周工作要点，还要有专题备课和活动记录。

导师制的实行拉近了师生间的距离，学生对教师的信任感增强了，也更加自信了。更为重要的是，它为学生营造了一个心理安全的港湾，让学生拥有一种我是教职工子女的感觉。

【陶继新】"导师制"是孔子倡导的"因材施教"的一个有效实践，它使每个学生都可以得到最好的发展。当然，开始的时候，会增加教师一定的负担，可是，经过一段时间后，负担就会减轻。因为学生充分相信教师之后，就会更加认真地遵循导师的指导，主动努力地学习，以回应导师的心灵关照。师生之间的这种默契，对于教师之教与学生之学，都会生成一种特殊的能量，从而产生事半功倍的效果。于是，以往令教师头疼的学生的问题相应减少甚至绝迹，教师的负担特别是心理负担也就相应减轻，甚至还会因与学生息息相通而生成一种特殊快乐的情感。

【韩忠玉】是的。再如心理辅导制——目前，有相当一部分高中生存在着不同程度的心理健康问题，这严重影响了学生的身心发展，也制约着学生自信心的发展。对此，我校强化心理疏导教育，设立学生心理咨询室和心理咨询热线，并且每学期我们都对学生进行心理测试，测试题目涉及学习、生活、交往、信心、精神状态等多方面。

【陶继新】心理障碍是自信教育的拦路虎，解决这些问题首要的是要有的放矢。"心理测试"无疑是发现问题的一个好方法。学生的心理问题有共性，也因人而异，测试之后，才能分析研究，制定相应的策略。你们之所以设立心理咨询室与心理咨询热线等，不但是为了解决那些学生已经出现的心理问题，更是要阻隔即将发生的问题。学生的心理问题少了，和谐的氛围与学习的高效也就生成了。

六、构建学生文化——促进学生全面发展

【韩忠玉】刚才所谈的导师制和心理辅导制既渗透着德育教育，同时也是打造学生文化的具体措施。我还利用开学典礼、军训、期中总结、期末总结等机会向学生进行信心教育，建立学生文化。

一年多来，我分别送给了学生七大祝福：一祝信心百倍，二祝毅力超群，三祝养成好习惯，四祝刻苦勤奋，五祝学会感恩，六祝学会做人，七祝拥有强健的体魄和良好的心理素质。我还送给学生六件成功之宝：坚信自己是一道独特的风景；从总结和反思中发现和积累"钻石"元素；让目标引领我们去开采"金矿"；让你的生活因主动而色彩缤纷；让沟通从心开始；每天多坚持一点点。同时我还提醒学生五大问题：平时学习，你认真反思了吗？你非常相信老师吗？你的方法做到科学高效了吗？面对成绩，你的心态摆正了吗？做最好的自己，你准备好了吗？

另外还有十大优秀品质、五个秘诀等等。不仅我讲，还利用师生国旗下的演讲、主题班会、读书会、征文、每周话题、校园之声等多种形式，培养学生的优良品质。

【陶继新】这一学生文化体系以您的祝福为载体传递给学生，显得亲切、真诚、美好。关键是，您的这种学生文化，并没有停留在口头上，而是运用一些方法与策略，让它慢慢地融在了学生的心里。没有这个融入，所有的文化都不能"化人"。记得您在安丘四中任校长我专访您的时候，您精彩的国旗下的讲话令我振奋并引用过多次。现在，您又有了一系列的其他内容的讲话。相信它会产生更大的振奋人心的力量，相信学生会在这种自信文化的感召下，生成更大的自信心。

【韩忠玉】另外，在学生文化建设方面，我们还采取了以下措施：

分层次走班制——学生根据自己的兴趣、特长选择在不同的教室，由不同的老师上课，实行"自选套餐"，开设相应的选修模块等，受到了广大师生的极大欢迎。

开发校本课程——从高一上学期开始，全年级实施校本课程开发，现在已开发出 30 多本具有各学科特点的校本课程，满足了不同学生的个性发展、

综合发展的需要。

成立学生社团——学校建立了 50 多个学生社团，如戏剧社、演唱团、坊华文学社、剪纸艺术团、昆虫生物兴趣团。

开展课外活动——学校开展了丰富多彩的课外活动和社区活动，如"企业学子行""模拟法庭""法律知识竞赛"等活动；定期请知名学者、法制宣传员等来校作报告。

学校还开展"闲暇教育"的研究，提高其闲暇生活质量。

【陶继新】选修课是新课程改革的一个难点，你们舍易取难，就是为了学生的全面发展，让学生"各取所需"又"各取所好"，从而使他们进入到乐学且收获颇丰的境界。

开发校本课程可以让教师真正走进课程，享用自己的开发成果，并在开发之中提升自己的课程意识与文化品位。

学生在校不只是学习文化科学知识，还应当具有更加丰富的文化生活，而社团则为其提供了这方乐土。

你们的课外活动不但丰富多彩，而且走出了教育这个相对狭小的范围，让学生去体验与感受社会这个更大景象的美丽与复杂。这样，对于他们了解社会，关注社会，开阔生命视野，都会起到一定的作用。

"闲暇教育"开展得好！教师不应当是苦行僧，学生也不应当是苦行者。特蕾莎修女为什么说工作是"最好的休闲活动"？一个重要的意向就是要人们享受工作的意趣。当一个人感到工作与学习其乐无穷的时候，工作与学习质量之高也就有了水到渠成之势。

七、构建环境文化——打造精神文明的乐园

【韩忠玉】近年来，我们特别重视校园环境文化的建设。我们积极美化教室、实验室、图书室等公共场所的环境，积极开展学生公寓环境建设活动；通过设置各种人文标志、文化宣传长廊、阅报栏、名人介绍和名言警句宣传牌，充分发挥环境育人的功效。

我们让学校的每一面墙壁、每一块绿地都化作了信心教育的使者：校园里，树木葱茏、花草争艳、风景宜人；各式各样的人性化标语催人奋进……

教室走廊墙壁上，古今中外名人事迹触目可见，令人深受鼓舞；英语角、学生自创的绘画、书法作品琳琅满目，让人耳目一新……

宣传长廊里，校风、校训、教风、学风、办学理念、育人目标彰显特色；知名校友、首席教师、优秀教师、优秀学生、博士生照片云集，书画、美文、手抄报凸显学生良好素质……

还有学生自己命名的北大路、文明路、自强路不时引导鞭策着学生，学生们还将自己的宿舍命名为淑女居、绅士屋、自信堂……

我们力图使整个校园变成一部立体的、多彩的、富有吸引力的教科书，变成一座流光溢彩、充满人性光泽的学园、乐园和精神家园，让师生时时处处受到一种潜移默化的文化熏陶。

【陶继新】文化的作用，不在于灌输，而在于熏陶与浸润。你们的学生在校园的任何地方，都可以感受自信文化的生命张力。这种自信文化，便在"随风潜入夜"中"润物细无声"地渗入到心田之中。同时，这种文化也是一种积极的心理暗示。前一段时间到你们学校参观的时候，我已经充分感受到了这种文化之美。看着学生几乎个个神采飞扬、意气风发，我感到您所倡导的自信文化已经开始内化在了他们的心里，已经展现了它靓丽的风景。

【韩忠玉】谢谢您的褒奖！如今，在各级领导的关怀下，在全体师生的共同努力下，我们潍坊四中的发展日新月异，文化建设更是让师生精神焕发，同时，社会各界对我们的期望也越来越高了。"激情成就梦想，信心点亮未来。"我们将永不满足于已经取得的成绩，把社会的期望和信任变成拼搏进取的不竭动力，以昂扬的姿态，接受社会各界的检阅！

【陶继新】因为您有安丘四中成功的办学经验，又在潍坊市教科院指导全市高中教育的特殊工作经历，以及近几年持之以恒的探索，您到潍坊四中不到两年，已有100多个考察团前往学习，听说今年单重庆市綦江县教育考察团就已4次前去取经。可以说，今天的您，不但无愧于"齐鲁名校长"的美称，而且有了问津全国名校长的资本。我相信在您的领导下，潍坊四中一定会飞得更高，走得更远！

(2009年12月22日)

(陶继新：山东教育社原总编辑、编审，中国教育报记者)

第二讲：
特色，带动学校师生的全面发展

——宋洪昌对话潍坊四中校长韩忠玉

> 特色是一个事物或一种事物显著区别于其他事物的风格和形式，是其所属事物独有的。

同他做人的理念一样，潍坊四中校长韩忠玉的教育理念中常常会闪现几个熟悉的字眼，诸如"诚信""善良""尊重""感恩""宽容"。在他看来，这些既是学校必须培养学生的重要品质，也是教育必须永远载入其核心价值观念的内容，是使教育显现"德性"的重要元素。学校教育如何体现这些观念？如何让学生在走出校门之后，心中仍然对这些观念和原则有一份坚守？围绕这个话题，记者与韩忠玉进行了对话。

【宋洪昌】有句话很精辟，意思大致是这样的：什么是教育？就是学生在走出校门几年乃至几十年之后，其他的都淡忘了，而仍然留在心中的那些东西。这些东西就是学生从学校里学到的，一生中始终坚守的那些信念、原则和道义。从这个意义上说，我们的教育应该教给学生什么？首先应该教给学生做人、做事的原则，从教育价值观的层面讲，就是要向学生传达社会核心价值观念。这种价值观念当然应当是普世的，是恒久的，譬如善良、人性、尊重、诚信、公平、正义等。这些价值观念构成了人的德性DNA，是一个人"成人"过程中必不可少的营养基。可以说，如果我们的教育能够让学生们在走出校门的时候，心中对这些观念有了无可动摇的坚守，那么我们的教育就应该是成功的教育，换句话说，我们的教育就是真正做了应该做的事情。

【韩忠玉】的确，人们常把学校比作孩子们的第二摇篮，就是希望通过学校的十几年培养，能让一个个懵懂无知的顽童成长为德才兼备、有志有技的青年。可以说，在当今终身学习的社会，学校教育阶段仍是每个孩子世界观、人生观、价值观形成的关键阶段。这就要求学校引领孩子们形成让他们受益终生的价值体系。说到底，教育的根本问题还是一个培养什么样的人和怎样培养人的问题。在价值观培养中，"信"是一个很重要的元素。"己欲立而立人，己欲达而达人，己欲信而信人。信"心"先信人，缺乏信任，缺乏诚信，也就是缺乏纯真；缺乏纯真，则潜能不显。用联系的观点看，不信难以养德，无德之人，行而不远。唯有养德方能筑牢生命的根基。莎士比亚说过："如果要别人诚信，首先自己要诚信。"德莱塞说："诚实是人生的命脉，是一切价值的根基。"所谓诚信，就是要诚实守信，对自己、对他人、对集体都要有责任感。有的学生没做作业，要抄袭他人的，或者对老师撒谎；有的学生因为学习不用功，但又怕考不好而被家长和老师批评，就作弊。这样的学生怎么能称得上诚实的学生呢？古往今来，没有一个商家是靠坑骗、欺诈消费者而誉满天下的，也没有一个人是靠剽窃他人劳动成果、弄虚作假而成为学富五车的大学者的。我们告诉学生："没有一个人能通过考试作弊而成为学业优秀的学子。要做一名好学生，必须先学会做人。诚信是为人之根本。"学校加强诚信教育，如平日考试，我们倡导"无人监考"，目的就是要教育学生明白诚信做人做事的重要性。

【宋洪昌】我听说您不仅教育学生诚实守信，还常常教导学生要善良，做个好人。我曾经在一所高中学校的校园里看到一个语录牌上写着这样一句话：做个好人。这句话写得太好了。这句话很朴实，但是细细琢磨，感到校长将这句话写在牌子上，立在校园里，用心良苦，也由此足以看出校长教育学生的原则。什么是好人？我的理解是，首先要善良，能够坚守做人的道德底线，不损人，不为恶，在家里孝敬父母，在外面做事有良知。

【韩忠玉】是的，《庄子》有言：修之于身，其德乃真。含德之厚，比于赤子。意思是说，先从自身着手修德，他的德才纯真。含德深厚的人，比得上初生的婴儿，以至于毒虫不螫，猛兽不据，攫鸟不搏。如此看来，有德才的好人是不吃亏的。忠厚传家，诗书继世。善者无畏，仁者无敌，孝者无怨。

几千年的民族文化积淀留给了我们太多的思想精华。古为今用，不仅是一种方法论，也是一种民族自信心。善良和孝悌，是道德的底线，也是个人和家庭能否恒久发展的必要前提。善良的人不仅帮助了别人，还收获了自己的好心情。人在心情好的情况下学习或干任何事情，效率也会高。与人为善，可以让自己得到别人的尊重，为自己创造一种和谐的人际关系生态，营造愉悦的学习和生活软环境。

【宋洪昌】我到过许许多多的学校，看到校园的墙壁上或者教学楼的走廊里悬挂着这样那样的语录或者宣传画，但是很少看到有关提醒和教育学生首先要做个善良的人的语录。我想，我们为什么不把诺贝尔和平奖获得者特雷沙修女那段教孩子们讲良心、做善事的精彩话语悬挂起来，让孩子们永远地记在心里？她说："孩子，你听我说：如果守规矩、讲良心、有道德会让你吃亏，会使你蒙受损失、遭受打击，那不是你错了，而一定是这个社会出了问题。但不管怎样，你要守规矩、讲良心、有道德。如果你做善事，不一定会有善报，或许有人会说你虚情假意，说你别有用心，但不管怎样，你要做善事……破坏比建设容易得多，也许你多年的努力建设不起你的大厦，一朝的破坏却让你声名远扬，但你仍要建设……"我们一直以来强调"德育为首"。如何体现"为首"？首先要教育学生做个好人，做对社会有益的人，善良的人。

【韩忠玉】"尽可能地帮助他人，让人们因我的存在而感到幸福"，是我们学校倡导的交际原则。我们教育学生每天为别人做一件让其感觉到快乐的事。当我们有能力让别人感觉到高兴的时候，自己也会感觉到，施比受能带给自己更多的快乐。我们力求让学生懂得这样一个道理：你不喜欢的人，他也一定不喜欢你；你要喜欢别人，别人自然会喜欢上你；你帮助了别人，别人也会帮助你。

【宋洪昌】要将学生教育成"人"，就要教育学生有人性。有人性才能是个人。一个人有了人性，才会意识到生命个体的高贵，从而敬重生命、珍惜生命；既珍惜自己的生命，也珍惜他人的生命。因为他感觉到自己生命的高贵，从而也懂得他人生命的高贵。一个具有浓厚人本意识的人，自然会有一种悲天悯人的情怀，人文关怀对于他就是一种自然而然的释放和表达。在这个人眼里，每个人都是重要的。他不会仅仅感觉到自己的重要，更不会因为保护自己的存在而轻视甚至藐视他人的存在，也不会因为享受自己的权利而侵犯他人的权利。我经常在城市的大街上看到这样的场景：拉病人的救护车鸣笛急驶，可是前面的车辆就是不紧急避让，开车的人似乎很麻木，似乎不懂得病人早一分钟到医院就会多一分希望、少一分痛苦这样简单的道理。这种麻木的背后就是对生命的漠视，就是缺乏人性。我们的教育要让孩子首先懂得"救护车优先"这样的简单道理，要首先让学生具备人性，具有人道情怀。

【韩忠玉】您说得太好了，我深有同感。我在我们学校的育人目标中就鲜明地提出要培养具有自强精神、科学态度、人文情怀、淑女风范、绅士风度、国际视野、世界胸怀、领袖气质的学生。其中对人文情怀的解读就是：尊重自己的生命，尊重他人的生命及万物的生命；尊重自己的人格，尊重他人的人格及万物共生的权利。

人道情怀属于人文教育的范畴。我们主张以德树人，但是我们不能离开人性谈道德，脱离了人性的道德说教于事无补。我们所进行的亲情教育、感恩教育、励志教育、挫折教育都是基于原始人性的一种教育升级。其实，人的道德观、价值观中的一个根本问题就是生命观。如何对待自己的生命，如何让自己的生命内涵更丰富，如何提高自己的生命质量，是很重要的教育课题。

因此，我们教育学生从身边事做起，从发生在自己身上的一点一滴小事做起。在潜移默化的教育中，学生们学会了人性的关怀：有的教室里，学生们自发给课间不能回办公室休息的老师准备了水杯；当有教师来班级听课的时候，学生们也给听课老师准备了"温情一杯水"。学生们在"服务"的同时，不仅收获了能力，也学会了如何让自己的行为处事充满"人性的情怀"。

我们终于欣喜地看到，当学生对别人造成伤害的时候，当学生面对别人对自己的权益造成侵害的时候，当学生面对来自各方面的挫折和压力的时候，当学生面对来自家长和老师等各方面指责的时候，学生们终于多了一份体谅，多了一份理解，多了一份真诚相待。他们学会了换位思考，学会了宽容与忍让，学会了合理地表达自己的想法。

【宋洪昌】您很看重一个人的感恩情怀。您认为，没有感恩的心态是人们生活中的一大缺憾。我也有同感。对每个人来说，感恩既是一种品行，也是一种心态，一种对待生活、对待自然、对待社会的态度。这种态度不仅决定着一个人品性的"品质"，也决定着其生活的态度、生活的品位。美国有感恩节，它让人们在享受节日快乐的同时，也以一种特殊的形式强化着人们的感恩"情结"。无论对于我们成人还是孩子来说，"感恩"依然是需要好好写的两个字。

【韩忠玉】"滴水之恩当涌泉相报。"有一颗感恩的宁静心灵，同时重诺守信，乐于助人，就会成为备受欢迎的人。不管是在求学的道路上还是将来创业，都会取得意想不到的成功。生活需要一颗感恩的心来创造。当一个人学会了尊重别人时，他才会更加尊重自己、帮助别人，成为一个是非分明、襟怀坦荡、品行高尚的人。内涵是对他人的尊重。学会了感恩，心中就有了道德标杆。没有感恩，就没有真正的美德。缺少感恩的情怀，缺少感恩的心态，会成为现代生活的一个遗憾。感恩也是一种后天教育，感恩的过程是潜移默化的教育。让孩子学会感恩，也是我们的任务。

在我们学校的高三成人宣誓仪式上，学生们对自己的父母说："亲爱的父母，我已经长大了，谢谢你们给了我生命，我一定会回报你们！"听着孩子的心里话，许多家长感动得热泪盈眶。

在母亲节那天，一位母亲收到孩子从学校寄回的家书，看到"海可枯，石可烂，母亲的爱永不变。女儿坚信：女儿无法改变你们辛酸的过去，但女儿一定可以改变你们的将来！"这位母亲感动地说："孩子长大了。"

当老师在教师节那天收到学生贺卡的时候，当老师们在教师节庆祝活动现场接受来自一个又一个孩子深情拥抱的时候，老师们已经忘掉了过去所有的辛酸与不快乐。老师们突然发现，孩子们一天天长大了，自己被幸福包围着……

【宋洪昌】如今，"幸福"是一个关注度很高的词汇。人们期盼幸福，也在思考什么是幸福。教育要成就学生的幸福人生，要交给学生打开幸福之门的钥匙。什么是幸福？幸福从哪里来？不同的人会有不同的回答和解读。我认为，幸福首先来自于心态，或者说是一种心态。"幸福是一种感觉"的含义也就在其中吧！一个心中阴天总比艳阳天多的人，幸福的日子肯定比艳阳天总是比阴天多的人少。说到底，幸福就是一种心情，心态就决定了心情。乐观、豁达的人幸福指数肯定高。所以，教学生学会乐观，具有一种乐观的心态，也是为学生的人生幸福负责。从认识您开始，我就感觉到您有一种很好的心态。我还听说，您很注意引导教师和学生以一种乐观的心态对待工作、学习和生活。

【韩忠玉】"幸福是一种心态。"这话说得好。财富、情感、健康、理想，这些都是幸福的构成元素。实现幸福的最大化就是实现财富、情感、健康、理想的均衡统一。美好的情感浇灌孩子的心田；健康的心态与体魄是创造幸福、感受幸福的基础。我们培养孩子健康的心态与强健的体魄；以爱为圆心，让理想的半径无限延伸，规划好孩子的幸福人生，让知识、健康、乐观、理想永远与教育相伴。这就是潍坊四中的教育情怀。

感悟幸福，学会乐观，一个简便的方法就是停止抱怨，停止抱怨之后就是快乐。人总是喜欢和那些能够给人带来快乐的人在一起，一个懂得宽容的人总会带给人以快乐。宽容也是一门学问，真正的宽容，不仅宽容"他人的错误"，而且容忍"自己的苦难"。苦难、无聊和不幸原本是生活中难以避免的东西，就像生活中不可缺少充实、快乐、幸福一样。以健康的心态正视现实，我们才会笑对坎坷与磨难，成为一个乐观幸福的人。把痛苦带给别人的人，他的力量是传染；把笑声带给别人的人，他的魅力是感染。能够把笑声带给别人的人，心中会充满善良和智慧。

工作并不都是轻松的，老师也并非圣人。但我们的价值取向是，让老师幸福地生活，让老师快乐地工作，让学生幸福地成长，让学生快乐地学习。

人往高处走。一个教师可以辞职，但频繁地变换工作并不是一个明智的选择。如果你没有勇气选择工作本身，你一定要选择自己的工作态度。我特别希望看到我们的老师都幸福地生活着。

有人说，"生"字就是地平线上的一头"牛"，生来就有很多我们不能控制的因素。任何人都不得不做一些令人厌烦的工作。如果我们再不改变自己的心态，就是对自己的人生不负责任。

对于学生们的校园生活，我是这样想的：快乐，只是一种生存状态。我们只能够生活在今天，我们只能够活在现在，如果你现在不快乐，将来你也一定不快乐；如果你一个人的时候不会自得其乐，即使别人跟你一起，你一样不快乐；如果你学习不快乐，就算你将来工作，你也不会快乐。

不是学生不能拥有快乐，而是没有去体会快乐。学习是学生的天职，学习的快乐在哪里？它来自于学习过程，它来自于通过刻苦努力而带来成功之后的喜悦。学习的负担是什么？这种负担并不是学习本身，而是自己不情愿学习的心态，是自己不情愿完成的学习任务。当一个学生苦思冥想解出一道题的时候，当他百般思量写出一篇自鸣得意的作文的时候；当老师提出一个问题，学生对答如流的时候，学生一定是快乐的。感受学习本身的快乐是给学习者最大的奖赏，是最大的收获。

爱迪生几乎每天在实验室里工作18个小时，在那里吃饭、睡觉，但他丝毫不以为苦，他很快乐。他说：我一生从未做过一天工作，我每天都其乐无穷。就是这个从未进过学校的人，这个报童出身的人，视工作为快乐，发明了灯泡、电话等1000多种专利产品，改变了世人的生活。

我经常对老师和学生们说这样的话："我的心态亲切，因为我喜欢我的工作；我总撒播快乐，因为没有人会拒绝快乐；我肯轻声细语，因为这是我专业的服务；我常关心别人，因为我懂得照顾自己；我很乐意助人，因为他们都是我的好朋友；我总原谅别人，因为没有人不会犯错。"这就是乐观健康的心态，这就是幸福。

【宋洪昌】跟你们学校的学生何老师聊起来，大家感受最深的是你的人格魅力，大家谈得最多的是你的教育智慧，还有你的宽厚，你对他人的欣赏。你的这种人格魅力或者说是工作风格想必也是你的工作习惯。

【韩忠玉】学生和老师认可我，我很感激。渴望赏识是人性的特点，这个特点体现在学生的学习中有时会出现这样的现象：如果在数学老师那里得不到赏识，他就会爱上他的英语老师。如果他在英语老师那里找不到赏识的感觉，他会喜欢上语文老师。如果学生在整个学校都找不到赏识的感觉，他就会选择逃学。这个例子，赏识不是"做人"的技术或者技巧，一个缺乏赏识意识的人是一个审美不健全的人，也是一个工作有缺陷的人；一种缺失了赏识的教育同样是不健全不完美的教育。教育工作者要懂得赞美学生，要毫不吝啬地赞美学生。赞美学生，是教师发自内心地对学生的尊重。

莎士比亚曾说："赞美是照耀我们心灵的阳光，没有它，我们的心灵就无法成长。"用欣赏的眼光去努力发现学生的优点，然后真诚而不是虚伪地加以肯定赞美，这不仅是一门教学的艺术，更是一个教育者应有的情怀，是一种包含人文情怀的有德性的教育。

（宋洪昌：山东教育报副主编）
（《山东教育报》2011.4）

第三讲：
德性，成为实施教育的精髓所在
——潍坊四中信心教育"十法"略谈

> 德性就是道德品性，指人的自然至诚之性。

2011年5月，我们在潍坊四中召开了全国教育科研课题子课题结题会议。会上，有五位四中老师进行了信心教育小课题展示。一位老师上了一节信心教育主题班会课，一位学生讲述了自己成才成功的故事，多个学生社团进行了汇报表演。师生们展现出来的真才实学和乐观自信、积极进取的精神风貌赢得了来自全国各地的与会专家的热烈掌声。中央教科所科研管理处处长、总课题组组长陈如平高度评价说：潍坊四中的信心教育法"破解了学校高位发展的难题，提供了科学发展的样板"。

潍坊四中近几年来在信心教育的舞台上不断发展壮大，赢得了同行们的一致认同，先后有200多个教育考察团前来参观考察。今天，我就许多同行比较关注的一个问题向领导专家们汇报一下，潍坊四中是如何具体实施信心教育的，主要讲讲信心教育的"十大理念"和具体实施信心教育的"十种做法"。

首先，"信心教育法"赋予人一种积极向上的精神。它追求"善孝仁爱，知书明理"，它倡导"感恩重诺，互助互赢"，它要求"爱惜精神，胸怀乾坤"，它引领大家"信己信人，养德筑基"；即用博大的胸怀去包容别人的过失，用欣赏的眼光去看待周围的好人和好事，用鼓励的方式去促进他人的发展而不是嫉妒、挖苦、打击、诽谤比自己更强的对象。它力争达到人世间的和谐！

同时，它又是一个激励学生不断走向成功的教育方法。它坚信"潜能无限，智慧无穷"；它坚持"以信立校，用心治学"；它力求"有教无类，因势利导"；它"视学生为天才，把教学当使命"；它教导学生"静专思主，潜心求学"；它督促学生"养成习惯，成就人生"。它点燃了每一位师生的信心之灯，激励大家不断创新，勇于突破，甘于奉献，成就人生。为此，我们在教育教学工作中始终围绕"启发学生自知、自尊，树立信心；教育学生自律、自警，巩固信心；引导学生自励、自强，坚定信心；帮助学生自觉、自悟，发挥信心"来开展一系列工作和活动，具体是按"十种做法"来实施的。

1. "三案导学，六步探究"——彰显自信。

信心教育实践的主阵地是课堂教学，潍坊四中的每节课都以"三案导学，六步探究"贯穿始终。"三案导学"包括课前学案（预习性）、课中学案（探究性）、课后学案（拓展性）三部分。"六步探究"实施流程包括检查预案——合作探究——精讲点拨——当堂训练——提炼升华——课后拓展，即将"课前、课堂、课后三个学案"进行精心设计，目的是让学生充满信心。第一，课前学案——启发自信。在课前学案设计中，将知识点转变为探索性的问题点、能力点，通过对知识点的设疑、质疑、解疑，从而激发学生主动阅读、主动思考，逐步培养学生的自信心、探究精神。

第二，课中学案——激发自信。课中学案设计主要以问题来引导学生自主学习，起到了"以问导读、以问促思"的作用，其着眼点和侧重点在于调动学生自主学习的积极性，最大限度地激发学生自主学习的内驱力，引导学生获取知识。

第三，课后学案——巩固自信。课后巩固案主要包括知识体系构建、纠错补缺和巩固性、拓展性的练习题。其着眼于巩固教学效果、提升学习能力来进行设计。

2. "六步探究"则从细微之处践行信心教育，全面提升教学质量。

（1）检查预案——树立自信。主要是通过自查、互查、抽查的方式来检查学生对课前学案的完成情况，测试内容要以基本知识为主，既达到检测学习效果，又树立了学生信心。

（2）合作探究——彰显自信。主要是针对探究题目设置情境，让学生分组讨论探究，通过设计的问题有层次地逐步研究解决问题。尽可能地把课堂交给学生，让学生尽情彰显自信。在这个过程中，教师及时进行学习评价，及时表扬鼓励，并提出希望。

（3）精讲点拨——赏识自信。主要是点拨疑点、易混点、易错点，强调重点、难点，对课堂中所出现的一些情况予以评价、精讲点拨或调控。不足之处，教师要予以激励性评价和矫正性评价，使学生在老师的赏识中得到自信。

（4）当堂训练——找到自信。主要是巩固当堂学习内容。试题要围绕本节知识点精心设计，教师在检查学生当堂训练结果时，不仅看学生对教材的掌握情况，更主要的是引导学生寻找教材的规律和解决这一类问题的方法，培养学生整体思维的习惯和解决问题的能力，从而让学生找到做题的自信心。

（5）提炼升华——深化自信。主要对本节课的知识点进行总结归纳、提炼升华。通过合作和讨论，包括教师的点拨，让学生掌握解决这一类问题的规律和方法，然后运用这一规律和方法进一步理解和分析教材，进一步培养学生分析问题和解决问题的能力。

（6）课后拓展——完善自信。主要是在完成本节课知识体系的构建后，对本节知识点归纳总结的基础上，把本节课的典型错题总结在纠错本上，布置适量的练习题。课后拓展的设计是要引导学生掌握分析和探究解决问题的规律和方法，使学生独立、充满信心地解决问题。

近年来全国各地考察团前来参观我校的新课程改革和"信心教育"成果时，尤其是对我校在新一轮课堂改革中实施的"三案导学，六步探究"新课堂教学模式赞不绝口。近几年，在潍坊市教科院先后组织开展的市区高中教师课堂教学优质课比赛中，我校几十名教师得到锻炼并获奖，进一步推进了我校教育教学质量的全面提高。

纠错本的使用——提升学习效率。在我校，我们专门设计了富有四中特色的纠错本。在教师指导下，学生逐渐学会了正确使用纠错本的"五部曲"：

第一步：列出错误题目。同类错误学会归类。

第二步：分析错因。

第三步：联系相关知识点。

第四步：纠错训练，重新解答错题。

第五步：常翻常看，温故知新。

纠错并不是简单的抄录，而是学生不断反思、总结规律的过程。在总结反思中，潜能得到了开发。老师的及时督促避免了纠错本流于形式的情形，教学效率大大提升。

3. 先期上课——优化教师队伍。

为了大面积提升教师业务素养，我们实施了骨干教师先期上课制度。我们先在全校评选骨干教师，再让每个骨干老师每周轮流上3~5节示范课，学校组织领导和老师特别是同科老师按时听课评课，既带动了年轻教师的成长，又促进了骨干教师自身的发展。

配合骨干教师先期上课制度，学校又积极组织青年教师开展课堂大比武活动。青年教师讲课时骨干教师承担着指导的任务。通过骨干教师先期上课和课堂大比武活动，教师的整体业务水平有了大幅度提升。

一年多来，全校教师共有600多人次参加了骨干教师先期上课和课堂大比武活动，有50多人荣获区级以上优质课奖，有200多人获得学校奖励。

4. 社团建设——促进全面发展。

闲暇教育是信心教育的第二阵地，近年来，山东省进一步深化素质教育和规范办学行为，省教育厅对学生课程设置、作息时间、周末及节假日安排都做了详尽的规定。在这种形势下，学校将信心教育法渗透到闲暇教育中来，引导学生自由地、积极地利用闲暇时间，使学生树立正确的闲暇价值观，从而促使学生个性得以充分自由发展，精神境界得以充实提高。其中社团建设可谓为一大亮点：学校先后建立了70多个学生社团，如戏剧社、演唱团、坊华文学社、剪纸艺术团、昆虫生物兴趣小组等等。

其中足球社团通过校园环保活动，募集了500名志愿者，掀起了创建文明学校的高潮。蒲公英爱心社团则联合城管大队，走上街头，宣传创城的意义，清除垃圾小广告，把爱的阳光洒向社会的每一个角落。单车精英骑行社团融合学习、锻炼、旅游、交流以及公益活动于一身，两年来骑遍了坊子的每个乡镇，沿途帮助了无数需要帮助的人。

学生社团的建立为学生建立起了"互相交往、互相学习、互相信任、互相尊重、互相合作"的平台，促进了学生的全面发展，为学生了解社会，接触社会，发挥个性，培养个人能力，将来走出校园、走上工作岗位奠定坚实、可靠的基础。

此外，我们经常邀请著名学者专家做报告，开阔学生的视野。同时，充分挖掘和利用地方资源，不断开发和丰富校本课程，充实学生的闲暇生活。例如"生活处处有经济""法律连着你和我""造型与体验——剪纸与造型""历史就在我们身边"等30多个校本课程已走进课堂。

5. 开展德育教育——让信心扎根。

信心教育的第三大阵地——德育教育。我们通过对学生进行理想教育、赏识教育、挫折教育、感恩教育等一系列德育活动，让广大师生的自信心得到了进一步的提高。

6. 开展理想教育。

理想是人生的奋斗目标，是个人的成长、发展的精神支柱。对于很快就踏上社会的高中学生来说，树立科学的理想尤为重要。

为此，我们每周周日晚组织专题班会，学习古今中外优秀人物的事迹，以榜样的力量感召学生，并开展目标上墙、座右铭上桌活动。我们每学期要求学生制定近期奋斗目标，并以名言警句激励自己。学校统一设计格式，各班将学生的目标集中展示，每位同学将座右铭贴在课桌上，时时自警、自励。

7. 赏识教育——让信心升华。

赏识有着巨大的教育魅力。赏识教育的核心是对学生无限的爱。针对不同学生我们有不同的赏识。

对特长生的赏识，我们是营造适宜环境，给特长生展示的平台。

对优秀生的赏识，我们注重对其进行必要的挫折教育，让他们有一定的耐挫力。

对早恋学生的赏识，做孩子的良师益友。正视早恋，跟家长齐抓共管；为孩子提供可靠的情感支持；多开展有意义的相关活动，引导学生理智认识处理情感问题。

对调皮学生的赏识，我们以调皮制调皮法和温情处罚法。

对后进生的赏识，我们让尊重和关爱触及心灵并降低标准。

对有暴力倾向学生的赏识，我们是用爱打开暴力的枷锁。认识矫正法，冷处理法，疏导情绪，重建互信。

对不用功学生的赏识，我们则是磨练意志力。培养自主性，营造用功的学习环境，互相帮助，友情感化。

对偏科学生的赏识，赏识对策：多多交流，树立信心；表扬鼓励，增强信心；循序渐进，坚持不懈；找出差中之差。

对"网虫"的赏识。转移兴趣——带领他们多参加有益的活动，逐步培养他们广泛的兴趣，以缓解不上网带来的空虚。并为学生保守秘密；营造积极健康的上网观念；加强家庭教育、加强"网虫"身心健康教育等。

而这一系列德育工作得以顺利地开展得益于我校三级督导的实施。

"三级督导"是一项集科学化、规范化、精细化、人文化于一体的管理模式。它在既"督"又"导"中发挥赏识教育的作用并协助开展一系列理想教育、抗挫折教育和心理教育，有效地配合着班级、年级和学校管理工作的顺利进行。

一级督导由校长任组长，中层领导任组员；二级督导由年级主任任组长，班主任任组员；三级督导由学生会干部任组长，品学兼优、责任心强的班干部任组员。一级督导负责对全校学生的各个方面的监督、检查和考核，并负责对二、三级督查的上岗情况和履行职责情况的监督、检查和指导。二级和三级督导负责学校各个方面的监督、检查，并对一级督导负责。

实施三级督导管理制度以来，学生的午晚休纪律有了明显的好转，学生的学习状态、思想状态、学习习惯、生活习惯等方面有了很大的进步，教师的工作热情、责任心有了明显提升。《创新管理模式　深化信心教育》获潍坊市政府教学成果一等奖，这一管理模式得到了省内外许多同行的好评。

8. 导师制度——提升责任意识。

为了最大限度挖掘学生潜能，增强广大教师责任意识，让所有学生得到赏识，我们实施了全员育人"导师制"，由学生自主填报志愿选择导师，教师再选择学生，学校再根据学生的个性差异和教师的教育特点合理搭配。每位教师承包10名左右学生，从学习、生活、思想等方面全方位引导学生健康快乐成长。导师的职责是：找出学生信心的增长点加以培育；帮助学生解决日常生活中遇到的难题；引导学生发挥自身的潜能和特点，全面提高自身素质。导师要写出年度培养计划，内容包括培养目标、方式、手段，每周工作要点，还要有专题备课和活动记录，在"导师制"的实施过程中，班主任积极协助课任教师的工作。

导师制增强了全体老师的责任意识，拉近了师生间的距离，学生对教师的信任感增强了，孩子们天天饱尝"我是老师的宝贝"的快乐，人人变成了阳光少年。

9. 小课题研究——增强科研信心。

苏霍姆林斯基曾说："凡是感到自己是一个研究者的教师，则最有可能变成教育工作的能手。"为了提升广大教师的行动性研究意识，两年来，我们实施了信心教育小课题行动性研究。学校专门成立了信心教育小课题研究领导小组和工作小组，制定了详细的小课题研究实施方案和小课题立项标准，开发了信心教育小课题研究手册。学校每半年举行一次经验交流会，并制定了教师小课题研究评价与激励制度，潍坊信心教育各联盟学校均参加了小课题研究系列活动。

两年来，已经有20多位教师在学校会议及全国会议上做过信心教育小课题经验交流，包括联盟学校共上报500个小课题，有190个小课题结题并获得奖励。

小课题研究让老师们变得更善于学习，研讨气氛越来越浓，教师们在交流沟通中共同分享着研究的乐趣，害怕教研、不愿教研的状况得到极大改变。

10. 家校牵手——提升家长信心。

开设家长接待日——每周星期五教师与个别家长预约，在校接待室交流学情。

教师家访——每位教师每学期至少对保教学生家访一次，向家长宣传信心教育理念。

定期召开家长会——我们不断改变开会方式，力求收到实效。例如改变教师一言堂的开会方式，让家长之间互相交流。改变家长教育观念，要求家长在大休和节假日，对回家的学生做到"三要"：一要问学生在学校的表现，二要谈家长的期望和要求，三要讲"老师说你能行"。与家长相约，共同建立对孩子的信心。让家长牢记：我的孩子是最棒的，我的孩子一定会成功；孩子的成功是因为我对他的态度；孩子的过去不等于孩子的未来；人，因梦想而伟大；帮助孩子坚定梦想；每天帮助孩子进步一点点。我们还与家长相约，及时强化孩子的目标意识。

致家长一封信——期中、期末导师给保教学生的家长一封信，把学生在学校的表现、学校对家长的期望和要求告诉家长，让家长积极配合学校，对学生实施有效的信心教育。

心灵周记——架设沟通的桥梁。为了搭起心灵沟通的平台，帮助孩子成为人格健全的人，我们开发了心灵周记本。师生家长三方以"心灵周记"的方式加强沟通。"心灵周记"分成三个部分：一是学生周记，孩子们把自己想对老师说的话写下来；二是教师的点评以及心理辅导，三是家长心语。学生在校内写心灵周记，周末带回家家长互动写作，之后导师写作。

从心灵周记的写作情况来看，许多家长由过去仅关注学生的学习，变得越来越关注学生的心灵，教育方式有了很大的转变。学生变得更加成熟、积极、阳光，师生关系更加融洽。

11. 合作办学——促进人人成才。

在创新多元化培养模式的研究中，我们特别注重探索培养创新人才的新途径，让不同潜质的学生找到自信，为部分在校学生提供适合他们发展的职业教育规划。2011年5月，我们与山东省交通职业学院、潍坊职业学院、潍坊富源增压器有限公司签订了"三校一企合作办学协议"。

协议主要内容有：

潍坊四中在高考填报志愿前，负责在毕业生群体中开展招生宣传工作，广泛宣传企业发展概况、企业文化和社会影响力，并突出高校和企业双方多年校企合作的办学成果。

企业负责向高校提供企业人力资源中长期发展规划、用工需求信息、员工培训计划等。

根据校企双方共同制定的人才培养方案，委派责任心强、综合素质较高的专业技术人员承担部分专业课教学任务，委派公司分管人力资源的领导定期对学生进行企业文化教育。

高校根据企业的用工需求，可以招聘数控加工技术和机电一体化技术两个专业的三年制高职大专生或三年制中职生。

根据企业提供的用工信息和中学推荐的学生信息，在新生开学初期，及时成立"定向培养"或"甲方冠名"班，并配备专任班主任，负责班级管理和与企业的沟通工作。

学生在校期间，学校负责配合企业及时发放由企业提供的相关实习补助费和奖学金。

高校要确保"定向培养"或"甲方冠名"班学生与其他同级在校学生一样，完全享受所有在校生的各种待遇，如评优评奖、申请助学贷款、参加各种社会活动等。

高校负责为"定向培养"或"甲方冠名"班学生办理在校期间的团体意外伤害保险。

"三校一企合作模式"充分发挥了企业、职业院校及普通高中各自的教育优势，有效地调动学生的积极性和参与性，缩短了学生融入职业生涯的时间，加速了社会经济发展所需人才的成长，实现了多方共赢。

总之，信心教育让潍坊四中人精神焕发，教师爱岗敬业、团结、自信；学生自信、自强、积极、进取，师生素养大大提升。

信心教育的大力实施让潍坊四中硕果累累。

在2009年3月北京"中美高中特色办学研讨会"上，"韩忠玉信心教育法"得到了与会领导、中外专家的极大关注。在潍坊市教育局和坊子区政府的关心下，学校成立了"潍坊市信心教育研究中心"和"信心教育联盟学校"。目前已积累信心教育经验资料1000多册，信心教育小课题研究资料200多册，为以后我校和各兄弟学校的发展提供可借鉴的有效资源。

三年来，我代表学校先后8次在全国新学校会议等全国大型会议上做典型发言。

2011年，学校通过了省规范化学校、省精神文明单位、省教学示范校复验。学校被授予新学校理事单位、全国楹联规范化教学试点单位等荣誉称号。2011年5月，全国教育科学"十一五"规划教育部重点课题子课题结题会议在我校召开，专家对我校的信心教育进行了高度评价。

关于高中教育发展的建议，我提五点建议抛砖引玉：

一是学校发展方面，我觉得我们高中阶段教育的公用经费偏低，影响了教学条件（包括教学硬件设施和教师的待遇）的改善和教育质量的保障。各级政府可加大一下对教育经费的投入力度，让校长们不再为钱发愁。

二是教师发展方面，希望加大优秀骨干教师选拔力度。优秀的名额分配再多一点。教学能手推介、论文选拔的机会再多一点，多培养名师和创新型骨干教师，大力宣传骨干教师的先进事迹，并多投入经费设立骨干教师和名师个人富有个性的工作室，不仅方便校内上课还可面向社会免费开放，既增加个人知名度还可增加学校的美誉度。还可以建立强弱联盟学校，互派名师交换任教，推动教师素质快速提升并缩小校间人力资源的差距。

三是学生发展方面，希望进一步优化社会环境，让社会上科学、文化、娱乐设施多一些，孩子们在减负后的课余时间里可以多多进行健康有益的活动。多生产青少年喜闻乐见、健康向上的教育、科学、文化产品。对那些提供包吃、包住、代做作业的"一条龙"服务的游戏厅，加大打击力度，即呼吁全社会优化社会环境，尤其是校园周边环境，给学生提供一个干净的闲暇环境，为学生创造良好的学习氛围。

四是进一步改变人才观。人人有才，人无全才，扬长避短，皆可成才。为此我们要多采取一些激励措施，多开创一些激励渠道，让有一技之长的学生脱颖而出，让学生素质多样化，培养方案个性化，实践操作全程化，成才途径多元化，促进每一个学生成长成才。

五是正确看待高考成绩，加强高中学校的特色办学。高考成绩只是教育的副产品。那些只为追求升学率而加班加点、加重师生负担的教育，永远不可能真正办好。作为教育决策者，我们一定要真正地把教学生学会做人、学会做事、学会生存，享受生命、享受幸福作为教育的终极目标，把每个学生的一生变成成功而精彩的故事，教育学生把人生的"立德""立业""立功"和学校发展紧紧结合起来，让每一个接受过高中教育的学生在收获或者没有收获到高校入学通知书后都有一种不虚三年学校生活的感慨。如果真正这么做了，高考成功是自然而然的事情，这就是我们所追求的绿色升学率。

六是切实落实十二项育人制度，办人民满意的教育。把发展学生，发展教师，促进国家文明，推进社会进步作为我们办学的出发点和终极目标。

陈如平处长说我们潍坊四中的信心教育法"破解了学校高位发展的难题，提供了科学发展的样板"，这是对我们的极大鞭策，我不敢说我们已经破解了学校高位发展的难题，但我们愿意在信心教育科学发展的道路上走得更远，在促进广大教师享受教育的乐趣、促进学生全面成才的广阔舞台上站得更高。早日实现"争创全国名校，铸造潍坊四中更加靓丽的品牌"的宏伟目标。

（2011年10月潍坊市教育工作会议发言）

第四讲：
信心，推进学校发展的不竭动力

——山东省政府基础教育教学成果一等奖报告

> 信心是相信自己的愿望或预料一定能够实现的心理。

从 1998 年我当安丘四中校长的那一天起，我就执著地探索着教育发展之路。安丘四中是山东省潍坊安丘市的一所普通农村高中，当年校园占地不足百亩；生源多为沂蒙山村的孩子，新生多是城里重点高中的落榜生；学校设备也非常简陋，条件艰苦。面对这样一种现状，教师工作的积极性、学生学习的热情可想而知。如何改变现状、提升师生工作和学习的激情？接任四中校长职务以后，我一直在思考找到一种既是思想又是方法的东西来推动学校工作的开展。当时，我结合自己多年来的教育思考和一线工作经验，首先从提升师生自信心入手抓起。我提出了"四中无差生，四中学生潜力无穷；让学生接受最好的教育，为人生打下坚实的基础"的办学理念，在学校全面实施信心教育。我创造的"信心教育法"是潍坊市首次以教师名字命名的教研成果，2004 年潍坊市教育局下文在全市推广。我提出的"四中无差生，四中学生潜力无穷"的办学理念，使四中人探索出了后进生也能成才成功的教学路子，教育教学质量不断提高。多家专业报刊对此予以报道并充分肯定和推介。截至 2005 年 7 月我被提拔为潍坊市教科院副院长时，全国已有 25 个省、3000 多家单位、近 50 000 人次到安丘四中考察交流，观摩学习。

2008 年 1 月，我被极为重视教育的坊子区委特聘到潍坊四中。一来到四中，我就发现，四中的生源、学生的基础教育都比较薄弱，这对于学校的发展、对于坊子教育的发展都将成为制约因素。经过充分的调查研究，我认为潍坊四中与安丘四中的生源有许多相似之处，尖子生不多，中下游居多，极容易失去信心和学习的动力。同时，多所学校合并起来的教师水平参差不齐，学校教学质量近几年出现滑坡现象。为了发展学校，促进教师专业化成长，充分挖掘学生潜能，我大胆决策，重新丰富信心教育法的内涵，大力实施信心教育。

"韩忠玉信心教育法"建立在"潜能教育理论"和"成功教育理论"的基础之上，以培养和坚固学生的自信心为切入点，引导学生客观正确地自我认识、自我评价，最大限度地挖掘和发挥潜能，成功自我，享受人生。"韩忠玉信心教育法"认为，自信心是一个人相信自己的能力的心理状态，即相信自己有能力实现既定目标的心理倾向。实施信心教育，就是要使学生相信自己能学好，知道该怎么学并能认真去做；能积极参加各种文体活动并尽可能表现自己，相信自己能在各种文体活动中做得比较出色；有良好的精神状态，能够笑对人生，即使遇到困难和阻力也不轻易改变信念或者放弃；相信自己的社交能力，能够和多数人融洽地相处，轻松自如地交往；对自己的能力充满信心，相信自己只要努力，就能处理好一切事情；相信自己是最好的，能够全面客观的评价自己、认识自己、悦纳自己。

到潍坊四中以来，我带领潍坊四中以信心教育为龙头，在学校管理、教师发展、学生成长、课堂教学等各个方面渗透信心教育，而且带领各联盟学校大力实施信心教育法，促进了本学校及联盟学校的蓬勃发展，教育教学质量不断攀升。

高产之法解决问题的过程：

1999年9月—2005年1月：信心教育初步实践阶段。在安丘四中开始实施信心教育研究。教育教学成绩大幅度提升，2004年创立了"韩忠玉信心教育法"，这是潍坊市第一个以个人名字命名的教育教学成果，2004年在全市推广并被全国多家媒体报道，被《中国青年报》誉为创造了"青石板上创高产"的教育神话。

2005年1月—2008年1月：理论提升阶段。借助到潍坊市教科院担任副院长的工作便利，继续在全市推广信心教育法，并对前阶段开展的信心教育法进行系统的理论研究和升华，著《韩忠玉信心教育法》一书。

2008年1月—2014年4月：理论与实践相结合，从十几个方面展开广泛深入的实践与理论研究，进一步深化、升华、提升阶段。

主要方法：

1. 打通血脉，挖掘学校文化精神源。

文化是学校管理的升华。当前，教育改革已经进入深水区，学校"人"的管理"制度"的弊端日渐显现。职业倦怠已成为教师群体中普遍存在的现象，内在表现为动力不足，事业心、责任感不强；外在表现为屡禁不止的体罚或变相体罚，干群、师生关系紧张，与家长冲突，同事不和等。这些已成为影响教育形象、影响教育健康和谐发展的大问题。如何破解这些问题，如何让我们的学校充满生机活力，保持长久的核心竞争力？我们致力于学校文化建设，打造信心教育品牌文化，用信心教育文化打通学校发展的血脉，让信心教育文化成为学校发展的"精神源"。

建设高雅和谐的文化是学校发展的内在要求。教师是人类文明的传播者，每位教师都有在文化方面丰富自我、展示自我、表现自我的心理愿望，高雅和谐的文化可以满足教师文化的需求，提升精神境界，消除职业倦怠，使他们在职业生涯中寻找到新的兴奋点，创造充盈、光辉的教育人生。

建设高雅和谐文化，符合学生的成长特点。校长俯下身子，教师蹲下来，用心跟学生交流，挖掘学生潜能，把一个个活生生的教育经典故事汇集成宝贵的文化财富。

提炼精神，凝聚校魂，精心打造学校核心文化理念。外在的环境文化自然可以育人，但能够引领学校健康发展的文化元素核心，应该是一种精神，一种能够催化广大师生精、气、神的校园之魂、文化之魂。

我们遵庄子遗训，确立了"厚天地之大美，达万物之至理"的核心文化理念，以"崇美崇实，信心铸就成功"为核心价值追求。以信心教育为特色文化定位，培养具有"自强精神，科学态度，人文情怀、淑女风范、绅士风度、国际视野、世界胸怀、领袖气质"的人才。让每一个潍坊四中的学生在信心教育的感召下，都能感受到自身的潜能和生命价值，从而自信乐观地学习和生活，使好学者善思，困学者突破，厌学者乐学，让每一个四中人充满神圣与庄严。

为此我们确立了以下特色文化元素：

办学特色——以素质教育为核心，全面贯彻党的教育方针。实施信心教育理念——育人为本，因材施教，全面发展。治学理念——热爱学生、严格管理、严谨治学。校训——厚天地之大美，达万物之至理。校风——敬业乐群，行胜于言。教风——乐教会教，视生若子。学风——乐学会学，学以致用。确立了信心教育十大理念：

①潜能无限，智慧无穷——信心教育法的根基所在。

②信己信人，养德筑基——信心教育的为人准则。

③以信立校，用心治学——信心教育下的治校原则。

④有教无类，因势利导——信心教育下的育人原则。

⑤静专思主，潜心求学——信心教育下的学习准则。

⑥爱惜精神，胸怀乾坤——信心教育下的精神追求。

⑦善孝仁爱，知书明理——信心教育下的道德根基。

⑧养成良好习惯，成就光荣人生——信心教育下的成才保障。

⑨感恩重诺，互助互赢——信心教育下师生的做人修养和处事态度。

⑩视学生为天才，把教学生当使命——信心教育下教师的治学理念。

2. 思想引领，保障学校信心教育特色文化建设顺利推进。

教育家苏霍姆林斯基说：校长对学校的领导，首先是教育思想的领导，其次才是行政领导。信心教育既是一种思想，又是一种方法，她融思想与方法为一体。从宏观上讲，"信心教育"是一种思想，她引导人们以积极的心态对待生活、学习和工作，以欣赏的目光肯定自己的老师和学生。欣赏、肯定、鼓励、引导，这就是信心教育法的精髓。从微观上讲，信心教育是一种方法。无论是在课堂教学还是班级管理中，她不放过每一个机会，把尊重、真诚、鼓励、信任和赞美送给每一位学生，把爱的阳光洒遍校园的每一个角落，让每一个孩子都享受到教育带给他们的无私关爱和成功的喜悦。

我校以信心教育作为核心文化理念，得到了全校广大师生的普遍认同，并以思想引领力和非权力影响力，推动学校文化品牌建设。

(1) 搭建平台。

网络、校报、校园广播电台是重要的舆论媒体，是思想文化信息的集散地，是沟通信息、加强交流、推动工作落实便捷有效的重要平台。近年来，我校在校园网、校报、广播等平台上开设了多个版块，刺激教师兴奋点，促进师生文化交流。同时在校园网、校报、区教育局网站、《新教育报》、《创新教育》等处定期宣传教师、宣传学生，努力给师生创造成功的喜悦。

(2) 推进保障。

学校先后成立了"信心教育研究中心""文化交流发展中心""学生潜能开发与心理咨询研究中心""学生社团活动中心""课业负担与作业调控中心""信心教育学校联盟"等，充分发挥各职能部门的作用，为学校文化建设把好脉，搭好台，铺好路，让每个教师都发挥自己的特长，让每一个学生都找到自己的卓越领域，把信心教育文化育人的价值落实到每一个生命体。

3. 凝聚特色，精心打造信心教育文化链条。

经过全校师生几年的不懈努力，几经沉淀，形成了"信心教育一线贯穿，七大成果厚重积淀"的文化发展脉络。信心教育的思想辐射到学校的方方面面，具有无限的教育内涵。

(1) 环境文化润物无声。

走进校园，感受到的是一种教育经典文化。大门两边矗立着的雕塑像两本翻开的书，寓意书海茫茫、书香弥漫；文明之笔的连体雕塑寓意四中人把豪情写满蓝天的崇高理想，它的底座上面镌刻着我国五千年文明史，昭示四中学子崇尚先贤圣哲，追求文明。

作为中国楹联教育基地，潍坊四中将信心教育渗透在楹联传统文化当中，在学校楼门，各条街、路两边展示了师生信心教育楹联文化作品100多幅，时时激励四中师生，并为学校创设了浓郁的文化氛围。

校园还处处展示着激励师生的话语。"不想与百花争艳，只愿为大地添彩""珍惜一份绿，留于千人赏"激励、警示学生珍爱环境，善待绿色，善待生命；"努力无限，潜力无穷""我行，我能行，我一定能行"激励学生自信、自立、自强；"每一个孩子都很重要"在昭示着四中面向全体、不放弃每一个学生的教育情怀。

橱窗中，"月度之星"照片，令学生充满羡慕和期待；校长和各类特长学生的合影在激励着每一个勤奋上进的学生；信心教育团队活动及时张贴宣传，激发师生信心。

(2) 课程文化千枝竞秀。

学校把丰富多元的课程设置作为信心教育的核心要素和有效载体。除开国家课程，还注重了国家课程的二度开发，开设了80多门具有四中特色的师本化、生本化课程。"法律连着你和我""生活处处有经济""剪纸与造型"等校本课程，让学生从中找到自己的最爱，在自主选择中树立了信心。特别典型的有以下几种。

飞行员培养课程——对于具有飞行员潜质的学生，我们着重做好保苗、育苗培养。每年通过初选选拔30多名身体条件好的学生，在饮食、体育锻炼、文化课学习等方面特别指导关注；邀请空五师教官进行体能、心理训练。每年有3名学生进入海军飞行学院学习，还有十几位学生进入民航大学学习。

活动育人课程——学校开发了"信心教育""励志修身""活动体验""实践探究""心理疏导""家庭教育"六大系列课程。

职业教育课程——2011年，学校与山东省交通职业学院、潍坊职业学院、潍坊富源增压器有限公司签订了"三校一企合作办学协议"，开发了职业教育课程，企业定期派专业人员到校指导，学生定期到企业参加活动。"三校一企合作模式"充分发挥了企业、职业院校及普通高中各自的教育优势，有效地调动学生的积极性和参与性，实现了多方共赢。

音体美专业课程——老师们根据音体美学科特点自行开发了"音乐鉴赏""歌唱""器乐""美术鉴赏""剪纸""漫画""版画""布艺""装饰画""纸雕塑""羽毛球"等特色校本课程，提升了学生的学习积极性。

为了有效实施特色课程，我们开设了10余个专业，有美术、声乐、器乐、体育舞蹈、播音主持、模特、空乘、文管、田径、乒乓球、武术、篮球等，满足了不同学生的需求。近年来，我们还先后与美国埃福瑞特大学、美国康州中学、美亚国际教育中心、日本东北外语观光专门学校及韩国、加拿大等国部分学校建立了友好合作关系，并通过邀请海外学校到校作报告、师生互访、招生咨询会等方式推介学生到海外高校就读，开阔了学生的国际视野，开辟了留学渠道。

（3）课堂文化开放高效。

我们坚持以调整课堂教学关系、重建课堂结构为重点，以典型示范、分类指导、同步研讨、分层推进、评价引领为基本策略，大刀阔斧地进行"三案导学、六步探究"的课堂教学改革，努力打造"自主、合作、优质、高效"课堂，师生分别是教的主体和学的主体。我们力求做到每堂课都让师生的生命活力涌动起来，堂堂都能成为精雕细琢的艺术品，人人都能享受多姿多彩的精神生活，让信心教育在课堂上得到充分展示。

（4）教研文化立足"草根"。

把教育教学中发现的问题分解成若干小课题，纳入校本教研，这既是对信心教育的细化落实，又是对信心教育的丰富完善。信心教育小课题研究，小处着眼，立足"草根"。遵循问题即课题，课题即课程，课程即行动，行动即研究，研究即成果，成果即成功的系列化递进式研究策略，自2010年始，每半年一申报一结题，目前已经申报了8批共986个小课题，组织了7次评选颁奖活动，共有560个小课题获奖。通过小课题研究，老师们将信心教育理论与实践相结合，取得卓有成效的研究成果。厉建云老师"挖掘姓名内涵，增强学生信心"小课题，从学生姓名内涵解读出发，引起学生广泛兴趣，同时也赋予每个学生自强自信的教育。信心教育小课题研究，让师生们收获了思想，收获了成功的喜悦。

（5）德育文化全员共建。

公平对待每一位学生，让每一位学生健康成长，这就是德育文化的深刻内涵。学校实行全员育人导师制，尊重每一个学生的个性与特征，让每个学生增强自信，做最好的自己。每位教师指导10名左右的学生，在学习、生活、思想等方面，教师全方位关注，及时把握思想脉搏，有的放矢塑造其心灵，增强其信心。

全员导师制让师生组成一个个"动车组"，让每个孩子都步入健康发展的快车道；全员导师制让每个孩子脸上都洒满阳光，充满自信，幸福并快乐着。

（6）管理文化精细科学。

我们构建了科学化、规范化、精细化、人性化的三级督导管理机制，实行层级管理和扁平管理相结合并以层级管理为主的管理模式。一级是校级督导，每天都由校长或副校长带班，值日校长对当天的学校整体管理负责；二级是年级督导，由校长助理、年级主任、教学部主任和班主任组成，多跟多靠，加强对年级的检查；三级是学生督导，由学生会成员和班级主要班干部组成，加强学生的自我教育、自我管理、自我完善。三级督导相互衔接，相互监督，相互配合，有利于堵塞管理漏洞，促进学校管理走向精细化，提高学校管理水平。

（7）社团文化丰富闲暇。

为充分挖掘学生潜能，学校成立各类社团74个，各种活动丰富多彩。其中，秀姿模特社团荣获"潍坊市百家中学生社团"称号；舞蹈社团的《女儿花》在全国中小学艺术展演中获奖；机器人社团获全国计算机表演赛三等奖。社团活动，弥补丰富了学生的闲暇生活，学生在闲暇教育中，体现自由、自主、自觉，并逐步锻造出自律、自信、自强的品质。

4. 硕果回眸。

"信心教育"经过一定时间教育实践检验，已经成为引领学校科学发展的校园文化之魂，不断推动学校的发展，并引领学校文化建设健康有序地向更高的层次迈进。

2008年11月，"潍坊市信心教育研究中心"成立并在我校挂牌，学校确立了信心教育引领学校文化建设发展的工作中心。

2008年，我校"韩忠玉信心教育法的研究与实践"被中央教科所确立为"十一五"重点课题的子课题，成为学校科研领域的重点研究项目。

2009年1月，"韩忠玉信心教育研究中心"网站正式上线并被评为全国优秀教育网站，信心教育文化研究在更广阔的平台面向社会大众交流。

2009年3月，我校信心教育特色办学经验在"中美高中特色办学研讨会"上得到推广介绍，得到了与会领导、中外专家的极大关注。

2009年9月，以我校为中心，包含坊子区尚文中学、崇文中学、南流中学、永盛文武学校在内的五所学校，构建了"信心教育联盟"，共同开展信心教育小课题研究、演讲教育活动、信心教育大讲堂、艺术节活动等，取得了良好效果。

2011年3月，在教育部重大课题研讨"普通高中多样化发展研讨会"上，我代表学校应邀作"走信心教育之路，办特色发展学校"的文化建设专题报告。

2011年5月，全国教育科学"十一五"规划教育部重点课题子课题结题暨信心教育现场展示会在潍坊四中隆重举行；潍坊四中关于"信心教育助推学校发展"的子课题成功结题。

2012年5月，中国教育学会学校文化研究分会理事周满生教授为我校信心教育研究题词"坚持信心教育理念，打造文化名校品牌"。

本人代表学校先后10多次在全国新学校会议等全国大型会议上做典型发言，《中国教育报》《新教育报》《山东教育报》以及中央电视台、中央教育台、潍坊电视台多次报道潍坊四中信心教育办学经验。

学校先后荣获几十项荣誉称号，学校通过了省规范化学校、省精神文明单位、省教学示范校复验。被授予全国新学校理事单位、全国奥赛金牌学校、全国楹联规范化教学试点单位、全国楹联教育先进单位、潍坊市五星级学校等荣誉称号。学校荣获潍坊市第六届和第十届教学成果集体一等奖。先后有500多个教育考察团前来学校参观学习。

信心教育促进了教师的专业化成长。包括联盟学校在内的教师实施信心教育小课题研究4年以来，申报小课题1000多项，获奖560多项；潍坊四中教师获得市级以上教学成果奖510多项。

信心教育促进了学生的发展。近四年来，在各种竞赛和活动中，有340多名学生荣获国家级荣誉证书，630多名学生荣获市级以上荣誉证书……

本人各项工作率先垂范，到目前为止已发表省级以上论文200多篇；专著《韩忠玉信心教育法》先后获省、市人民政府教育成果奖、科技创新奖、社会科学成果；《零距离感受美国教育》2010年面向全国发行。先后被评为山东省特级教师、潍坊市首届名师、潍坊市首届十佳创新校长、潍坊市专业技术拔尖人才、鸢都精英、新中国成立60周年潍坊市时代功勋人物、全国优秀校长、"首届齐鲁名校长建设工程"培养人选、潍坊市高级校长、潍坊市特级校长。2010年4月，荣登"敬业奉献好人榜"，被评为"中国好人"；2011年11月被省厅和市教育局推荐为教育部举办的中学校长高级研修班学员；2012年1月又被坊子区政府授予"人民功勋"金质勋章……

5. 前瞻与反思。

十几年如一日在信心教育之路上积极探索，在安丘四中创造了"青石板上创高产"的教育神话，在潍坊四中六年多以来又走向新的辉煌。2011年召开的全国"十一五"规划重点课题子课题结题会议上，中央教科所科研管理处处长、总课题组组长陈如平高度评价说：潍坊四中的信心教育法"破解了学校高位发展的难题，提供了科学发展的样板"。这是对潍坊四中人极大的鼓舞。2012年10月，"潍坊市五星级学校评选"总结会议上，专家高度评价道：潍坊四中信心教育办学特色鲜明，并概括为一线贯穿、六大亮点。信心教育让潍坊四中人精神焕发，教师爱岗敬业、团结、自信；学生自信、自强、积极、进取，师生素养大大提升。

信心教育创新教育理念，促进了学校发展——"让每一个潍坊四中学生的名字充满神圣与庄严"的育人目标落到了实处，学校逐步形成了"信心教育，铺就学生成功路"的办学特色。

信心教育创新发展平台，促进了教师发展——在教师队伍建设方面，我们多措并举，不断激发教师的创新活力，不断优化发展平台，不断促进名师成长。

信心教育创新特色课程，打造了高效课堂——在潍坊四中的课堂上，教师是学生学习的组织者、指导者、促进者，教学是教与学交互作用的双边活动。在这里，学生的主体性与教师的主导作用不是对立关系。他们从来不会因为强调学生的主体性，就贬低教师的指导作用。

信心教育创新了德育文化，助推学生全面发展——通过多项措施让师生组成一个个"动车组"，让每个学生的名字充满神圣与庄严，学生潜能得到开发。

教育不是万能的，尽管在信心教育之路上行走了十几年，但是信心教育的理论研究和实践探索还有许多需要进一步深入的问题,如:教师职业倦怠问题,高效课堂如何渗透信心教育的问题,名师培养问题,学生心理研究和潜能开发问题,信心教育联盟学校实施信心教育发展不均衡的问题等。我们要不断拓展信心教育的内涵和外延,做大做强信心教育。

第五讲:
制度之力成就品质教育
——校长职级制改革背景下的办学思考与实践

> 将权力框进制度,用制度化解问题。

山东省潍坊市作为中国基础教育改革的"排头兵""试验田",2002年被教育部确定为基础教育课程改革试验区。2004年,潍坊市取消全市所有中小学校的行政级别,全面推行中小学校长职级制。十二年的探索实践,校长职级制在潍坊教育改革发展中凸显出举足轻重的推动力。专家、学者这样评价:"为教育去行政化,为专家办学提供舞台""解决了校长人才资源浪费问题""解决了校长专业成长动力不足的问题"……

身为校长,我有幸从第一批"职级制校长"任上干起,如今已成为潍坊市特级校长。作为校长职级制改革的"志愿者",我体察了改革给整个潍坊教育带来的巨大变化,尤为重要的是,校长职级制改革赋予了我以更开阔的视野、更理性的思考去追寻教育本质。一场改革,当面临新的下潜深度,无疑需要更为宏大的思想、足够的智慧、超长的勇气来拓宽前行之路的纵深和宽幅。作为学校,面对教育改革的"深水区",基于校长职级制背景下的教育发展探索,实效性的"革命任务"在哪里?

1. 办学理念照进教育教学的细枝末节。

办学理念是理性高度的教育观念，是学校文化的主体内涵，任何一所有个性与特色的学校，必定都有属于自身特质的教育理念。在潍坊市校长职级制中特级校长的产生过程中，不仅考验校长对办学理念的把握，更主要的是实地检验教育理念在办学实践中的转化，这种导向使得我们对办学理念有了更多的深刻思考与"接地气"的探索。就特点与价值而言：

首先，办学理念既要传承又要创新。办学理念是师生工作学习的文化核心与行为纲领，涵盖显性外延和隐性内涵，其不仅要有教育思想，还要有对社会文化、学校环境文化、学校历史传统的把握与研究，传承已有的文化精髓、传承学校的经验积淀。在此基础上，要有与时俱进、融入社会和教育发展的前瞻元素，这就涉及办学理念的创新。需要明确的是，办学理念的创新不是对办学特色、育人目标、校风校训等的简单改造，而是要将传统文化、时代精神、教育目的、教学目标、奋斗方向等融汇其中，既是当前教育教学的操作性指导，又是未来发展的方向性引领。因此，办学理念的创新不仅仅是对教育理念形式的创新，更重要的是将创新精神、创新思想、创新策略融于教育理念之中，让创新思想引领教育教学活动，由此培养学生的创新精神，培养创新型人才。

其次，办学理念要经得起时间的检验。在教育改革中，当急于寻求突破而又苦于找不到出口时，为图新鲜、赶时髦，便照葫芦画瓢般的"拿来"，这种临时抱佛脚、生搬硬套的灵机一动，带来的后果往往是师生员工的不适应与时间的浪费，甚至是改革时机的错失与教育实践的失败。所以，作为学校发展理念的引领，从设计到推出再到落实，是一个慎之又慎的课题，从构思、论证到确立，要反复推敲，精细打磨。一经形成，不仅是要经得起时间的检验，还要经得起历史的汰选，几十年，乃至上百年后，要在学校发展史上留得下辉煌，立得住腰身。

第三，办学理念要有教育行为进行解读。这是办学理念的核心价值所在。理念源于实践，就要有与之匹配的教育活动去展现这种观念的魅力。如果只把教育理念嵌入学校的发展规划，写在墙上，挂在嘴上，出现在讲话报告中，而学校的教育教学活动中难以实现对理念的落实，抑或大而空的理念让教育实践无从着手，那么理念就只是一种影子、一句口号。办学理念的落实不是粗线条的框范，当教育理念落实到对教育实践的指导上时，需要一种系统的理论体系与操作规范来指导和归顺教育实践。办学理念有本土化与排异性，应切合具体的时空、特定的人群，与生情、师情、校情相融合。因此，办学理念不是对教育教学行为的"备注"，更不是"万能胶"或"万金油"，而是实实在在的思想和方法的引领，是教育教学实践活动的观念性阐释。只有将办学理念与教育行为紧密结合起来，让理念落地生根，方能显现出存在的价值。

基于这样的理解，用办学理念引领指导教育实践，用教育实践检验丰富办学理念，是潍坊四中近年一直秉承和探究的。2008年，我担任潍坊四中校长，当时学校教育质量下滑，社会满意度低，师生普遍缺乏前行自信与自我认同感。在此背景下，我提出信心教育办学理念，在学校管理、教育教学、制度建设、文化外显、教师发展、学生成长等各个环节渗透、实施信心教育。我们将信心教育理念体现在班级管理上，践行每一个孩子都很重要的教育公平，变学生的个性化"培养"为个性化"发展"；运用在课堂上，在激发学生学习兴趣的同时，发掘其内在潜能；体现在备课中，通过知识的体系构架，再造学生的思维能力；运用在作业批改上，引导教师通过课堂反馈、有效评价查缺补漏，清晰各阶段的教学目标；体现在活动的设计、开展中，搭建丰富多彩的平台，在接纳学生兴趣、思维、个性等差异的前提下，发现每一个学生身上存在的天才的因子。同时，持续开展信心教育小课题研究、信心教育行动性研究、信心教育论文评选、信心教育征文比赛等系列信心教育实践。我们致力将信心的"种子"播撒到校园的每个角落，就是希望通过潜移默化的影响，让自信成为植根于每位师生心底的基因与动力。坚持的探究带来鼓舞。近年来，学校的教育教学质量、学生的整体素质持续上升，从潍坊四中毕业的学生，很多已成为行业的领军人物。清华大学、北京大学、中央美术学院、中国美术学院、中央音乐学院、海军飞行学院等，都活跃着潍坊四中学子矫健的身姿。这充分印证，办学理念只有转化为行动自觉，才是学校的文化之魂，才是促进师生突破自我发展的动力与源泉。

2. 教育家办学始于真实深入的研究。

有人说潍坊市的校长职级制改革是为教育砌上的一道"防火墙",这个比喻不无道理。以前,不少不懂教育的干部在党政机关提拔无望,到学校占校长的位置以解决行政级别。职级制取消了校长行政级别,把外行人拒之教育门外。校长没有了行政级别,就能屏蔽很多党政机关的"无效会议",减少了教育精力内耗。从这个角度说,教育环境优化了,校长队伍纯净了,教育实现了文化生态的理性回归。就校长本身而言,自主发展空间的扩大,挑战指数也随之增加。诸如人事管理、课程设置等自主权下放到学校,让学校实现了从"管教育"到"做教育"的蜕变,教育的专业性标准日渐清晰。谁的学校谁做主,办好办孬就看校长本事了,这在倒逼校长自我加压的同时,也在成就校长走教育家办学之路。正如教学相长,教育家办学的改革发展之路,锻造了教育发展所需要的"校长精神"。何为校长精神?校长精神就是努力让教育灵魂在教育行为中体现价值;就是用国际视野和社会责任感来办教育;就是在教育实践中不断学习、不断思考;就是在对教育的坚守中坚持对教育的创造;就是在坚持教育理性的同时保持教育个性,在执著开拓中创新、反思和追求。中国的近现代教育史上的蔡元培、梅贻琦、蒋梦麟、张伯苓、陶行知等知名校长,无不是有大视野、大格局、大智慧,有着校长精神,把学校、把教育写成大文章的教育家。

以校长精神为底色,走通往教育家的办学发展之路,必备的是校长要潜下心,精业务,有定力,把对教育专业人才的培养,对课程、课堂的细致研究,作为首要的、常规的工作姿态。从研究教育管理的角度出发,在学校中发现和培养教育教学能力强、具备领导素养的管理人才,从专业发展入手,分析校情、师情,基于问题诊断研究,培养具有领袖气质的专业人才,培养在教学业务上脱颖而出的骨干教师,培养各学科在教育教学上的领军人物,为教育发展储备力量,为教育家培植胚胎。

为掌握教师队伍整体情况,我到潍坊四中不久,开始组织校级领导和中层干部进行大规模的听课评课,在此过程中发现:青年教师勤奋敬业,个人基本素养也较高,但在教育教学经验和教学方法上欠缺;而很多老教师专业水平高、业务能力强，但不同程度地存在职业倦怠，缺乏精品课意识。且通过对比过程检测、模块考试成绩和学生信息反馈，发现教师之间课改理念、教育教学方法存在很大差距。在这种情况下，我们通过讨论，最终达成共识：让骨干教师先期上课，调动优秀教师的积极性，将其带头作用发挥出来；使全体教师，尤其是青年教师，全部参与到向骨干学习中去，让学与被学互相促进，以此来培养教育教学的行家里手。

我们将高中课程的14个学科全部纳入骨干教师先期上课制度中，教师先在教研组内展开横向学科评选，之后通过"教学能力展示＋学生满意度测评＋年级组推荐"的方式产生骨干教师。骨干教师发挥先期上课、研讨的示范引领作用，评先树优、职称评聘优先考虑；学校对骨干教师实行动态管理，每年评定一次，激发教师成长动力。在具体落实中，每周五各年级学科教研室提前公布下周先期上课的骨干教师名单、授课班级、授课时间和内容，教师根据自身实际自主选择。骨干教师先期上课制度，调动起了优秀教师的积极性，使其不仅在自我专业发展上有了新突破，其先进的教学理念、富有创意的教学设计、灵活多样的教学方法及对学生思维方式的培养等，也为青年教师提供了有针对性的借鉴与指导，加快了青年教师成长的步伐。重要的是，通过先期上课之后的教学研讨，问题研究指向更为清晰实效，如：怎样基于青春期的高中生创设课堂情景？如何正确评价小组学习中的个体？如何防止学生的假学习？教师的肢体语言在教学中发挥的重要性等等。很多从研讨中提出的问题，被教师提炼成为研究的小课题。这些真问题的研究与解决，使课堂教学效率提高了，让"教"与"学"之间有了更多的默契。在此基础上，我们又推出首席教师制，师生月度之星、年度之星评选等信心教育人才培养课程。系列培养课程的实施，产生了一批年轻的中层干部，一大批年轻教师成长为业务骨干，老教师也在示范、研究中找到了新的提升点，释放出工作的才干与热情。"老教师看家，中年教师当家，青年教师发家"的人才培养格局逐渐形成。

教育家办学中的校长精神，在具体的践行中来源于校长的非权力影响力。校长不仅要有宏观层面的办学文化主张、课程架构的规划设计，更要有对课堂教学的敏感度、关注度及投入量，以达成对课堂的体察与感悟、对教师的示范与引领，形成具有"先生"之风的教学领导力。在办学中，我始终主张，要关注教育教学中的"虚"与"实"，注重课程规划的科学性与实效性，注重学生人文情怀和科学精神的培养，避免只热衷谈课程建设的追风与浮躁。这些年，我个人一直保持着站讲台的习惯，与学科教师同课异构，针对具体的教学环节进行研讨、碰撞。真实教学情景的差异与反馈，使教师对教学方法与技能有了更深刻的理解，而恰切、有针对性的激励与鼓舞，也有效提升了教师的积极性与自信心。在立足教学、扎根课堂的打磨中，我们针对学校与教师实际，明晰形成了"三案导学，六步探究"的教学流程（"三案导学"包括课前学案、课中学案、课后学案三部分，"六步探究"实施流程包括检查预案、合作探究、精讲点拨、当堂训练、提炼升华、课后拓展），以信心激励为原则，面向学生个体，通过过程性检测、针对性诊断，为学生多元性、多层次发展创造的时间和空间，让其始终保持学习兴趣和动力，使教学"还知识以情感、还课堂以灵性"的文化价值得到彰显。

3. 重新发现核心素养中真实的"人"。

长期以来，由于各种原因，高中往往成为期待与焦虑指数最高的学段。"小学玩着来，初中学着紧，高中拼着学"在一定的程度上映射出高中教育教学的尴尬与无奈。与升学相关的终结性评价，让很多高中学校宁可守着"实用"的老方法"磨"，也不愿冒险探索新教法的"改"。对知识点的持续强化，对标准答案的严格要求，对考试结果的过度关注，使课堂失去了应有的乐趣与张力，学生在固化的模式中，习惯了机械、被动地接受已有的思路和结论，最终导致探究性、研判性、自主发展能力、逻辑思维能力的缺失，"人"的概念在教育教学中逐渐弱化，教育行为与育人目标渐行渐远。

坚守心中有"人"，搭建能够多元发展的"立交桥"，把学生培养成为全面发展的人，是我们教育改革的终极目标。

在"骨感的现实"与"丰满的理想"之间寻找最佳的对接点，让学生在未来遇见更好的自己，是每位有情怀的校长义不容辞的责任与担当。今年9月，《中国学生发展核心素养》总体框架出台，教育者的目光再次聚焦到如何更好地培养"人"的问题上。文化基础、自主发展、社会参与，三大场域中，学校应该为学生发展提供哪些适性的支撑？在课程的深处看到"人"的形象、在教材的深处发现"人"的能力、在课堂的环节中激活"人"的智慧，是信心教育遵循的育人准则。办学实践中，我们循着"发现学生—点燃学生—培养学生—成就学生"的路径，在引导学生获得学科知识、技巧、能力的同时，更加注重学生价值观念、精神情操、思维方式、行为准则的生成，让"人"的价值在学习的过程中、认知的发展中、思维的形成中得到彰显。针对我校不少学生，尤其是农村学生缺乏信心、畏于当众表达的实际，我们从关注学生心理、情感需求，建立良好的师生关系入手，提出信心课堂的基本要求：备课时结合学科及课型，设计不同形式的自信环节，让"发现学生"成为常态；课中及时捕捉学生习惯、思维、探究中生成的闪光点，予以恰切中肯的赞美；课后搜集有效的反馈，并结合作业批改，针对学生具体表现给予点评。对高中学生而言，激励和评价语要起到点燃情感、激发潜能的作用，语言必须具体深刻、有针对性。对此，我们做了专题研讨，在研究学生具体学情、心理成熟度的基础上，征集汇总了《寓信心教育于课堂教学之中——教师课堂激励用语 99 例》，从听、说、想、做四个方面激励学生；汇集了《寓信心教育于作业批改之中——教师批改作业精彩评价语言范例 100 句》，分赞赏式、激励式、导行式、互动式等七种不同类型，供教师参考借鉴。

　　点燃学生的目的，在于培养引导学生摆脱符号式浅层次知识的获得，鼓励其在课堂中展示高水平的思维参与和探究投入，促进知识内涵与思维能力的提升发展。

　　信心教育课堂中，学生的合作、探究贯穿其中，但在知识与人、人与人互动关系的背后，其主动思维能力获得了怎样的发展？未完成的难题和深度的质疑如何解决？基于此，一方面，我们请专家进行思维导图培训，提高学生建构体系、理解应用的能力；另一方面，充分发挥问题袋的作用，学生把遇到的疑难问题放到班级的问题袋中，教师从具体的问题中梳理，诊断学生思考的方式、方法，通过学生合作解答或师生一对一交流的形式进行解决。刚升入高中，学生放到问题袋中的问题往往局限于具体题目，随着学习的推进，他们学会从思维的过程、深度、广度等不同角度，提出有价值的问题，探究精神、质疑能力、思维品质得到发展。另一个深受学生喜爱的"私家定制"是学校专门印制的纠错本，归类汇总学生学习中遇到的"坎儿"，对共性问题，师生同时纠错，以共情、识记完成知识的迁移。学生的创造力无限，在使用纠错本过程中，他们逐渐将其"变身"，除了记录错题、问题，重要的句子、公式、定理，还有的记录个人的灵感心得、人生感悟，纠错本变成了"百宝箱"。高阶思维的深度教学，让学生的学习方式和思维能力发生了深层次的改变。

（1）凸显"人"在教育教学中的主体地位，师生间信任的达成、心灵的共鸣尤为重要。

我们注重构建学生"情感—能力—志趣—发展"的成长链，发挥学校心理咨询与潜能开发中心的优势，根据不同时间节点设计主题，让学生学会自主管理情绪、拥有阳光心态，通过咨询碰撞，让学生找到自己的优势，明确努力的方向。实行多元化人才培养模式，对禀赋不同的学生进行分类指导。同时，学校推行"全员育人学生成长导师制"，定期师生交谈、开展家访联系、撰写《心灵周记》，从不同纬度、不同空间关注学生个体的动态发展。

（2）心中有"人"，眼里有"人"，教育才能真正发展"人"。

特级校长评选专家组到潍坊四中考察，有位专家这样反馈：最让他深有感触的，不是学校持续提高的教育质量，而是在交谈中，学生用自己的故事证明，他们在潍坊四中发现了内心真正的自己，并有充足的能量朝向远方。那么，换言之，也是潍坊市校长职级制的改革大潮在将我们推向了教育改革前沿的同时，不断完善、升华着我们的教育理念与思想，是制度之力成就了品质教育。

第六讲：
法则促进品质的升华

信心教育，是发展力量的体现，是打开智慧潜能的钥匙。

在教育改革进入到"深水区"的今天，人民群众对优质教育的期盼与日俱增，国家中长期教育改革和发展规划纲要提出了"到2020年，基本实现教育现代化，基本形成学习型社会，进入人力资源强国行列"的战略目标。提高教育的现代化水平，为学生提供适合的教育，促进他们全面健康地成长，成为教育工作者任重道远的责任与使命。办社会需要、家长认可、人民满意的教育，其核心和生命是教育要有科学的管理、生态美的校园、良好的质量、扎实的工作作风，将落实进行到底。如何实现上述教育诉求？多维的教育考量内涵应该是：遵循教育规律，规范办学，不断提升教育质量，办有品质的教育。

遵循规律，依法办事是教育质量不断提高的保障，也是信心教育持续推进的前提。

1. 规范办学，利用法则的力量。

"不以规矩，不能成方圆。"规范办学是办好教育的前提与基本保障，没有规范，优质教育的产生就无从谈起。要实现规范办学，从常规化管理角度来讲，作为教育管理者，要经常审视自己与教师在办学的过程中的行为是否做到了依法治校、依法施教，是否合法、合规，是否触碰了规范办学的"高压线"。

实行规范办学，一是要树立正确的教育观念。转变教育只为升学服务的思想，建立提高国民素质为社会主义现代化服务的目标观；改革以分数为唯一标准评价学生的教育评价体系，树立学生综合素质有效提高、个性特长充分发展的教育质量观；转变只重视少数尖子生，轻视大多数学生，重知识灌输，轻能力培养的教学观。我们应该看到应试教育的弊端，不能口里讲的是素质教育，手里抓的是应试教育。在教学中不能以对学生负责为由，运用老观念旧方法进行教学，只抓文化课成绩，轻视学生的德育、美育，忽视学生的实践能力和创新能力的发展。

二是切实落实好课程标准。创新人才培养模式离不开课程建设，课程建设是教育教学改革的重要内容，要实现学思结合，实行知行合一，坚持因材施教，离不开科学的课程建设。衡量一所学校是否能让学生获得全面的成长，是否能为学生的持续发展奠基,关键是要看其课程的设置与落实,课程的品质与选择。按照国家规定的教育教学内容和课程设置开展教学活动,严格按学校的课程表上课,不随意增减课程和课时。不能只重视考试科目的教育教学,忽视音乐、美术、体育、信息技术教育。坚决纠正各种随意侵占学生休息时间的做法,切实把课内外过重的课业负担减下来,依法保障学生的休息权利。真正做到"三个还给",即真正把时间空间还给学生,把兴趣爱好还给学生,把健康快乐还给学生。

三是要规范教师职业道德行为。"其身正,不令而行;其身不正,虽令不从。"规范办学行为,教师职业道德建设是重头戏。《中小学教师职业道德规范》对教师的思想政治素质和职业道德水平提出了明确具体的要求。要规范办学,首先须加强教职工思想道德建设,使广大教师在遵章守纪的同时,爱岗敬业,教书育人,为人师表,做业务精湛,思想过硬的传道授业者;把尊重学生人格,不歧视、侮辱、体罚和变相体罚学生作为一种基本的职业规范,维护学生的合法权益。

四是要常照民主管理的"镜子"。推行校务公开,实行校务会议管理制度,坚持教职工代表大会制度,完善科学民主管理机制,建设自主管理、民主监督、社会参与的现代学校制度等,不应只是挂在墙上的口号,装在档案里的文件,而应上升到人文的高度去实践,让民主管理成为学校文化的元素,落实到评优树先、晋级晋职等教育教学的每个环节中。一个缺失公平与民主的学校,必然是一个人心涣散、无工作动力的团体。当教师不能在校园中获得相应的尊重与理解,不能实现个体的人生价值,体验不到应有的职业幸福,就必然会把各种消极负面的情绪传递给学生,这与教育的本质是相悖的。"问渠哪得清如许,为有源头活水来",民主管理就是学校发展的源头活水。

五是要多出校园和谐的"点子"。学校应该是包容、友爱、团结的"大家庭",是能给师生带来安全与愉悦的幸福港湾,这就要求教育管理者,特别是校长,要善于理性、智慧地带领自己的团队办学,同时充分吸纳教师合理的意见建议,营建和谐的校园氛围。科学化、规范化、人文化是一所学校发展中齐头并进的三驾马车,哪一个方面的短板都会使全局的发展失衡。规范化与人文化共生共荣,制度是约束人而不是整治人的,规范办学要让人文情怀充盈校园的每个角落,要让和谐、人文成为学校文化的内容。学校工作涉及面广、事无巨细,学生管理、校园安全、饮食健康莫不是学校常抓不懈的"功课"。教育管理者要有风险意识,不松懈、不大意,在做好常规工作的基础上,创造性地开展教育教学活动,让学校处处充满生机,让校园更像校园。

规范办学不仅仅是规范办学行为,还须规范办学思想。规范办学不是循规蹈矩,不是因循守旧,不是墨守成规,而是在教育法、教师法、国家教育规划纲要的框架范围内依法治教、依法治校、依法行政;在健全管理制度、完善教育机制的同时扩大教育开放,深化办学体制改革,完善治理机构,加强信息公开和社会监督;在努力实现更高水平、更广范围内的教育普及的同时,进一步解放思想,更新观念,深化改革,改变陈旧的教育内容和方法,缩小校际、城乡、区域之间的教育差距,努力实现教育公平,以充满活力的教育机制促进学生综合素质的全面提高,以适应国家经济社会发展和人民群众接受良好教育的要求。在教育改革的路上,我们既要避免好高骛远、拿来主义、拔苗助长、歪嘴和尚念经,同时又要反对因噎废食、抱残守缺、固步自封、一成不变。规范办学要求我们在坚持育人为本的前提下,以改革创新为动力,以促进教育公平为重点,在全面实施素质教育的过程中,不图虚名、不做虚功、不贪私利、不搞形式主义,放下花拳绣腿,把平常事做好,把好事做实,把实事做真。让我们的教育使孩子受益,让我们的教学为社会发展服务,让我们的教师在实现教育目的的同时创新自己的教育思想、教育模式和教育方法,在专业成长的道路上少走弯路或者不走弯路,形成符合本地区、本校实际的教学特色和办学风格,让求真务实成为时尚,让追求卓越成为时髦。不畏浮云遮望眼,崇美崇实办教育,方可等闲识得东风面,方可迎来万紫千红的教育新春。

2. 遵循规律,少一些折腾。

"全面推进教育事业科学发展,立足社会主义初级阶段基本国情,把握教育发展阶段性特征,遵循教育规律。""尊重教育规律和学生身心发展规律,为每个学生提供适合的教育。"遵循教育规律、尊重教育规律,是《国家中长期教育改革和发展规划纲要》反复强调的内容,任何一位站在教育前沿上的改革者都不能等闲视之。

十年树木,百年树人。教育是个"细活儿",也是"慢工",我们不能在脱离了自己实际的情况下为"新潮"与"时髦"而改革,过分看重与追求所谓的"改革成果"只能导致在追风的路上迷失了自我;好高骛远的思想只会使本末倒置,不能科学有效地指导教学实践。急于求成的功利主义思想最后导致的是在教育教学工作荒废的同时,"孜孜以求"的东西又不成体系,邯郸学步,东施效颦,画虎不成反类犬。教育工作者要遵循教育规律,尊重教育对象,眼中要有"人"的形象,心中要有"人"的概念。要尊重教育规律,按规律办教育,不守旧,不作秀,在创新中传承优秀的经验,发展和完善有益的做法,努力使教育实践贴近教育本质,让办学理念在教育实践中落地生根。

如何遵循教育规律做好我们的教育呢?

(1) 突出教书育人的功能。教育是一门学问,做教育就要营造浓厚的教育教学氛围,在教书育人的过程中,远离形式主义,突出教育教学的重心,不玩虚的,不玩假的。无论在什么情况下,都要牢记教育工作者的首要任务是教书育人,是为了学生发展,培养学生成人、成才。教育就是要实实在在地讲、实实在在地做,不需要过多形而上的东西。我们常讲感情"伤不起",我们的孩子也耽误不起。人误地一晌,地误人一年。如果我们耽误了学生一个学期就会耽误学生一辈子。在教育改革的路上,仰望天空是必需的,但一定也离不开脚踏实地,两者是辩证的统一。

(2) 树立服务师生的意识。推进政校分开、管办分离是适应中国国情和时代要求的必需;建设依法办学、自主管理、民主监督、社会参与的现代学校制度,是构建政府、学校、社会之间新型关系的社会发展必然。但是,政校分开、官办分离不是教育行政部门甩包袱、卸挑子,不是另立门户,做甩手大掌柜,而是转换角色,优化职能,助推教育改革更快更好地发展。在政校分开、官办分离的新型管理机制中,教育行政部门更要发挥自身优势,行使行业管理职能,做好政策导向、规划布局、监督指导工作,营造良好的发展环境,让校长有充足的时间研究课堂、研究教学、研究管理,在给学校充分的办学自主权的同时还要授之以渔,强化业务指导;教育行政干部要树立为学校服务的意识，摒弃官僚作风，强素质、塑形象，杜绝脸难看，事难办，不给学校增添麻烦。

(3) 建设高素质的教师队伍。百年大计，教育为本；教育大计，教师为本。只有有了好的教师才有好的教育。提高教师业务水平、加强师德建设是每一位校长的责任。一个好校长就是一所好学校，在一位好校长的视野当中，一定离不开教师队伍建设。在教师队伍建设中，教师的专业成长尤为重要。而教师专业发展只有建立在自觉自发的基础上才能长久。作为校长，首先要激活教师成长的内驱力，让教师有自我调动潜能的愿望，在此基础上，设置教师发展的不同层级序列。日常工作中，我们要关注那些能干不说的教师，让实干的实惠，让有为的有位，让吃苦的吃香。以兢兢业业的老教师为榜样引导青年教师成长，让老年教师看家，让中年教师当家，让青年教师发家，让每位教师都有自我展示的机会。只有教师队伍素质提升了，才能为学生搭建更多个性的、可供选择的平台，让学生得到更好的发展。在教师队伍的建设中，中青年教师培养、骨干教师培养和专家型教师团队建设、创新性教师团队建设尤为重要。中青年教师的健康成长决定一所学校未来的路能走多远，骨干教师的培养是课堂教学的方向和标杆，专家型教师团队建设引领教学教研向更高层次迈进，创新型教师团队建设决定了一所学校教育教学的活力。建设高素质的教师队伍，个体发展与群体培养同等重要。

3. 高质量信仰。

以提高质量为核心，注重教育内涵发展，建立以提高教育质量为导向的管理制度和工作机制，把教育资源配置和学校工作重点集中到强化教学环节、提高教育质量上来，这是我国在新的教育发展形势下的教育工作方针。

教育必须要讲质量，没有质量的教育不是好教育。教育工作必须大张旗鼓地突出课堂教学这一工作中心，牢固树立以提高教育教学质量为核心的理念，多一些实实在在的业务研究氛围，少一些不切实际的花样翻新。火车跑得快，全靠车头带。抓教育教学质量，领导是关键。因此，每一位教育干部要转变管教育的思想，树立做教育的意识，要潜心研究学校管理，研究教学业务，要做师德的表率、业务的榜样，通过建立科学合理、运转有序的符合本校特点的学校管理制度提升教育教学质量。这里所讲的质量，不是单纯强调分数的考试质量，而是涵盖了教育教学研究、科学质量检测、深化课堂改革的"质量"，教师不能只追求让孩子满分，还要让孩子满意，使孩子满足，最终的归宿是促进教育公平发展，提升教育质量。

要实现上述教育目的，一是要求从事教研的教育工作者要有全面过硬自身素质，能以教育教学专家的身份出现在校园里。既能了解学校的优势，也能掌握学校发展的问题与不足，能不失时机地给予一线教师点拨、引领，为课堂教学把好关，为教师专业成长指明路径，以此带动教学发展。二是向管理要质量，向教研要效率，提升教育研究的整体实力。从小事抓教研，不搞无效教研，不搞假大空的教研。教研活动、教研内容要针对课堂，立足于每一门科目、每一堂课，教研指导要有的放矢、言之有物。课题研究要有可操作性、普及性，抓真的，来实的。教育教研要树立不追风、不刻意改革的意识。旧的课堂观念需要转变，要结合教师与课堂实际，不利于开发学生思维、不利于学生积极思维的方式不要出现在课堂上，更不能成为一种时髦。课堂教学要让学生在掌握知识的同时，更多地感受到快乐。小学教育要从基础做起，从规范听说读写这些基本能力做起。通过教师良好的口头表达能力，影响、提高学生表达思想的能力。要培养学生读书的习惯，引导学生热爱国学；课堂上要鼓励学生，毫不吝啬地表扬学生，让他们对自己充满信心，因为信心对于人的成长而言，比黄金更加珍贵。抓教育质量，教育的均衡发展很重要。所以，需要注意的第三点是教育行政部门要把那些远离城区、办学条件相对较差的学校纳入重点工作范围，配合必要的政策倾斜，在资源、理念、财力上予以传帮带，让农村学校的教师也有走出去看外面世界的机会，并针对不同学校的特点，帮助学校把专家请进来"把脉诊断"，使学校获得长久的发展，逐渐实现真正的教育公平。

教研工作有着前瞻性、指导性、具体性的要求，教研工作者应该是教育理论的先锋，是教育实践的行家里手。教研工作一忌眼高手低、只说不练。二忌茶壶里煮饺子，肚里有倒不出。三忌盲人摸象，一叶障目，不见泰山。四忌敷衍了事，三天打鱼两天晒网。五忌鸡蛋里挑骨头，灭人家威风，长自家权威。六忌听评课一团和气，避重就轻，不去研究问题或发现问题，做好好先生。七忌捡芝麻丢西瓜，抓下不抓上，抓老师不抓校长，不能执教研工作的牛鼻子。八忌居高临下，唯我马首是瞻，自己总是对的，缺乏有效交流与沟通。九忌画地为牢，强调模式，禁锢思想，束缚手脚。十忌笑渐不闻声渐悄，多情却被无情恼。教研缺乏目的性、实效性、持续性，不能为教学实践所认可。要做好教研工作，就要沉下去，接地气，全面掌握区域内的学情、师情、教情，宏观上统观全局，微观上窥一斑而知全豹。

办有品质的教育，需要具备有品质的教育思想，打造一支有品质的教师队伍，从事有品质的教育教学研究，而在这一系列的教育实践活动中，人的主观意识是第一位的。所以，要成就有品质的教育，首先要做一个有品位的人，相信每一位具有教育情怀的人在内涵发展的教育之路上，一定会在不断提升自己教育品位的同时实现教育品质的不断提升。

后 记

在师友、家长们的多次建议下，终于决定将九年来的积累整理成书。这个决心一旦下定，原来对把未经整体构思和静心修改的材料公之于众的种种担忧也就烟消云散了。因为，一次次翻阅这厚厚的书稿，我已然明白：这些心血，是为知音而奉献的，是为真正喜爱信心教育法的同仁而奉献的！

所收入的文章，绝大多数是我在不同会议上的发言，除了个别题目和不妥当字句，其他未做修改，原味保留了"韩忠玉信心教育法"在潍坊四中一步步前行的乡土气息。我想，这也是源自信心教育法的本真情怀。同时，我也知道，收入的每一篇文章，当初虽然没有想到会出书，但都是经过了深思熟虑、围绕信心教育而吐露的心声。

从 2003 年潍坊市教育局命名并推广信心教育法至今，信心教育法已经走过了 14 个年头，从在安丘四中诞生到现在的进一步发展，一路走来，令我感动：在不同的校园里，她确实尽到了自己的责任，走进了几万孩子的心中。

当书稿即将成型之际，抚今追昔，感慨万千。信心教育法，是以韩忠玉命名的，但是忠玉明白，她也凝聚了安丘四中、潍坊四中同事及各级领导、专家的心血，我永远不会忘记他们！如今，已成为社会财富的信心教育法，更不会忘记他们！

感恩所有投身于信心教育法研究与实践的各界人士，感恩支持本书出版的朋友们！在教育改革日益深入的今天，自信与信心在教育教学中的位置更加重要，愿这本册子，能给需要她的教师、家长和同学们提供一些实实在在的助益。

　　毕竟，这是过去会议发言和思考工作的文章集成，文字谈不上优美，更谈不上深邃，甚至从字词句到篇章结构，缺点错误在所难免，不当之处敬请读者诸君指正！

韩忠玉
2017 年 6 月